日本STEAM教育リサーチセンター

STEAM
入門

学術研究出版

まえがき

二一世紀に入り、アメリカで始まったＳＴＥＭ教育。ＳＴＥＭとは科学（Science）、技術（Technology）、工学（Engineering）そして数学（Mathematics）の頭文字を取った頭字語です。科学技術教育の振興のために全米科学財団（ＮＳＦ：National Science Foundation）が提唱して開始されたＳＴＥＭは、その後ＡＲＴ（Ｓ）が加えられ、ＳＴＥＡＭという頭字語を生み出しました。ＳＴＥＡＭ教育は科学技術をより創造的に発展させる学際的な教育として、二一世紀を象徴するようなムーブメントになりつつあります。

しかし、インターネット・メディアや論文・記事などが伝えるＳＴＥＡＭには、曖昧さや不正確さ、混乱や理解の偏りが目立ちます。

曖昧さや不正確さ。たとえば、ジョーゼット・ヤックマン（Georgette Yakman）がＳＴＥＡＭの「最初の提唱者」として紹介されることが多いのですが、その根拠はかなり曖昧です。彼女がＳＴＥＡＭという頭字語を公式に発表する以前に、すでにこの造語は教育界に広まっていました（詳細は第１部第３章）。「ヤックマンはＳＴＥＡＭのＡをリベラルアーツと考えている」という言い回しもよく見かけます。これも不正確な情報です。原文を確かめると、ヤックマンはＳＴＥＡＭを「エンジニアリングとアーツを通して解釈される科学と技術であり、すべては数学的な要素に基づくものである（Science & Technology interpreted through Engineering & the Arts, all based in mathematical elements.）」と定義しているのです。原文にはアーツ（the Arts）と書いてあり、リベラルアーツ（liberal arts）ではありません。

そして、このアーツ（arts）が曲者なのです。彼女はＳＴＥＡＭに関する最初の発表以来、アーツの定義について「何度も修正を繰り返している」からです。最初期の発表動画や記事をみると、ヤックマンはアーツと複数形になっているその中身を、手工芸（マニュアルアーツ）、ファインアーツ、フィジカルアーツ、国語（ランゲージアーツ）、ソーシャルアーツ、そしてリベラルアーツの六つであると説明しています（詳細は第１部第３章）。

つまり、ヤックマンは「〇〇アーツという名詞句で表される六つの領域をすべてアーツと捉えていた」ということです。これだけをとっても「ヤックマンはＳＴＥＡＭ教育のＡをリベラルアーツと考えている」という言い回しには不正確さが付きまといます。しかし困ったことにこうした不正確で偏った言い回しが無批判にコピペされ、ウェブや学会論文等で拡散されている残念な状況があります。

混乱や理解の偏り。たとえば、多くの大学がＦＤ（Faculty Development）の一環として独自のＳＴＥＡＭ教育プログラムを開発していますが、その考え方は千差万別。ＳＴＥＭに加えられたＡを芸術（アート）と定義する大学もあれば、リベラルアーツと芸術（ファインアート＋デザイン）と定義する団体や芸術（アート＋デザイン）とする大学もあります。教育の多様性や大学の特性に沿った独自のモデルは尊重しなければなりませんが、一般市民とりわけ行政や企業等でＳＴＥＡＭを企画し実施する立場の感覚からすると、ＡＲＴ（Ｓ）をどのように捉えるのが最適なのかよくわからない状況が生まれているともいえます。[★1]

混乱の元凶をアーツの捉え方の二項対立にあると考えてみてはどうでしょうか。

ＳＴＥＭに加えられたＡを、芸術やデザインを意味するアーツと考える立場と、芸術の他にランゲージアーツやリベラルアーツ等を加えたものと考える立場という二項対立です。前者をジョン・マエダ（John Maeda）によるＳＴＥＡＭ、後者をジョーゼット・ヤックマンによるＳＴＥＡＭと比較対照している記事や論文をご覧になったことはありませんか。

しかし、このような対立概念によってＳＴＥＡＭを単純化して捉えること自体、とても危険なことです。加えられたアーツの範囲は何かという議論の枠組みそのものが、ＳＴＥＡＭがＳＴＥＭの発展形であるという前提に立っているに過ぎないからです。もちろんＳＴＥＡＭという頭字語がＳＴＥＭにＡを加えたものであることに間違いはありません。しかしそこだけで議論するのはあまりにも早計です。それは理解の偏りの現れであり、ＳＴＥＡＭの誕生をアメリカの教育の歴史から捉えるという大局的な見方の欠如から生まれているからです。

アメリカではＳＴＥＡＭの研究や実践において芸術教育の役割が重視されています。それは、アメリカには芸術と様々な教科を統合した学習であるアーツ・インテグレーションの、およそ一世紀にわたる伝統があることが大きな理由でしょう。現在も芸術統合教育として捉えたＳＴＥＡＭの研究や実践が盛んに行われているのです。

つまりＳＴＥＡＭを理解するには、ＳＴＥＭにＡをプラスする視点からだけではなく、ＡにＳＴＥＭをプラスする視点からの考察が重要なのです。むしろＡ＋ＳＴＥＭのＳＴＥＡＭ、つまりアーツ・インテグレーションを基盤としたＳＴＥＡＭという理解の方が、アメリカでは一般的かもしれません。なにしろ、アメリカ教育省が、ＳＴＥＡＭをアーツ・インテグレーションの文脈に位置付けて説明し、

ＳＴＥＡＭのＡが芸術を意味していることや、学校教育においては芸術五教科を指していることを明言しているのですから（プロローグを参照）。

ＳＴＥＡＭを考えていく上でこうした重要で基本的な事実が、なぜ日本では十分に伝えられて来なかったのでしょうか。

複雑な原因がありそうですが、芸術教育への理解や関心の度合いにも一因があると考えられます。ＳＴＥＡＭ教育の望ましい推進のためには、科学技術（ＳＴＥＭ）分野と芸術分野の両面から考え、研究開発する必要がありますが、残念なことに日本におけるＳＴＥＡＭの議論は、主に科学技術教育関係者によるＳＴＥＭ＋Ａの視点からの議論が中心となっており、芸術教育の視点からのＳＴＥＡＭの議論や、芸術教育関係者からの発言や論文は数えるほどしかありません。

「令和の日本型学校教育」の構築についての中央教育審議会でも、ＳＴＥＡＭについての説明や議論がありました。しかし、資料として提出されたのは技術系の研究者からの情報だけだったのです。議事録を精査しても、アーツ・インテグレーションについては、その言葉すら出てきていません。これもまた情報の偏りです。

こうした偏ったＳＴＥＡＭの議論は、芸術が科学技術（ＳＴＥＭ）教育の手段や問題解決学習の手段と捉えられてしまう怖れもあります。アメリカにおいてもそのような事態が発生しており、コーニッシュ芸術大学のレイモンド・タイマス＝ジョーンズ（Raymond Tymas-Jones）学長は、「美術はしばしばデータの視覚的なイメージのために「貢献者」としての役割が注目されていると感じている」と危機感をつのらせています。それは、ＳＴＥＡＭの授業の後半に美術の先生を加える傾向があるので、追加の思いつきや装飾という考えを強めているからだと言います。そしてレイモンド学長は、芸術をＳＴＥＭに加えることが、学際的な文脈の中で新たな知識と理解を生み出すことが第一の目的であるならば、こうした事態は看過できない、と指摘しています[★2]。

アーツ・インテグレーションを基盤にしたＳＴＥＡＭ教育の研究と実践が盛んなアメリカでさえ、このような事態が起こっているのです。ましてや日本では、「芸術抜きのＳＴＥＡＭ」授業が行われる懸念すらあります。なにしろ文部科学省は「ＳＴＥＡＭのＡの範囲を芸術、文化のみならず、生活、経済、法律、政治、倫理等を含めた広い範囲（Liberal Arts）で定義」[★3]しており、その定義を行なった中央教育審議会での審議の過程では、実際に「芸術抜き」で社会科をＡと捉えた授業実践がＳＴＥＡＭの例として紹介されているのです（エピローグを参照）。

芸術を加える前提でＳＴＥＡＭを研究開発し、実践しない限り、従来の文理融合型の問題解決学習と大差のない学習が、名前だけＳＴＥＡＭに変えて呼ばれるという笑えない事態も想定されます。

そうした危惧の一部はすでに現実化しており、いま市販されているＳＴＥＡＭ教育の教材となると、まさにカオスな状況が生まれています。昔から販売されていた科学教材のラベルを「ＳＴＥＡＭ教材」に貼り替えただけの製品さえあり、商魂たくましい限りですが、このような単なる科学工作（玩具）教材の「ＳＴＥＡＭ化」はアメリカでも批判の対象になっています。

アーツ・インテグレーションの研究で国際的に著名な故ジェームズ・キャタロール（James S. Catterall）教授の娘のリサは、「クラス全員が本質的に同じものを作るＳＴＥＡＭキット教材でお金を稼いでいる人を見かけます。いくつかのオプションだけでコードを作り、ビデオゲームに非常によく似たものをコーディングすることができる。これは実際にはＳＴＥＡＭではなく、クリエイティブではありません。生徒のアイデンティティを構築するために全く役に立たない」と自著の中で嘆いてみせました。★1

ＳＴＥＭ及びＳＴＥＡＭの発祥国であり最大の実践国であるアメリカの教育政策の歴史とその背景を学ぶことは、起こりうる問題や解決すべき課題を示唆してくれます。日本におけるＳＴＥＡＭ教育を推進していく上で必要かつ重要であると言えるでしょう。

本書はプロローグとエピローグで挟んだ三部構成になっています。プロローグではＳＴＥＡＭについてのアメリカでの公的な見解を紹介し、エピローグでは日本での議論を紹介し対比しています。

第一部はＳＴＥＡＭの始まりについてです。ＳＴＥＡＭの黎明期に重要な意味を持つ三人の人物、マーク・サンダース（Mark Sanders）、ジョーゼット・ヤックマン、そしてジョン・マエダに焦点を当て、彼らのＳＴＥＡＭについての考え方や彼らに影響を与えた環境と経歴などを紹介します。

第二部はＳＴＥＡＭの背景についてです。アメリカでなぜＳＴＥＡＭ教育が生まれたのか、その源であるアーツ・インテグレーションや、科学と芸術の相互作用的な関係について紹介します。

第三部はアメリカのＳＴＥＡＭ教育の現状についてです。連邦政府や州政府によるＳＴＥＡＭの法制化と、その背後にあったロードアイランド・スクール・オブ・デザイン（Rhode Island School of Design 略称ＲＩＳＤ：リズディー）の功績を紹介します。そしてＲＩＳＤやケネディ・センター（Kennedy Center）が実施している幼児から大学生までの最新の授業実践も紹介します。

【原文のartとartsの日本語表記について】

artは原則「アート」、artsは原則「アーツ」と表記しました。ただし文脈上、美術や音楽等の芸術教科を指していると判断できる場合は「芸術」と表記し、さらに芸術の中でも美術分野を主に指している場合は「美術」としました（たとえばNational Art Education Associationは全米美術教育協会と表記）。

慣習的な語用法はそれを踏襲しました。たとえば「アーツ・インテグレーション」の「アーツ」は芸術や芸術教科を指しますが、アーツと表記しています。また、「アートに関心がある」や「ビジュアルアート」等のように、芸術や美術を意味する場合に「アート」を用いる場合がありますが、慣用的な表現としてそれに倣いました。

《注および引用文献》

ウェブサイトの閲覧日は特記のない限り二〇二四年四月一日です。

★1　たとえば、大分大学はArtsを芸術（アート）と定義し、日本工学アカデミーはリベラルアーツおよび芸術・デザイン（ファインアート／デザイン）、日本大学は芸術（アート＋デザイン）と定義している。

★2　Raymond Tymas-Jones. "STEM+A ≠ STEAM." Americans for the Arts (Jul. 16 2014): accessed Apr.1,2024. https://blog.americansforthearts.org/2019/05/15/stem-a-%E2%89%A0-steam　なお、ウェブサイトの閲覧日は特記のない限り二〇二四年四月一日とし、以後、accessed Apr.1,2024. を省略しています。

★3　中央教育審議会、『「令和の日本型学校教育」の構築を目指して～全ての子供たちの可能性を引き出す、個別最適な学びと、協働的な学びの実現～（答申）』、二〇二一年一月二六日、56-57頁。及び文部科学省初等中等教育局教育課程課、第一二五回教育課程部会資料「ＳＴＥＡＭ教育等の教科等横断的な学習の推進について」、二〇二一年、10頁。

★4　Lisa G.Catterall. "A Brief History of STEM and STEAM from an Inadvertent Insider." The STEAM Journal. Vol. 3. Issue. 1. Article 5. (Nov. 2017). https://scholarship.claremont.edu/steam/vol3/iss1/5/

目次

第3章　STEAMの現在

第4章　ジョーゼット・ヤックマンに何が起こっているのか

エピローグ　日本におけるSTEAM教育を考える

プロローグ　アメリカ教育省STEAM協議会の衝撃

アーツ・インテグレーション（芸術統合学習）の文脈で語られた
STEAM教育とは？

フライヤーは語る

二〇二〇年一月二二日、アメリカ教育省による「STEAM：アーツが支えるSTEM」（STEAM：ARTS SUPPORTING STEM）★1と題する協議会が開催された。「STEAM：アートが支えるSTEM」という標題も刺激的だが、会議の告知フライヤー（上図）には「アーツはSTEMをどのように支えるのか。政策立案者はこの新しい潮流にどう対応しているのか。STEAMは一時的な流行なのか、それともSTEMへの参加を広げるためのより包括的な方法なのか。STEAMを支援し、望ましいSTEMの成果を達成するために、各州は何をし、どのようにすればよいのか？」★2などと様々な重要な論点が記されていた。

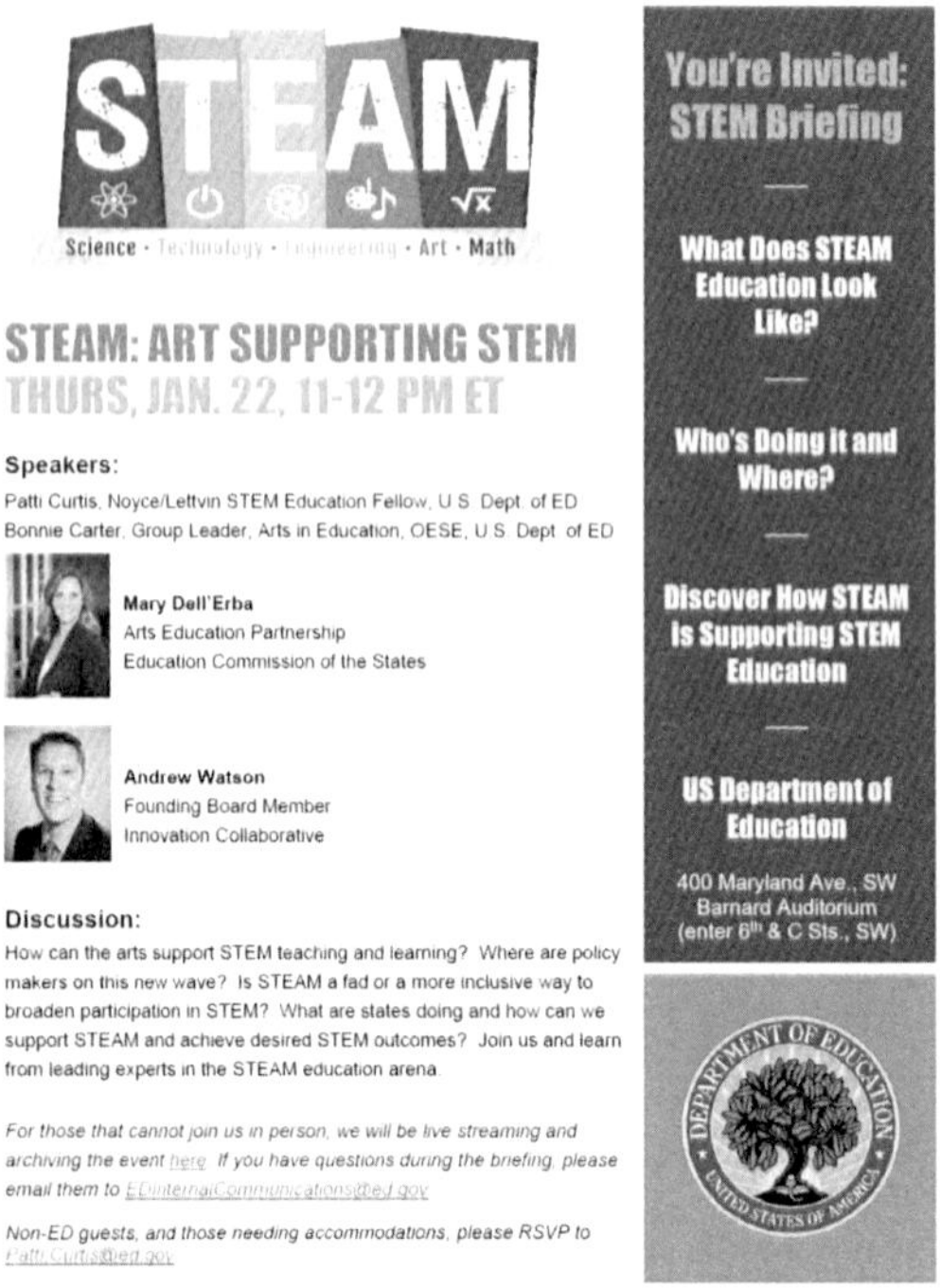

会議の概要

会議に先立って、前説を務めたのは司会担当の教育省政策企画評価室のパティ・カーティス（Patti Curtis）。一〇年以上にわたってボストン科学博物館の政策活動を主導し、創造性や批判的思考と問題解決力を強化することによって、二一世紀の人生と仕事に必要な一六の思考習慣（habits of mind）を身につけることを目的としたＳＴＥＡＭ教育を提唱する人物である。

カーティスはＳＴＥＡＭ教育を科学、技術、工学、アーツ、数学の交差点であると述べ、芸術教育とアーツ・インテグレーション（芸術統合学習）とＳＴＥＡＭ教育の三者の関係は流動的であり、この三つの観点から考えることの意義を説いた。

会議はそのあと、アメリカ教育省のボニー・カーター（Bonnie Carter）が、アメリカの芸術教育政策とＳＴＥＡＭ教育の関連について説明し、続いて全米州教育委員会（ＥＣＳ：Education Commission of the States）[★3]のメアリー・デレバ（Mary Dell' Erba）が登壇し、全米教育委員会のＳＴＥＡＭ教育の考え方と各州における実践の具体例について報告した。そして、最後の登壇者であるバージニア州アレクサンドリア市公立学校区（ＡＣＰＳ：Alexandria City Public Schools）の美術教育スーパーバイザーのアンドリュー・ワトソン（Andrew D. Watson）が、ＳＴＥＡＭ教育の実践について報告するという流れで会議は進行した。

ボニー・カーター（Bonnie Carter）
米国教育省初等中等教育局OESE(Office of Elementary and Secondary Education),US Dept of education
Education art in educationグループリーダー

写真はアメリカ教育省公式サイト動画より取得。(Jan.22 2020)

彼らの発言は驚くべきものだった。日本で語られているＳＴＥＡＭ教育のイメージとは大きく離れていたからである。

アメリカ教育省のＳＴＥＡＭ政策

最初に登壇したボニー・カーターは、教育省の初等中等教育局（ＯＥＳＥ：Office of Elementary and Secondary Education, US Dept of education）で芸術教育の振興と、他の教科との統合（アーツ・インテグレーション）を担当している。

彼女はアメリカの芸術教育政策とＳＴＥＡＭ教育の関連について説明し、ＳＴＥＡＭのＡがアメリカの初等中等学校における芸術教育の五分野であることを明確に示した。ダンス、メディアアート、ミュージック、演劇、ビジュアルアートの五つの専門分野のために確立された国のスタンダード（National Core Arts

Standards）があり、これらの芸術分野のスタンダードとＳＴＥＭ分野のスタンダードを整え合わせることにより、ＳＴＥＡＭはそれらを次の段階に引き上げることができるとボニー・カーターは述べたのである。また、芸術を通して学習内容を明確化し、主題について考えることができる学生は非常に強力であると述べ、そしてそのことにより、学生はデザイン能力を持った創造的な思索家になることができると語った。

さらに彼女は、芸術教科と他のＳＴＥＭ教科を組み合わせたアーツ・インテグレーション、つまり芸術統合学習による学習はさまざまな段階で機能すると述べた。

ボニー・カーターはＳＴＥＡＭのＡが芸術であり、学校教育においては芸術五教科であるとし、ＳＴＥＡＭ教育をアーツ・インテグレーションの文脈に位置付けて説明している。彼女の説明は芸術教科の視点からＳＴＥＡＭ教育を捉えたものだ。この会議の標題「ＳＴＥＡＭ：アーツが支えるＳＴＥＭ」は、そのことを明示しているように思われる。

一方、日本でＳＴＥＡＭ教育が話題になるとき、ボニー・カーターが説明したようなアーツ・インテグレーションとの関連で論じられることはまずない。理系や美術系、教育系の学会で発表されているＳＴＥＡＭを視野に入れた論文を見渡しても、そうした論点はほとんどなく、そもそもアーツ・インテグレーションへの言及が見られないのが現状である。

アーツ・インテグレーションの詳細については第２部で紹介するが、取り急ぎ基本的な理解の共有を促すために、ここでは最も一般的な定義としてケネディ・センターの定義を引用しておこう。

「アーツ・インテグレーションとは、生徒が芸術を通して理解を構築し、それを実証する教育方法で

メアリー・デレバ（Mary Dell'Erba）
全米教育委員会 Education Commission of the States
Arts Education Partnership, プロジェクト・マネージャー

写真はアメリカ教育省公式サイト動画より取得。（Jan.22 2020）

ある。生徒は芸術と他の教科を結びつけ、両方の目標を達成する創造的なプロセスに取り組む」★4

全米教育委員会のＳＴＥＡＭ政策

全米教育委員会（ＥＣＳ：Education Commission of the States）とは、全米五〇州と三つの準州、およびコロンビア特別区から構成されている機関である。州ごとに選出される委員（四－七名）は州知事に加えて州議会議長、州教育庁長官、州選出連邦議会議員、大学教授等の有識者で構成され、各州の政策立案者が互いに情報を交換し学ぶ機会を提供する組織である。

ＥＣＳで芸術教育パートナーシップ（ＡＥＰ：The Arts Education Partnership）のプロジェクト・マネージャーを務め、ＳＴＥＡＭとアーツ・インテグレーションを担当するメアリー・デレ

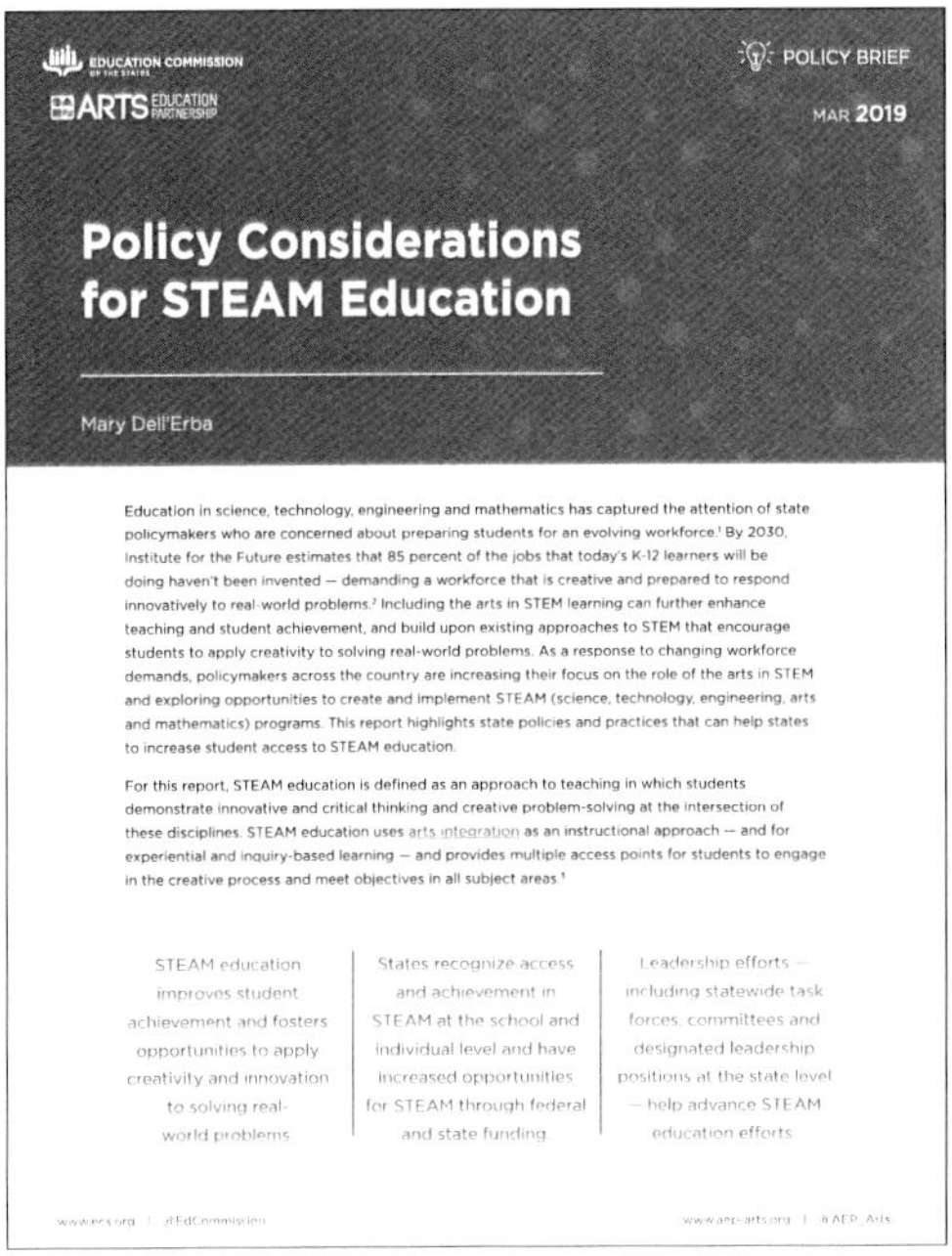
EDUCATION COMMISSION OF THE STATES
ARTS EDUCATION PARTNERSHIP
POLICY BRIEF
MAR 2019

Policy Considerations for STEAM Education

Mary Dell'Erba

Education in science, technology, engineering and mathematics has captured the attention of state policymakers who are concerned about preparing students for an evolving workforce.[1] By 2030, Institute for the Future estimates that 85 percent of the jobs that today's K-12 learners will be doing haven't been invented — demanding a workforce that is creative and prepared to respond innovatively to real-world problems.[2] Including the arts in STEM learning can further enhance teaching and student achievement, and build upon existing approaches to STEM that encourage students to apply creativity to solving real-world problems. As a response to changing workforce demands, policymakers across the country are increasing their focus on the role of the arts in STEM and exploring opportunities to create and implement STEAM (science, technology, engineering, arts and mathematics) programs. This report highlights state policies and practices that can help states to increase student access to STEAM education.

For this report, STEAM education is defined as an approach to teaching in which students demonstrate innovative and critical thinking and creative problem-solving at the intersection of these disciplines. STEAM education uses arts integration as an instructional approach — and for experiential and inquiry-based learning — and provides multiple access points for students to engage in the creative process and meet objectives in all subject areas.[3]

STEAM education improves student achievement and fosters opportunities to apply creativity and innovation to solving real-world problems

States recognize access and achievement in STEAM at the school and individual level and have increased opportunities for STEAM through federal and state funding

Leadership efforts — including statewide task forces, committees and designated leadership positions at the state level — help advance STEAM education efforts

www.ecs.org | @EdCommission　　www.aep-arts.org | @AEP_Arts

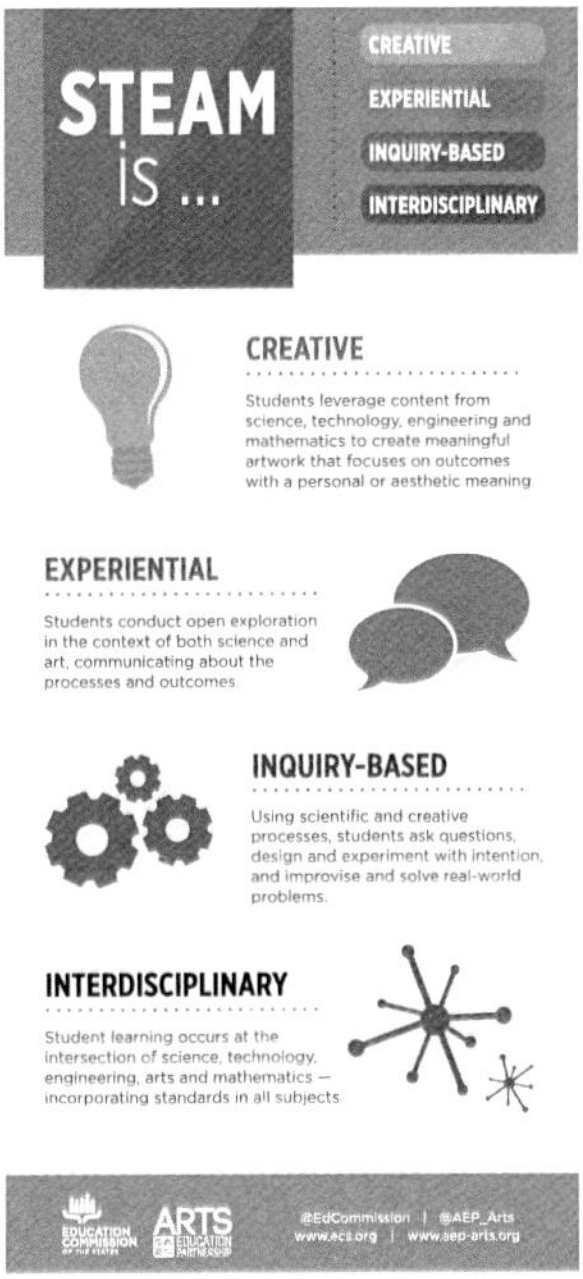

バは、「（ＳＴＥＡＭでは）科学的で創造的なアイデアを意味のある芸術作品にするために、またはプロトタイプを作成するために芸術の五つの領域を活用するものです」と述べ、ボニー・カーターと同様にＳＴＥＡＭのＡが芸術五領域（教科）を指すことをはっきりと述べている。またその目的を「科学的で創造的なアイデアを芸術作品にしたりプロトタイプを作成したりするため」であるとし、アイデアを具現化する過程で芸術五領域が必要であるとしていることに注目しておきたい。アイデアの具現化はＳＴＥＭだけでは不十分であり、芸術を加えたＳＴＥＡＭにする必要があるという主張は説得力がある。

さらに、「ＳＴＥＡＭ学習はそれぞれの分野が等しい重みで組み込まれているときに、すべての分野の交差点（intersection）で行われるものです」とも述べている。

「等しい重み」ということは、STEMに加えられたA（芸術）が単にSTEM教育の手段として使われるだけであったり、補助的な扱いをされたりするものではないことを意味している。芸術教科はSTEM（科学技術系）教科と等しく重要であり、STEAM学習はそれぞれの内容が等しく学習されるものだということである。

また「すべての分野の交差点で行われる」と述べているが、これはどのような意味だろうか。メアリー・デレバは「STEAM教育に関する政策的考察（Policy Considerations for STEAM Education）」★5と題するECS政策提言書（前頁の図）を執筆しているが、そこに貼付したインフォグラフィックの中では、STEAMの四要素を「創造的」（creative）、「経験的」（experiential）、「探究型」（inquiry-based）、「学際的」（interdisciplinary）の四つであると説明している。このうち「学際的」については、「STEAM学習は、科学、技術、工学、芸術、数学の交差点で行われる。ただし、すべての教科にスタンダードを組み込む」と説明している。つまり、STEAM学習は各教科のスタンダードに基づいた学習を担保した上で、それぞれの教科がテーマを共有する交差点で行われる学際的な学習であることを意味している。**交差点**という言葉の表現がSTEAM教育を理解する上でのキーワードであると考えてよいだろう。

STEAMとアーツ・インテグレーションの違いについては、次のように説明した。

「アーツ・インテグレーションは、プロブレム・ベースやプロジェクト・ベースなどの他のプロセス同様に、STEAMに存在する教育プロセスです。アーツ・インテグレーションは、芸術と少なくとも一つの他の分野の両方についてのより深い理解をめざしていますが、STEAM教育では学習と問

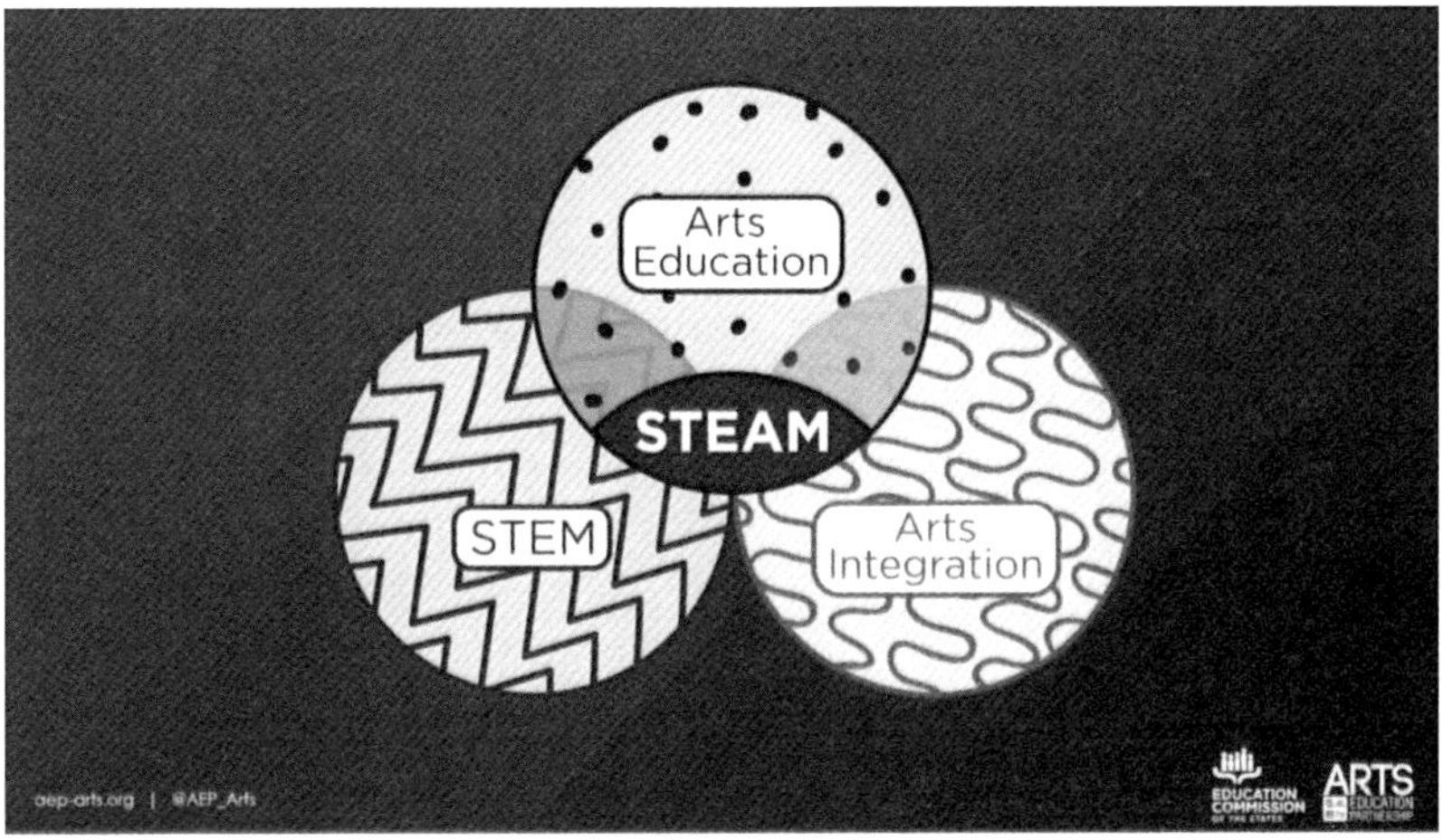

題解決のプロセスにも焦点が当てられており、教科内容の理解の深まりと同時に、教科間を横断する能力の習得と複雑な問題の探求が行われる所に特徴があります」

メアリーはひじょうに重要なことを述べている。ＳＴＥＡＭ教育は教科教育としての側面があると共に、教科横断的な汎用的な能力の育成を目指す問題探究（解決）学習であると言うのだ。

メアリーが説明に用いた上図のＳＴＥＡＭの部分は、ＳＴＥＭ教育と芸術教育の交差点がアーツ・インテグレーションすなわち芸術統合学習の原理に沿って統合されていることを意味している。またＳＴＥＡＭ教育とは、「芸術教育、アーツ・インテグレーション、ＳＴＥＭ教育のそれぞれの特性を共有するもの」であるとも彼女は述べている。

そして注目すべきことは、彼女の発表の表題である“National Trends in STEAM Education”が明示するように、これが「アメリカのＳＴＥＡＭ教育の動向」だと主張したことである。アメリカにはＳＴＥＡＭについてさまざまな考え方があり、日本でも似たような状況が生まれているが、メアリー・デレバは全米教育委員会のＳＴＥＡＭ担当者という立場から、アーツ・インテグレーション（芸術統合学習）によって統合された芸術教科とＳＴＥＭ教科との交差点にあるＳＴＥＡＭ教育を推進することが、アメリカでは主流であることを明確に示したのである。

このようにアメリカ教育省も全米教育委員会もＳＴＥＡＭについて、それぞれの担当者がＳＴＥＡＭのＡが芸術を指すArt（s）であること、教育課程上、ＳＴＥＭと芸術の各分野がそれぞれのスタンダードに沿って目標（到達水準）が設計されたカリキュラムであること、そしてＳＴＥＡＭをアーツ・インテグレーションの視点から捉えることの重要性を述べている。

日本のＳＴＥＡＭ政策を考える

さて、この会議が開催された前年から日本では文部科学省から「新しい時代の初等中等教育の在り方について」の試問を受けた中央教育審議会（以下、中教審）が、ＳＴＥＡＭ教育についての議論を進めていた。そして、二〇二〇年九月二四日の第一二〇回教育課程部会において、板倉寛（文科省教育課程企画室長）はこう述べた。

「（資料4-2の一一ページ目について）ＳＴＥＡＭの定義でございますが、ＳＴＥＡＭのＡを広い範囲で定義することを明確化したところでございます」[★6]

この方向性で答申はまとめられ、「ＳＴＥＡＭのＡの範囲を芸術、文化のみならず、生活、経済、法律、政治、倫理等を含めた広い範囲（Liberal Arts）で定義し、推進することが重要である。」[★7]とＳ

ＴＥＡＭは定義づけられた。

　この定義は、アメリカ教育省による協議会で語られた内容とは明らかに相反する。協議会は中教審の審議途中で開催されたものであり、その内容も知り得る状況にあったはずだが、議事録を読む限り、資料として扱われた形跡はない★8。

　国情も違い、教育の歴史も課題も違う日本にアメリカのＳＴＥＡＭ教育をそのまま持ち込むわけにはいかないが、次期の教育改革の一環としてＳＴＥＡＭ教育を俎上に載せるのであれば、そもそもの発祥国であり最大の実践国であるアメリカにおけるＳＴＥＡＭの歴史と背景、そして現状を理解することは必要不可欠ではなかったのか。教育省のボニー・カーターも、全米教育委員会のメアリー・デレバも、揃ってＳＴＥＡＭのＡがビジュアルアートや音楽などの芸術五教科であることを断言し、その根底にアーツ・インテグレーションの観点からＳＴＥＡＭを捉える見方があることは、ＳＴＥＡＭの教育原理を理解する上での基本中の基本である。

　本書では、第１部から第３部までの記述を手がかりとして、協議会で示された三つの視点、すなわち、ＳＴＥＡＭのＡが芸術を指すＡＲＴ（Ｓ）であること、ＳＴＥＭと芸術の各分野を等しい重みで教育課程を設計すること、そしてＳＴＥＡＭをアーツ・インテグレーションの視点から日本におけるＳＴＥＡＭ教育の在り方を考究することを提案したい。

《注および引用文献》

★1 U. S. Department of Education. "STEAM : ARTS SUPPORTING STEM," U. S. Department of Education. Jan.22 , 2020.
https://www.aep-arts.org/wp-content/uploads/200122-STEAM-Briefing-Invite.pdf
本書におけるボニー・カーターとメアリー・デレバの言説はこの協議会の録画データから翻訳引用した。

★2 原文は以下の通り。How can the arts support STEM teaching and learning? Where are policy makers on this new wave? is STEAM a fad or a more inclusive way to broaden participation in STEM? What are states doing and how can we support STEAM and achieve desired STEM outcomes? Join us and learn from leading experts in the STEAM education arena.

★3 全米州教育委員会協議会（National Association of State Boards of Education、NASBE）とは別組織。

★4 詳細は第2部第2章　アーツ・インテグレーションの定義を参照

★5 Mary Dell' Erba. "Policy Considerations for STEAM Education," Education Commission of The States. (2019) :
https://files.eric.ed.gov/fulltext/ED595045.pdf

★6 中央教育審議会、「教育課程部会（第120回）議事録」（文部科学省、二〇二〇年）。
https://www.mext.go.jp/b_menu/shingi/chukyo/chukyo3/004/gijiroku/mext_00556.html

★7 中央教育審議会、『「令和の日本型学校教育」の構築を目指して〜全ての子供たちの可能性を引き出す、個別最適な学びと、協働的な学びの実現〜答申』、二〇二一年、56-57頁。

★8 上野行一、「芸術統合学習としてのＳＴＥＡＭ教育の考察（2）—中教審におけるＳＴＥＡＭのＡに関する議論について—」（『美術による学び』第4巻第2号）、二〇二三年、1-15頁。

第1部　STEAMの始まり

ジョーゼット・ヤックマンとジョン・マエダ。

STEAMに関する記事や論文、インターネット情報などではこの二人がSTEAMを考え出し、広めた功績者として紹介されることが多い。この二人に比べるとマーク・サンダース（Mark Sanders）の知名度は低い。しかし、STEMにアート（Art）を加えたSTEAMの考え方の土台を創ったのはマーク・サンダースである。

第1部ではこの三人に焦点を当て、STEAMの始まりについての理解を深めていきたい。

第1章　ＳＴＥＡＭが誕生するまで

ＳＴＥＭの本当の意味

ＳＴＥＡＭについて考える前に、ＳＴＥＡＭという頭字語の前身であるＳＴＥＭの誕生とその背景について考えてみよう。少し回り道になるが、これはＳＴＥＡＭを誤解のないように、かつ深く理解するためには必要な手順である。

ＳＴＥＭはＮＳＦ（全米科学財団）が作った造語で、科学（Science）、技術（Technology）、工学（Engineering）、そして数学（Mathematics）の頭文字をつないだ頭字語である。

このＳＴＥＭを冠したＳＴＥＭ教育を、科学、技術、工学、数学の四つの分野（教科）の全部もしくは一部を統合した教育であると理解している人も少なくないかもしれない。たとえば理科と数学と技術の学習内容を組み合わせた授業のように、ＳＴＥＭ教育といえば理数系の教科統合学習を想起する人もいるかと思う。確かにそうした学習の形態もＳＴＥＭ教育の一部ではあるが、それがすべてであるとはいえない。

というのも、ＳＴＥＭ教育の定義自体が研究者や教師などによってまちまちであり、専門科目的なものから学際的なものまで多様なＳＴＥＭ教育が実践されているという実態があるからだ。[★1]ＳＴＥＭ教育を研究や実践してみようと思うとき、多くの人はＳＴＥＭ教育とはなにか、という疑問を抱くだろうが、それは「ＳＴＥＭ教育自体の定義が明確でないこと」[★2]にも拠っている。「ＳＴＥＭ教育の定義を希望する声は多いものの、未だ明確な定義付けがなされておらず、科学的な用語にはなっていない」との指摘もある。[★3]ＳＴＥＭ教育の実態がこのような具合なので、ＳＴＥＡＭ教育について考えることがいかに困難なことかはおわかりいただけると思う。

そもそもＳＴＥＭという頭字語は科学、技術、工学、数学を「総称するために頭文字をつなげて構成した用語」だったことに注意を払っておこう。

いくつかの単語を総称するために頭文字をつなげた頭字語の例を挙げてみよう。たとえば性的少数者を表す総称のＬＧＢＴＱや三大栄養素を表すＰＦＣがそうだ。フォークロック・ファンには懐かしいＣＳＮ＆Ｙといえば、クロスビー（Crosby）、スティルス（Stills）、ナッシュ（Nash）、ヤング（Young）の四人の頭文字を合わせたバンドのこと。ＳＴＥＭもこのような類いの言葉と思えば理解は早い。

日本にもたとえば「理数教育」という頭字語がある。これは理科と数学を「総称して括った用語」であり、理科と数学の「教科を統合した教育」という意味ではない。ＳＴＥＭという頭字語も同様だと捉えておく必要がある。

スプートニクショック以降の歴史の中で

さて、アメリカが理数系教育に注力したのは、何もＳＴＥＭが出発点というわけではない。二〇世紀が科学技術の時代であり、その主導権を握ることが産業の国際的な競争にも軍事的な競争にも優位に立てる。これはアメリカに限ったことではなく、優れた科学者を育てることが国力の強化につながるという考えをもとに、諸国はこぞって科学、数学、技術教育に力を入れていたのだった。

ところが一九五七年、敵対国であるソ連（当時）がアメリカに先駆けて人工衛星スプートニクの打上げに成功というニュースが伝わり、情勢は一変する。宇宙科学は当時の科学研究の先端かつ花形であり、米ソどちらが先に宇宙に進出できるかは大きな焦点として世界中が注視していた矢先の出来事である。アメリカに大きな衝撃が走った。

しかしアメリカが感じたのは、ソ連に先を越されたという悔しさだけではなかった。一九五七年といえば、第二次世界大戦後の東西冷戦がピークに達していく時期である。この数年前にソ連は水爆実験に成功してアメリカに追いついており、戦略的な核の優位性がなくなった直後の出来事に直面し、アメリカの国民はソ連の核攻撃の不安と恐怖に苛まれていた。

スティーヴン・スピルバーグ監督の映画《ブリッジ・オブ・スパイ》（2015）では、この当時の核の脅威に対する国民感情が描かれている。学校でソ連からの核攻撃についての授業を受けた息子（数年後に起こるU2撃墜事件を契機とするスパイ交換交渉に貢献するドノヴァン弁護士の息子）が、バスルームに水を張って準備をするシーンなど、笑うに笑えない状況があったことが描写されている。アメリカの国民は核の脅威に怯えていたのだった。

まさにこうした状況下で起こったスプートニク・ショックは、国民感情に冷水を浴びせただけでなく、軍事的にも政治的にも経済的にもアメリカに大きな衝撃を与えた。そしてその影響はすぐに教育界にも波及した。「国家防衛教育法（Public Law. 85-864：The National Defense Education Act of 1958）」が慌ただしく制定され、科学や数学の教育の推進がさらに強化されたのである。国家防衛教育法は上院が八月二二日、下院がその翌日というように連邦議会の会期切れ（八月二四日午前四時）ギリギリに通過していることからも、その性急さが感じ取れる★4。

その後、国の威信をかけてジョン・F・ケネディ大統領が一九六〇年代中に人間を月に到達させるとの声明を発表する。そしてその公約通りに、一九六九年の七月、アポロ一一号は月面着陸に成功した。人工衛星打ち上げに先を越された屈辱をようやく晴らし、アメリカの科学技術力の卓越を世界に見せつけた瞬間だった。

しかしながら勝利の美酒の酔いは長くは続かない。一九八〇年代に入ると、国策産業でもあった自動車の生産台数を日本に追い抜かれ、世界一の座を奪われる。経常収支の赤字幅が増大する中、一九八三年の「危機に直面する国家（A Nation At Risk）」と題する「教育の卓越に関する全米審議会報告書」を受けて、国力を向上させる必要性、科学技術の革新と産業育成、そのための理数系の人材育成が喫緊の課題と認識されるのだった。

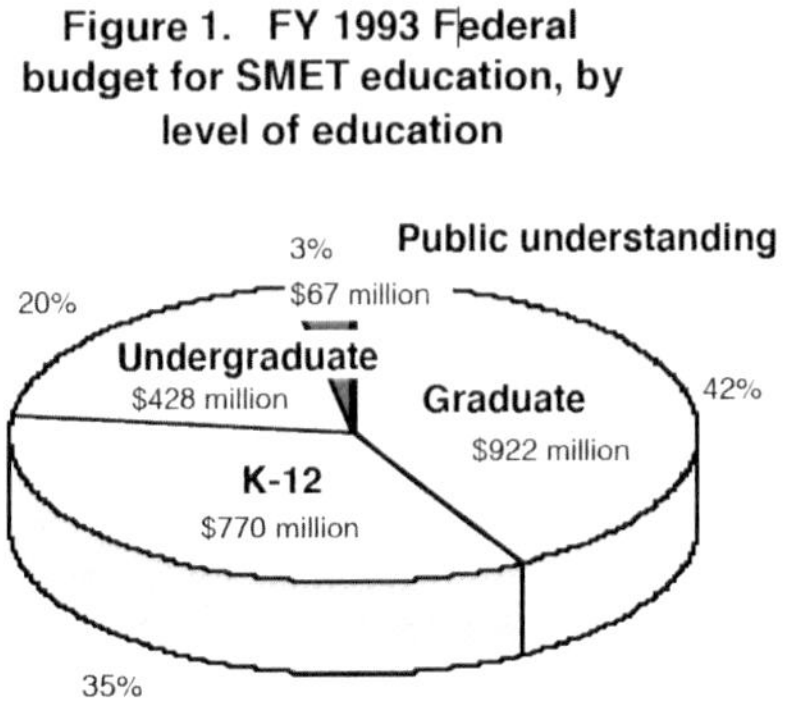

教育が実を結ぶには時間がかかる。国力向上のための施策はなかなか功を奏せず、一九八〇年代から九〇年代にかけて、アメリカの鉄鋼産業、自動車産業、半導体産業などが次々と凋落していく。

SMETの登場

危機感を持った政府やNSFは「科学、数学、工学、技術」を総称して括った用語として「SMET」を造語し、これら四つの分野の教育を推進する一大キャンペーンを開始する。連邦政府は四つの分野の教育推進について連邦SMET教育プログラムへの資金を投入し、理数系に進学する学生を増やし、これらの四分野における研究力を高め、国家としての科学技術力の向上を目指したのである。上の左図は一九九三年のSMET教育のための連邦予算が学校教育段階別にどのように配分されているかを表したものだ。[★5]

この図を見ると就学前教育から大学院まで約二一億ドルがSMET教育に投じられていることがわかる。一九九三-四年の教育省予算は法定委託分（Mandatory）を含めて三二〇億ドル程度だから、それと比較してみても巨額の事業だ。[★6]「科学教育の革新と評価」と

題されたNSFの報告書によると、この二二億ドルが三〇〇以上のプログラムに配分されている。★7

STEMは四つの分野を「総称する用語」

NSFは一九九八年七月二一日から二三日、バージニア州アーリントンの全米科学財団でSMETE・L・i・bワークショップを開いている。このSMETEとはSMETに教育（E）を加えた頭字語である。これは、NSFが支援する分野の学部教育、つまりSMETの四つの分野それぞれのためのデジタルライブラリの概念を検討するためのものだった。

一方、SMETという頭字語は、卑猥な意味合いや小麦やトウモロコシの疫病である黒穂病（SMUT）を連想させるため、二〇〇一年に当時のNSFでアシスタント・ディレクターを務めていたジュディス・ラマリー（Judith A. Ramaley）によって頭文字が組み替えられた。それがSTEMである。生物学者であるジュディス・ラマリーの脳裏には、SMET→黒穂病（SMUT）の連想が人一倍強く働いたに違いない。NSFはSTEMという四つの学問分野の研究推進について資金を投入し、理数系に進学する学生を増やし、STEM分野における研究力を高め、国家としての科学技術力の向上を目指していた。果たしてそれはSTEMの四分野の統合教育を推進するような政策提言だったのだろうか。

NSFと関係の深いマーク・サンダースは明確にこう述べている。「NSFはSTEMの頭字語を使い始めたが、これは科学または技術または工学または数学を指す頭字語であり、これらの分野間の学際的なつながりを意味するものではなかった」。[★8] 結局のところ、一九八〇年後半以来、それぞれの分野が互いに完全に孤立して教えられてきたと述べている。また、「NSFは二〇年近く、STEM（SMET）を単に四つの独立した分野を指す（simply to refer to the four separate and distinct fields）言葉として使ってきた」[★9]とも言及している。また、リン・イングリッシュ（Lyn D. English）は、「STEMの頭字語は、多くの場合専門分野の一つのみを指し、一般的には科学のみを指す」[★10]などと述べている。

STEM教育に関する調査を行ったジョナサン・ブライナー（Jonathan M. Breiner）たちは、STEMを分野や教科の統合と捉える研究者や教師が存在する反面、NSFや立法機関のような政策的観点からも、あるいはK-12（幼稚園から一二年生まで）のような教育的観点からも、STEMは統合されたアプローチではなく、伝統的な教科課程（科学・数学・技術・工学）と見なされることが多いと報じている。[★11]

このようにそもそもSTEMはSMETを組み替えただけのもので、四つの分野・教科を「総称して括った用語」として生まれたが、その一方で、STEMの新鮮な響きは関係者を魅了した。STEMに関する資金のほとんどが従来型の数学と科学の教育に向けられていたことや、当時STEMの分野を統合することが非常に稀だったにも拘らず、「STEM教育とは、S、T、E、Mを統合した教育を意味する」という言い回しを教育者やマスメディアが盛んに使うようになった。しかし実際には、当時のK-12の教室ではT／Eの概念と実践をS／Mの指導と統合することは非常に稀であったという。[★12]

STEMはそもそも理数教育振興政策であり、そこに「学際的教育」の意味合いはなかったことは、このあとのI-STEMやSTEAMの誕生を理解する上でも見逃せないポイントである。

《注および引用文献》

★1　Lyn D. English, "STEM education K-12: perspectives on integration," International Journal of STEM Education, 3(1) (2016), p. 2. https://www.researchgate.net/publication/296626399_STEM_education_K-12_perspectives_on_integration.

★2　熊野善介、『日本及びアメリカにおける次世代型ＳＴＥＭ教育の構築に関する理論的実践的研究』、平成28・29・30年度科学研究費補助金【基盤研究（B）】研究成果中間報告書（課題番号 16H03058）、二〇一七年。

★3　佐藤真久、「アメリカの公教育における環境ＳＴＥＭ（ｅＳＴＥＭ）教育の取組」（『日本及びアメリカにおける次世代型ＳＴＥＭ教育の構築に関する理論的実践的研究』）、48頁。なお、佐藤のYAGER論文の引用元は、ROBERT E. YAGER, "STEM：A Focus for Current Science Education Reforms," （K-12 STEM Education Vol. 1, No. 1（2015）：pp. 1-4.

★4　松浦良充、「アメリカ合衆国国家防衛法（1958年）の教育史的意義―ロックフェラー報告、コナン報告の人材養成論との比較において」（『教育研究』国際基督教大学学報Ⅰ-Ａ（30））、一九八八年、25-47頁。

★5　Floraline Stevens, ed. INNOVATING AND EVALUATING SCIENCE EDUCATION：NSF EVALUATION FORUMS 1992-94（NSF, 1995）, p. 20.　https://www.nsf.gov/pubs/1995/nsf95162/nsf_ef.pdf.

★6　（財）自治体国際化協会 ニューヨーク事務所、「アメリカの初等中等教育における教育制度と結果に対する説明責任～No Child Left Behind政策を中心に～」（Clair Report No. 328（Aug. 1, 2008））、二〇〇八年、8頁。　https://www.clair.or.jp/j/forum/c_report/pdf/328.pdf.

★7　Floraline Stevens, ed. INNOVATING AND EVALUATING SCIENCE EDUCATION: NSF EVALUATION FORUMS 1992-94（NSF, 1995）, p. 20.

★8　Mark Sanders, "Integrative STEM Education: A More Robust Explanation," ITEEA,（2010）: https://assets-002.noviams.com/novi-file-uploads/iteea/resource_hub/MS_iSTEM_Ed_Def_71415.pdf 原著論文記事の記述は、NSF began using the "STEM" acronym to refer to science or technology or engineering or mathematics with no implication of interdisciplinary connections among those fields.

★9　Mark Sanders, "STEM, STEM Education, STEM mania,"（The Technology Teacher, December/January, 2009）, p. 20 https://www.teachmeteamwork.com/files/sanders.istem.ed.ttt.istem.ed.def.pdf

★10 Lyn D. English, STEM education K-12, P20. 原著論文記事の記述は、The STEM acronym is often used in reference to just one of the disciplines, commonly science.

★11 Jonathan M. Breiner, "What Is STEM?：A Discussion About Conceptions of STEM in Education and Partnerships," School Science and Mathematics（2012）, p. 5. https://www.researchgate.net/publication/264295459_What_is_STEM_A_discussion_about_Conceptions_of_STEM_in_education_and_partnerships

★12 Mark Sanders, Integrative STEM Education, p. 1.

第2章　マーク・サンダースとI－STEM（Integrative STEM）

統合TSMとは何か

バージニア工科大学の技術教育教授マーク・サンダースはこのようなSTEM教育の状況から、STEMを「どうしようもない曖昧な言い回し」[★1]と感じていた。

そもそも彼はNSFがSMETの教育を推進し始めた当初よりNSFから資金提供を受け、技術と科学と数学を統合した統合TMS（Technology, Science and Mathematics）プログラムを開発していた（1991～96）。のちにI－STEM教育に発展する彼の仕事はこの時から始まったと述懐している。

このNSFからの受託研究によって、バージニア工科大学とバージニア州立大学の統合TSMプロジェクトによって開発されたカリキュラム統合の内容と実践に関しては、マーク・サンダースとジェームズ・ラポート（James LaPorte）によって、中学校で技術、科学、数学を接続した教育活動を行う教師のための統合TSMリソースバインダー[★2]として出版されている。

教師のための実践書を著すという仕事は簡単ではない。学習活動という予測のつかない変数や、生徒の意欲や関心の多様性を見据えた教師のためのリソースの作成は、研究者自身に質の高い授業実践のキャリアがないと難しいだろう。

一九八〇年にメリーランド大学で教育学の博士号を取得したあと、ニューヨーク州北部の高校の技術科教師としてキャリアをスタートさせ、豊富な授業実践の裏付けを持っていたマーク・サンダースだったからこそ、教師のための有意義なリソースの作成が可能だったのだろう。[★3]

さて、I‐STEMの前身ともいえる統合TSMの授業とは、一体どのような教育実践だったのだろうか。統合TSMリソースバインダーを使った実践事例[★4]を通して考察してみよう。

《実践事例》統合TSMからI‐STEMへ

エルモア中学校（アラバマ州）の生命科学教師であるエブリン・マディソン（Evelyn Madison）と数学教師のダイアン・レイニー（Diane Rainey）、そして設計技術教育教師であるウィル・フックス（Will Hooks）は、このバインダーに掲載された実践ガイドを参照して統合TMS教育を実践している。そもそも彼らの考えは、基本的な科学と数学の概念、そしてシステム開発についての理解を深められるプロジェクトを考案することが発端だった。各教科の個別の要素ではなく、提示されたテーマについて生徒がアイデアを探求し、問題を提起し、独自の解決策に向けて取り組むことができる単元を設計したいと考えていた。

彼らは、サンダースとラポルトの著書から詳細な指示を得ることができ、その考えは水耕栽培農場モデルの設計と構築というアイデアに集約された。数学、生命科学、設計技術の三つの授業の取り組みを、教科間のつながりを強調する方法で組み合わせることを提案し、三つの授業すべてに出席する生徒をグループ化して（学校ではファミリーと呼んでいた）実施することにした。

プログラム作りにあたっては、学区のカリキュラムの枠組みに基づいて計画を立てる必要があること、そして各教科で概説されている八年生の教育のトピックをうまく適合させることを確認した。

生物学的および物理的特性の理解は、農場の作物を生産するための重要な要素である。数学による体積の決定、比率の考察、データの分析がモデルの開発とその結果の解釈に不可欠だった。フックスは、基本的な設計要素（環境要件の理解、材料と機器の分析、設計のスケッチと洗練）がモデル開発の基礎であると考えた。

このように複雑な取り組みでは、個々の教科での指導内容に埋没しがちだが、全体的な大きなアイデアを見落とさないために、教師チームは定期的な会議を行い、その活動でカバーしたい領域を常に点検した。

たとえばマディソンの生命科学の授業では、ペーハー（pH）バランスの理解、植物の構造の調査、植物の成長における栄養素の役割の決定が含まれていた。

レイニーの数学の授業では、さまざまなコンテナの体積の決定、比率の考察、結論の導き出しやデータからの予測を行った。

フックスの設計技術の授業では、システム設計の基本、材料と機器の役割、光と温度の制御を含むモデルの環境ニーズへの対応に焦点を当てる。

プロジェクトには多くの活動が含まれているが、三人は、バラバラの情報やスキルの学習ではなく、包括的なアイデアに焦点を当てることが大切であると考えた。

水耕栽培活動に取り組む生徒は、それぞれが興味をそそられる質問を独自に設計し、探究する。とはいえ、彼らの活動で扱いたい学区カリキュラムの枠組みに基づいた教育トピックもある。

この活動を実現するためには、三人の教師がコンテンツを同期し、毎回生徒のポートフォリオを読み、緊密に連携してスケジュールや科目の継続性、プロジェクト全体のテーマの整合性を管理する必要があるという。次はその一例である。

・科学的探究：植物のpHレベルを観察する。
・数学による思考：養液を使って作業を行うことで、比率と割合についての理解を広げる。
・システム設計上の問題：材料とプロセスのさまざまなモデルを検討し、モデルの設計のためのアイデアをスケッチする。

これらの活動が同期したカリキュラムによる学習であることが、統合TSMを理解する上での重要なポイントである。こうしたカリキュラムは日本でいうところの「教科等横断的な学習」に近いことがわかる。各教科の教師が分担して自分の専門的な内容を担当しつつ、「各教科の関連を図り……、系統的、発展的な指導が構想された学習」★5を教科等横断的な学習という。たとえば、「算数の棒グラフの読み取りや面積の単位の読み取りの学習が、社会科の学習に活用できる」というような学習を想起してもらえばよい。

統合ＴＳＭからＩ-ＳＴＥＭへ

統合ＴＳＭの研究と実践を背景にして、また、大学が二〇〇二年春、すべての学部教員教育プログラムの廃止を発表したこともあり、サンダースはバージニア工科大学のＩ-ＳＴＥＭ教育大学院プログラムを構想することになる。

この時、バージニア州は景気後退による財政問題に直面しており、バージニア工科大学への資金援助を大幅に削減した。この大学院プログラムの優秀さは広く知られていたにもかかわらず、教授陣は退職に伴い五人から一人に減った（残ったのはサンダースのみ）。

ダガー、ベイム、ラポート、ブルージックが次々と去ったあと、二〇〇五年に、ジョン・ウェルズが准教授として採用され、ようやくこのプログラムは復活した。

サンダースはジョン・ウェルズと共同で、二〇〇五年九月、技術・工学デザイン活動をベースとしてＳ、Ｔ、ＥとＭの教育と学習を位置づけるという基本的な考えに基づいた、ユニークなＩ-ＳＴＥＭ教育プログラムを立ち上げた。この教育プログラムは、ＳＴＥＭ教育の統合的アプローチに特化した全米初の大学院教育プログラムであり、先駆的な取り組みである。[★6] このプログラムには修士課程と博士課程のオプションが準備されており、二〇〇六年一月に開始された。

このような考えで新しい大学院プログラムはスタートしたが、意味が曖昧なＳＴＥＭ教育と混同されないためにも「I-STEM教育」のオリジナルなプログラム運用上の定義が必要になった。

サンダースの言葉を借りれば、「I-STEM教育は、S、T、E、Mの教育と学習を意図的に統合したものであり、技術・工学デザインをベースにした学習方法」である。これとは対照的に、ほとんどの教育者や政治家は、主に（あるいはもっぱら）数学と科学の教育を指すときに「STEM教育」という名称を不適切に使用してきた。これは、I-STEM教育のTとEの要素を疎外し、STEM教育や学習に不利益をもたらす行為であると。TとEの要素こそが重要なのであり、技術・工学デザインをベースにした学習方法であることが大きな特徴なのである。

（右）マーク・サンダース（左）ジョン・ウェルズ
Spheres,（Fall 2009,VT）より取得。

定義の作成にあたって、サンダースは六つほどの原案を作成し改訂した。改訂のたびにウェルズからフィードバックが寄せられた。二人が「統合的STEM教育」の本来の運用上の定義に合意するまでに、数週間かかったという。ようやくまとまった定義を、サンダースはすぐにI-STEM教育プログラムのウェブサイトに掲載した。二〇〇九年のことである。

サンダースはI-STEM教育とは「科学・数学教育の内容やプロセスと、技術・工学教育の内容やプロセスを意図的に統合した、技術・工学デザインベースの学習アプローチをいう。国語（ランゲージアーツ）、[7] 社会科、art（芸術）等他の学校教科とのさらなる統合によって強化される可能性がある」[8]と定義している。

サンダースは学部の雑誌のインタビューに答えて、さらに次のように述べている。「私たちが考えるI-STEM教育とは、二つ以上のSTEM科目（少なくとも一つは技術か工学でなければならない）の概念と方法を統合した教育アプローチを内包するものです」[9] また、「工学は幼稚園から高校までの教育に浸透しつつあります。全米科学委員会は、科学と数学だけでなく、STEM教育を推進し始めており、アメリカは、すべての生徒が科学と数学を理解し、応用できるような教え方を考えようとしています」と答えている。

また、「このアプローチは小学校低学年から始めるべきです」ともサンダースは述べている。それは、課題に対して子どもたちが工学デザインを使って数学と科学を応用し、解決策を設計し構築できるようにするためであるという。工学デザインの課題とは、私たちが直面している生活上や社会における問題を、最も要求を満たす方法で解決する物や仕組みを作り出すことである。小学校低学年なら彼らの遊びや生活上の問題解決であるだろうし、高学年なら、バイオテクノロジーやロボット工学、輸送システムなどに関する問題を解決するために、I-STEMアプローチを使うこともできる、ということである。

「生活上や社会における課題解決」は日本でもSTEAM教育の目的と考えられているが、その考え方のもとがI-STEM教育に見られるのは興味深い。STEAM教育をより深く理解するためにはI-STEM教育の理解が必要だろう。

STEMにART（芸術）等を加えたものがI-STEMである

このI-STEM教育プログラムの最大の特徴は、STEMの各分野の教科統合に加えて国語や社会科、artなどの教科とのさらなる統合が定義として明確に示されていたことだった。

さらに加える教科の中にartが含まれていたことがとても重要な点だ。artの語の解釈は文脈によって違ってくるが、定義の原文にschool subjects（教科）とあるので文脈上ここは芸術教科としてのart、すなわちこの時点の全米コア・アーツ・スタンダーズに示された芸術教育の四分野[★10]であるダンス、ビジュアルアート、ミュージック、演劇と読み取ることが妥当だろう。なお、単数形のartはビジュアルアート（美術）を指すことが多いが、ここでは広く捉えておく。

図らずもこの定義にはSTEMに芸術を意味するAを加えるという発想が含まれていた。そして社会科や国語（ランゲージアーツ）等も含むリベラルアーツ分野も視野に入っていた。この時点では、それがSTEAMという新しい頭字語を生むことにつながるなどとは、夢にも思わなかっただろう。サンダースのI-STEM教育プログラムはSTEAMという表現こそ纏ってはいなかったが、芸術を加えるという意味では実質的にSTEAM教育を意味していたと考えることができる。

では芸術を加えるという構想はいつ生まれたのだろうか。プログラムの構想を始めた二〇〇三年頃からか、大学院のプログラムとして実施していた二〇〇六年頃からか。それは明確ではないが、いずれにせよ定義が作成される二〇〇九年の段階で急に思いついたということはないだろう。あとで述べるようにＩＴＥＥＡ（国際技術・工学教育者協会）は定義の起点を二〇〇六年としており、であるならば、ＳＴＥＡＭという頭字語が生まれる前にサンダースはＳＴＥＡＭにつながる構想をしていたことになる。

書き換えられた定義

しかしこの定義はサンダースの退職後に削除され、書き換えられた。ジョン・ウェルズと何度も推敲を繰り返して作成した定義である。少なからずショックだったのだろうか、サンダースはこう書いている。「Ｉ－ＳＴＥＭ教育について書かれる方々が、その形成的な物語から私の名前を完全に省いたり、ウェブや他の場所で出会うかもしれない他の定義や説明を引用したりするのではなく、Ｉ－ＳＴＥＭ教育の最初の定義の開発における私の役割を引用してくださることを私は望んでいます[★11]」いささか感傷的な文面であるが、何しろサンダースが退職した直後に、元の定義は置き換えられたのだから、複雑な思いが生じるのも当然かもしれない[★12]。なお現時点で見る限りは、バージニア工科大学のサイトでは定義の後にWells & Ernst. 2012/2015: Sanders & Wells. 2010と記されている[★13]。

さてどこがどのように書き換えられたのだろうか。元の定義と比較してみよう。ウェルズ＆サンダースの定義は、次の通りである。ただし、この定義は削除されているため、当時のサイトをWay back machineで復元したもの（次ページ上図）を掲載する[★14]。

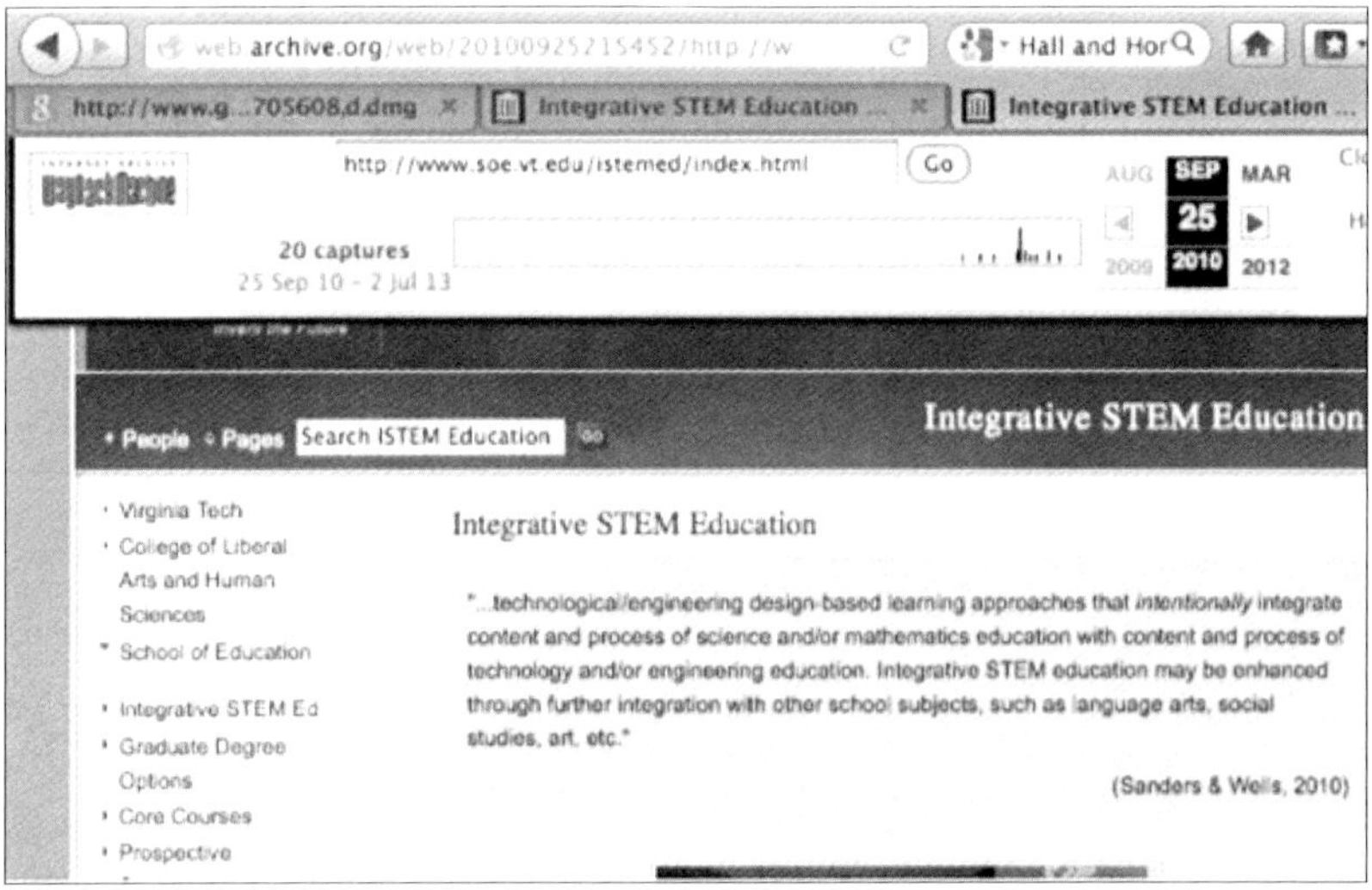

復元したサイト

《元の定義》上図から拡大

"...technological/engineering design-based learning approaches that *intentionally* integrate content and process of science and/or mathematics education with content and process of technology and/or engineering education. Integrative STEM education may be enhanced through further integration with other school subjects, such as language arts, social studies, art, etc."

(Sanders & Wells, 2010)

《書き換えられた定義》現在のサイトより

"the application of technological/engineering design based pedagogical approaches to intentionally teach content and practices of science and mathematics education through the content and practices of technology/engineering education. Integrative STEM Education is equally applicable at the natural intersections of learning within the continuum of content areas, educational environments, and academic levels."

Wells & Ernst, 2012/2015; Sanders & Wells, 2010

《元の定義》

科学・数学教育の内容と演習と、技術・工学教育の内容と演習を意図的に統合した、技術・工学デザインに基づいた学習アプローチである。国語（ランゲージアーツ）、社会学、芸術等のような他の教科とさらに統合することによって強化されるだろう。

《書き換えられた定義》

技術・工学教育の内容と演習を通して、科学・数学教育の内容と演習を意図的に教えるための、技術・工学デザインに基づいた教育的アプローチの適用と運営上定義されている。統合的ＳＴＥＭ教育は、内容領域や教育環境、学術的レベルの連続体における学習が自然に交差する部分にも適用可能である。

細かな修正部分は省き、重要な点に絞って述べると、元の定義で学習アプローチ（learning approaches）とあった部分が、教育的アプローチ（pedagogical approaches）に変わっている。このことは、元の定義は学生の立場から書かれていたが、現行の定義は大学側を主体に書き換えたと見ることもできるのではないか。

そして最も重大な書き換えは、元の定義にあった「国語（ランゲージアーツ）、社会学、芸術等のような他の教科とさらに統合することによって強化されるだろう」というＳＴＥＡＭにつながる部分が、「内容領域や教育環境、学術レベルの連続性の中で、学習が自然に交差する部分にも適用可能である」という記述になっている点である。

確かに新しい定義の方が柔軟で広範な解釈ができる。内容領域や教育環境によって「学習が自然に交差する部分」に適用できるという文面も、課題によっては他の分野、リベラルアーツ全般の何らかの分野と組み合わせて学習できるということであり、さまざまな課題にも統合の拡張ができるということだろう。

新しい定義については、作成者の一人であるジョン・ウェルズが詳細に説明している（上図）。★15 ただしこの定義は二〇一二年版であり、バージニア工科大学のサイトに掲載されている定義ではない。

たとえば前段にあるpedagogicalの語がこの定義にはなく、単に「技術・工学デザインに基づいたアプローチ」と書かれているに過ぎない。pedagogicalの語は二〇一二年以降に、現在のサイトの定義に追加されたということになるのだろうか。

“Integrative STEM Education is the application of technological/engineering-design-based approaches to *intentionally* teach content and practices of science and mathematics education concurrently with content and practices of technology/engineering education. Integrative STEM Education is equally applicable at the natural intersections of learning within the continuum of content areas, educational environments, and academic levels” (Wells & Ernst, 2012).

《ジョン・ウェルズが解説している定義》

技術・工学教育の内容と演習と同時に、科学・数学教育の内容と演習を意図的に教えるために技術・工学デザインに基づいたアプローチを適用する。

I－STEM教育は、技術・工学デザインに基づいたアプローチを適用して、科学・数学の教育の内容と演習を、技術・工学教育の内容と演習と同時に**意図的に指導する**ことである。I－STEM教育は、内容領域、教育環境、学術レベルの連続体の中で学習の自然な交差点に同様に適用できる。

まずウェルズは、「統合」を意味する単語がintegratedではなくintegrativeであることに注意を喚起する。integraTIVEという用語は、静的で完了した教師中心のプロセスを意味するintegraTEDとは異なり、継続的で動的、学習者中心の教育と学習のプロセスを意味しているというわけだ。

この指摘はかなり重要な指摘である。integrative STEMを「統合的なSTEM」とか、「統合STEM」などとした翻訳を論文やウェブサイトで見かけることがあるが、原語の微妙なニュアンスの違いや、本質的な意味の違いを理解することが大切であると思う。そのため本書では、integrative STEM教育をバージニア工科大学に倣ってI－STEM教育と表記している。

ウェルズは、主要な概念は「技術・工学デザインに基づいたアプローチ」とし、これを指導要件として提示している。そのあとに「意図的に指導する」と続けているが、これはその重要性を強調するためにイタリック体で示されている。この「意図的に指導する」ことが最も重要であり、学習設計の必須要素としての学習の評価を意味するという。

そして、これがI－STEM教育の概念の中心であり、バージニア工科大学のプログラムを他のすべてのプログラムと区別するものであるという。バージニア工科大学のサイトの修士課程のページでも「バージニア工科大学のI－STEM教育プログラムが他のSTEMプログラムと異なるのは、統合

WHAT YOU'LL STUDY

Integrative Science, Technology, Engineering, and Mathematics Education (I-STEM ED) is defined as: technological/engineering design based teaching and learning approaches to intentionally integrate content and practices of science and/or mathematics education concurrently with content and practices of technology/engineering education. Integrative STEM education is equally applicable at the natural intersections of learning within the continuum of content areas, educational environments, and academic levels. (Wells & Ernst, 2012).

的なアプローチと科目間のつながりを重視していることです」[★16]と誇らしげに書かれている。

とはいえ、当初の定義には書かれていた「国語（ランゲージアーツ）、社会学、art等のような他の教科」という具体的な例示は消されている。このことを踏まえると、「他の定義や説明を引用したりするのではなく…」自分の定義を引用してほしいというサンダースの文面には、彼の複雑な胸中が現れているように思えてならない。

余談になるが、このサイトページでもウェルズとエルンストによる二〇一二年版の定義が紹介されている（上図）。ところがよく読むと主要な概念である「技術・工学デザインに基づいたアプローチ」は、「技術・工学デザインに基づいた**教育および学習アプローチ**」と書かれているではないか。[★17]技術・工学デザインに基づいたアプローチを、サンダースとウェルズは最初に**学習アプローチ**と書いたが、ウェルズとエルンストは単に**アプローチ**と改め、さらに現在のサイトでは**教育アプローチ**もしくは**教育および学習アプローチ**と示されている。定義にはアプローチの性格を巡っての四通りの記述がある、これが現状である。

定義の後段では、I-STEM教育が教育の連続性に沿って、学習の自然な交差点で機能することを明確に表している。そして、バージニア工科大学のプログラム（I-STEM ED）の「I」が大文字で表記されるのは、「統合」がＳＴＥＭの要素と同等に重要であることを伝えるためだと述べている。

Ｉ－ＳＴＥＭ教育という用語

integrative ＳＴＥＭ教育という用語それ自体は、今やSilo（他分野と連携を取らない個々別々の教育方法）ＳＴＥＭ教育と峻別する用語として、連邦政府の「ＳＴＥＭ教育法」[★18]（詳しくは第3部第2章で説明）や国際技術・工学教育者協会（ＩＴＥＥＡ）の報告書「米国におけるＳＴＥＭの発展」[★19]など、法案や公的機関の報告書等で使用されている。その意味でもマーク・サンダースの功績は大きいということができるだろう。

ＩＴＥＥＡのサイトにもＩ－ＳＴＥＭ教育の定義として、ウェルズ&エルンスト・バージョン（Wells & Ernst.2012/2015）を載せているが、末尾にウェルズ&サンダース　プログラム文書（2006~2010）から改変と記している。[★20]ところが、サンダースとウェルズによるＩ－ＳＴＥＭ教育プログラムの始点を二〇〇六年からと紹介としてあり、これには驚いた。Ｉ－ＳＴＥＭ教育が定義として成文化されてサイトに上げられるのは二〇〇九年だが、それ以前からプログラム自体は存在し、それを学ぶ学生が存在していた。であるから、実質的に定義の始点を二〇〇六年としたように考えられる。そこにはＳＴＥＭ教育の曖昧さを脱してＩ－ＳＴＥＭ教育を確立させようとしたサンダースらへの大いなる敬意が感じられる。

ＩＴＥＥＡのサイトの「Ｉ－ＳＴＥＭ教育」のページには教育リソースとして二本の実践動画、八編の論文・記事、ガイド記事が五本掲載されている。八編の論文・記事のうちマーク・サンダースが著したものは五編、ウェルズが著したものが二編紹介されていることからも、彼らへのリスペクトが感じられよう。★21

バージニア工科大学の現在

現在バージニア工科大学は、公式サイトで次のようにプログラムの特色を掲げている。「(本学の)I‐STEM教育プログラムが他のSTEMプログラムと異なる点は、統合的アプローチと科目間のつながりに重点を置いていることです」「STEM教育のための新しい統合的な技術・工学デザインに基づく教育・学習方法の実施と調査に重点を置いており、他のSTEMプログラムとは一線を画しています」、また「プログラムの開始以来、博士課程の卒業生の高等教育機関(主に大学)への就職率は一〇〇%です」とも書いている。なんと素晴らしい実績だろう！

バージニア工科大学と聞けば、私たちは思わず、二〇〇七年に起こった銃乱射事件を思い出してしまう。三二名もの学生や教職員が犠牲となったあの悲惨な事件は、今もなおアメリカ国民の心の痛手だ。実際、バージニア工科大学の公式サイトには事件の犠牲者追悼のページが現在もある。I‐STEM教育の名声がこのような悲惨な歴史を遠くに送り去る大きな力になるように願わざるをえない。

《注および引用文献》

★1 Mark Sanders, "The Original Integrative STEM Education Definition : Explained," Scholarly Works, School of Education [189]. (Virginia Tech March 17, 2015).
https://vtechworks.lib.vt.edu/items/77f12592-3f8f-423b-9532-2d70870558fb

★2 Mark Sanders & James LaPorte,Technology,Science,Mathematics:connection activities binder: a teacher's resource binder connecting technology, science, and mathematics in the middle school, (New York : Glencoe/McGraw-Hill, 1996).

★3 マーク・サンダースの経歴については全米工学アカデミー（NAE：National Academy of Engineering）の公式サイトhttps://www.nae.edu/52225/Mark-Sanders等を参照した。

★4 事例は"Developing Curriculum across the Disciplines,"Classroom Compass,Vol.4,No.1 (Winter 1998) : pp.1-5.より引用した。

★5 授業における教科書の使い方に関する調査研究委員会、『〝新しい〟教科書の使い方―よりよい授業づくりのために』、教科書研究センター、二〇二二年、48－53頁。

★6 "Integrative STEM Education," Spheres (Virginia Tech), fall. (2009) : p.8. 『Spheres』誌はバージニア工科大学教養人間科学部の大学ジャーナルである。

★7 原文にschool subjects（教科）とあるのでlanguage artsは国語と訳したが、日本の国語よりも、言語を用いて伝える力（技術）の指導に重点が置かれている。

★8 Mark Sanders, "Integrative STEM Education: A More Robust Explanation," p.1. 原著論文記事の記述は、Integrative STEM education may be enhanced through further integration with other school subjects, such as language arts, social studies, art, etc.

★9 "Integrative STEM Education" Spheres, (VT,2009) ,p.8.

★10 2014年以降はメディアアートが加わり五教科となっている。

★11 Sanders, "The Original Integrative STEM Education Definition : Explained," p.2.

★12 Sanders, "The Original Integrative STEM Education Definition : Explained," p.1.

★13 https://liberalarts.vt.edu/departments-and-schools/school-of-education/academic-programs/integrative-stem-education.html.

★14　https://web.archive.org/web/20110316053145/http://www.soe.vt.edu/istemed/index.html.

★15　John G.Wells, "Integrative STEM Education at Virginia Tech," technology and engineering teacher (Feb.2013) :pp.28-35. https://vtechworks.lib.vt.edu/items/74569f2a-1897-4adb-aedf-ba80946b096e.

★16　https://liberalarts.vt.edu/departments-and-schools/school-of-education/academic-programs/integrative-stem-education-program/about-maed.html.

★17　同上。

★18　STEM EDUCATION ACT OF 2015, PUBLIC LAW 114-59—OCT. 7, 2015.

★19　William E. Dugger, Jr., "Evolution of STEM in the United States," (ITEEA 2010). https://slideplayer.com/slide/9344324/.

★20　https://www.iteea.org/integrative-stem-education.

★21　これはリソースの紹介なので変動する可能性はある。

第3章　教え子ジョーゼット・ヤックマン

STEAMの発案者と頭字語の作成者

ＳＴＥＡＭを語るときにジョーゼット・ヤックマンが「発案者」であるかのように語られることが多い。そのため、彼女がＳＴＥＭにＡつまりアートを加える教育活動を初めて発想し、ＳＴＥＡＭという新しい言葉も作り出した人物であるかのように書かれているウェブ記事や論文をよく見かける。しかし第2章で述べてきたように、その着想自体は、統合ＴＭＳの時から研究を続けてきたマーク・サンダースが中心になって開発し、実践しているバージニア工科大学のＩ－ＳＴＥＭ教育プログラムにすでにある。そのサンダースのもとでヤックマンはＳＴＥＭの統合を学んだ。教師と教え子という関係が、ＳＴＥＡＭの着想や造語に何の影響も与えなかったとは考えにくい。

また彼女自身の言説が無批判に引用されていることにも問題を感じる。彼女の言説や文書の多くは、彼女が設立した組織（steam. edu）のウェブサイトにあげられたものであり、第三者の評価を受けていな

STEM教育の広がりとSTEAM教育

◎統合型のSTEM教育

Science、Technology、Engineering、MathematicsのSTEM分野が複雑に関係する現代社会の問題を、各教科・領域固有の知識や考え方を統合的に働かせて解決する学習としての共通性を持ちつつ、その目的として①科学・技術分野の経済的成長や革新・創造に特化した人材育成を志向するものと、②すべての児童生徒に対する市民としてのリテラシーの育成を志向するものとがある。

◎STEAM教育—アート、リベラルアーツ、文理の枠を超えた学び—

◆初期のSTEAM教育は、統合型STEM教育にArts(デザイン、感性等)の要素を加えたものと解釈できる。Yakman(2008)では、STEAM教育は学問領域を横断して指導する枠組みであると示している。また、STEAM教育は、エンジニアリングとアーツ(言語や歴史などを含む文科)を通して解釈される科学と技術であり、すべては数学的な要素に基づくものであるとする。

◆近年は、現実社会の問題を創造的に解決する学習を進める上で、あらゆる問いを立てるために、Liberal Arts(A)の考え方に基づいて、自由に考えるための手段を含む美術、音楽、文学、歴史に関わる学習などを取り入れるなどSTEM教育を広く横断的に推進していく教育(東京学芸大学　大谷 忠氏より)。

◆ 取り扱う社会的課題によって、S・T・E・Mを幹にして、ART/DESIGNやROBOTICS、E-STEM(環境)など様々な領域を含んだ派生形が存在し、さらには国語や社会に関する課題もあり、いわゆる文系、理系の枠を超えた学びとなっている(日本STEM教育学会　新井 健一氏より)。

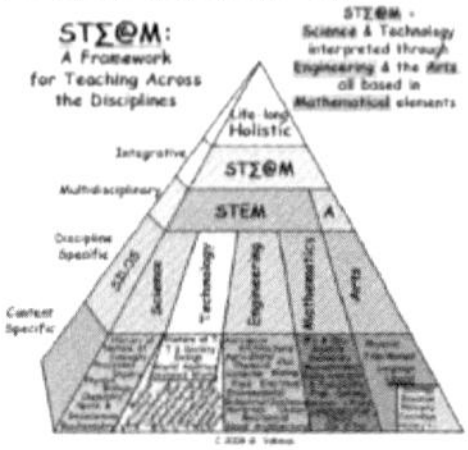

C. 2008 G. Yakman

い個人的な主張という側面が強いからだ。そうしたものが、文部科学省の中央教育審議会においてさえ、審議の資料として提供されている、という実態がある。（上の図版は、国立教育政策研究所の松原憲司が二〇一九年九月四日の中教審教育課程部会に提出したもの）

そもそもジョーゼット・ヤックマンはいかなる人物であり、研究の背景にはどんな思想があるのか、どのような教育や研究を行ってきたのかというライフ・ヒストリーについては、まったくと言っていいほど語られていない。

ヤックマンはどのようなきっかけでSTEMにARTを加えるという発想を得たのだろうか。彼女はSTEAMで何を目指したのだろうか。ヤックマンはSTEAMという言葉をいつから使い始めたのか。「STEAMピラミッド」はどのような経緯で作成され、また改変されたのか。

ＳＴＥＡＭ誕生の重要人物についてのこうした基本的な情報が共有されていない。これは大きな問題ではないだろうか。この第3章では、ＳＴＥＡＭの始まりについての理解を深めるために、ヤックマンとＳＴＥＡＭの関わりについての情報をまとめ考察する。

そして今、ヤックマンに何が起こっているのか。第３部第４章で紹介するような事態の発生で、彼女のサイトやブログは閉鎖されており、また彼女自身に訊いたり取材することも困難になっている。本章では、ヤックマンから届いた個人的なメールやブログ、公開されていた情報等を根拠資料として、彼女とＳＴＥＡＭの関わりの歴史を辿ってみることにしよう。★1

ヤックマンの生い立ち

ジョーゼット・ヤックマンはプエルトリコの移民の子孫として祖父母に育てられた。祖母は高齢でアルツハイマーを患い、一日中同じことを毎日繰り返している。★2 祖父はグラマン・エレクトリック社の電気技師で、月面に初めて着陸したアポロ月着陸船の電気システムのエンジニアとして働いていた。ヤックマンが大学で技術を学ぼうとした動機は、一流のエンジニアだった祖父の影響によって形成されたのかもしれない。

そして彼女がアートに関心をもったのは、彼女自身が言うように、幼い頃の父の影響によっている。彼女の母は一時期、画家である父と結婚しており、父は幼いヤックマンの肖像画を描き残している（前ページの図）。

祖父からは技術への関心と能力を、父からは美術の才能を受け継いだヤックマンが、ＳＴＥＡＭの道に進むのは当然といえば当然だったのかもしれない。

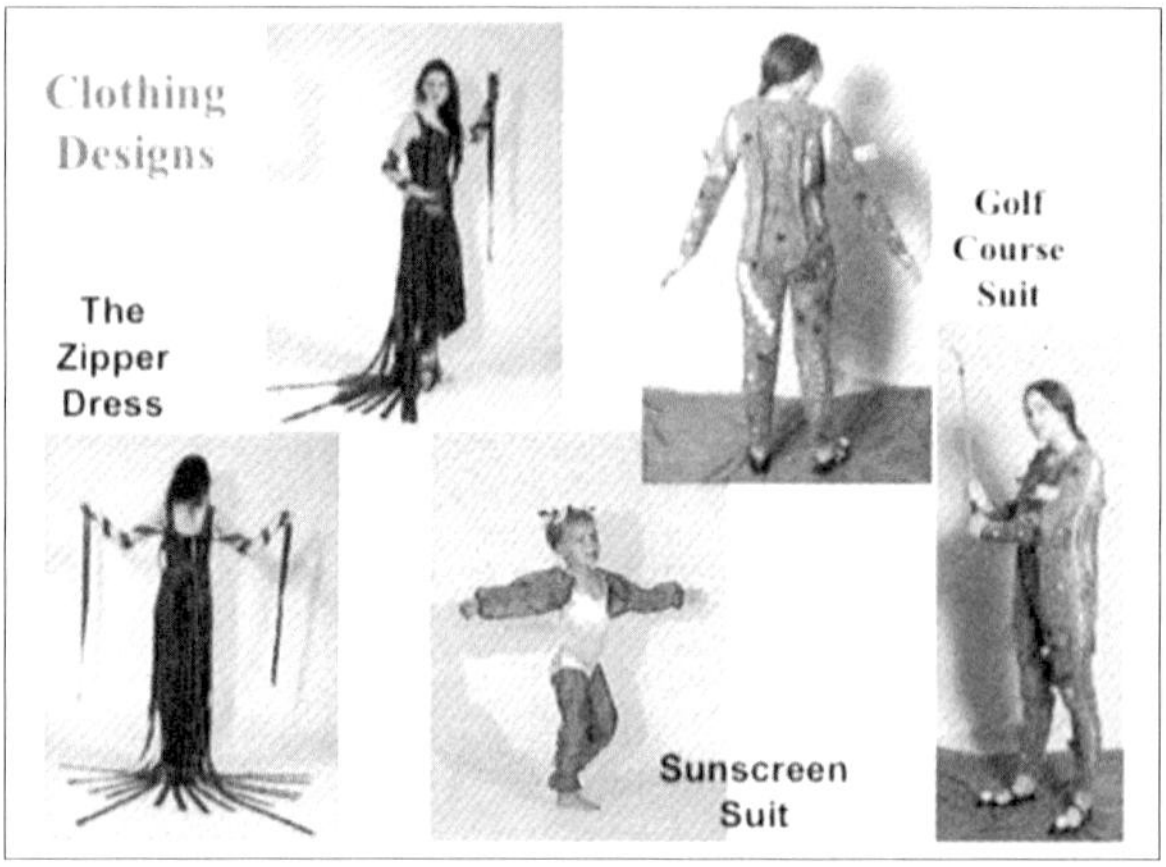

一九九二年夏、南バーモント・カレッジでアップワード・バウンド・プログラム（低所得世帯の高校生や、両親とも学士号を取得していない家族の高校生を対象に、中等教育を修了し高等教育機関を卒業する率を高めるプログラム）によりブリッジ認証を取得、一九九二年から一九九四年までクラーク大学で児童心理学を専攻した。

ヤックマンの一家は一九九五年ごろ、バージニア州ブラックスバーグに引っ越してきて本屋を開いた。直後に彼女は娘を授かったが、バージニア工科大学の服飾・テキスタイルデザイン・プログラムに編入し学業を始める。上図は彼女がプロダクトした衣服デザインで、左の黒いドレスはジッパードレスといい、ジッパーを組み合わせて縫製したドレスである。

本人の言によれば、その二年後、中間試験の朝に息子を産み、そして幼い子を育てながら無事卒業したということだ。卒業後は、衣料品製造会社の事務職に就いた。バージニア工科大学に進学した理由をヤックマンはこう述べている。「私にとって教育とは、すべての科目が一緒に行われることができ、数学も科学も社会もすべてがその授業に集まって一緒になり、何かを作ることができることです」。そしてバージニア工科大学にはそのような学びを重んじる校風があった。[★3]

バージニア工科大学でのヤックマン

二〇〇一年、ヤックマンは修士課程の大学院生として、バージニア工科大学大学院の技術教育学科に残った。当初の主指導教員（メインアドバイザー）はジェームズ・ラポートだった。第2章で紹介したように、彼はNSFの資金で統合TSMプログラムを開発していたサンダースの共同研究者だった人物である。[★4]

二〇〇二年春、バージニア工科大学はすべての学部教師教育プログラムを段階的に廃止することを決定した。[★5] 学科長であったマーク・サンダースの所属は、技術教育学科からSTEM教育学科に変わる。その後二〇〇四年、ジェームズ・ラポートがミラーズビル大学に異動したため、マーク・サンダースがヤックマンの主指導教員に代わった。しかしヤックマンはウィリアム・ダガー・Jr.（William E. Dugger, Jr.）が彼女の教育的メンターであったと述べている。

当時、ダガー・Jr.はITEEA（国際技術工学教育者協会：International Technology and Engineering Educators

Association）の顧問に就いている身だった。その彼がヤックマンの相談相手（教育的メンター）だったことには理由がある。ヤックマンが学部の学生だったときに、主指導教員のラポートが当時の学科長だったダガー・Jr.にヤックマンを推薦し、ダガー・Jr.がヤックマンに大学院に残るように助言したという経緯があったからだという。

教育的メンターとはいえ論文指導の実権はない。実際、ダガー・Jr.がヤックマンの博士論文の委員になることを申請した際には断られている。

ジョン・ウェルズがジェームズ・ラポートの後任として雇用され、二〇〇五年に部門長に就任し、彼はヤックマンの博士課程の主指導教官になる。ジョン・ウェルズはサンダースとI‐STEM教育大学院プログラムを共同開発していた人物である。

ヤックマンの指導教官はジェームズ・ラポートからマーク・サンダースへ、そしてジョン・ウェルズへと変わるが、全員がマーク・サンダースとSTEM関連分野の統合教育の研究開発を行っており、バージニア工科大学大学院のI‐STEM教育を開発したメンバーとして密接なつながりがあったことは注目に値する。STEMにARTを加えることを明記したI‐STEM教育プログラムがバージニア工科大学大学院にあった。そしてそこでSTEAMという造語が生まれたのだとしたら、I‐STEM教育との関係性は極めて濃厚だということになる。

ヤックマンは技術教育のMAEd（教育学修士）とI‐STEM教育の修士課程修了証[★6]を取得後、博士課程に在籍しながらバージニア州ダブリンのプラスキ中・高等学校（Pulaski Middle and High School）の教員になった。ここで彼女は、技術・工学の教員として二〇〇七年秋から二〇一一年夏にかけての四年間勤務する。二〇〇七年春にはSTEAM. EDUを起業するなど、ヤックマンは国内外に忙しく活動しながら娘と息子を育てあげた逞しいシングル・マザーであった。[★7]

二〇〇九年にヤックマンがNCTC（New VA Corridor Technology Council）のエデュケータ・オブ・ザ・イヤーを受賞したとき、彼女はダガー・Jr.をゲストとして受賞ディナーに招いている。

このようにヤックマンの回想にはダガー・Jr.が彼女の教育的な後見人として記述されているが、指導教員であったマーク・サンダースに関することは一切書かれていない。奇異なことである。

《実践事例》ヤックマンのSTΣ@M

ヤックマンはプラスキ中・高等学校の教員になり、そこで初めてSTEAMの授業を行うことになる。その授業というのは、元素の周期表の素材や工程をもとに、プロムの衣装を作るというプロジェクトだったという。プロムはハリウッド映画などでお馴染みの、卒業を目前にした高校生のために開かれるダンスパーティのことである。高校生たちにとっては、誰をパートナーとしてエスコートしていくかが大問題で、男子生徒は当日までに気に入った相手を見つけて告白しておかなければならない。男女とも正装して集う晴れの舞台であるプロムに来ていくドレスを作るという題材なので、さぞかし生徒は意欲的に取り組んだことだろう。[★8]

これをSTEAMの授業として考えた場合、アートのSTEMへの関わりはどのような形で果たされているのだろうか。プロムの衣装を作るという授業なので、アートは衣装の素材やデザインを考えて実際に作る過程と捉えてよいだろう。ヤックマンはそもそも学部学生の時は服飾・テキスタイル・

デザインを専攻していたので、最初のＳＴＥＡＭ授業に衣装作りを取り入れたことは腑に落ちる。しかしその時の実践記録や写真等が残っていないため、ＳＴＥＭ教科との関わり等の授業の詳細はわからない。衣装と元素の周期表との関連も不明である。

ヤックマンのSTΣ@M

二〇〇七年三月一〇日、彼女はＳＴＥＡＭのロゴ「ＳＴΣ@Ｍ」を商標としてアメリカ特許商標局に登録を出願する。二〇一三年には、教育著作権・商標を申請し取得している。

ところで、この時点でヤックマンはＳＴＥＡＭをどのように考えていたのだろうか。ここでは一般的に使われる頭字語のＳＴＥＡＭではなく、あえて彼女独自のＳＴΣ@Ｍと表記し、動画"Big Ideas Fest 2011"での彼女自身の語りから彼女のＳＴＥＡＭ観を検討してみよう。

動画ではまず、ＳＴＥＭについては、科学や技術、工学、数学などの学位を持つ有資格者をより多く育成するための国家的な推進がその背後にあるＮＳＦのフレーズであると述べている。これはまさにその通りで、的確な表現である。

Ｉ-ＳＴＥＭ教育については、よりバランスのとれた人材を育成することを目的として、分野を超えて考える方法を教える教育と述べている。ご覧のように動画の画面ではＶＴのロゴとともに、ジョン・ウェルズ（左）とマーク・サンダース（右）の写真を掲載している（次ページの上の図）。

そしてＳＴＥＡＭについては、より多くの視点を得るために、さまざまな方法でお互いから学ぶことや、進んでいる方法と試行中の方法があること、トピックとの関係をさらに調べて調整したり、他の人に全面的に参加し、学び、教えることなどが特徴であると述べている。

しかしこれらはグループ学習によく見られる特徴そのものであって、取り立ててＳＴＥＡＭ学習の特性について述べているわけではない。またヤックマンはアーツについては、language arts, manual arts, physical arts, fine arts, social arts, liberal artsと、artsが付く六つの名詞句を挙げている。

国語（ランゲージアーツ）は知識を共有するために必要であり、手工芸（マニュアルアーツ）およびフィジカルアーツに関する実用的な知識や、過去と現在をより深く理解するための美術（ファインアーツ）の必要性、そしてリベラルアーツは社会学、心理学、歴史、政治、哲学、教育などを含む。

ソーシャルアーツは使われる場面によって意味が異

なるが、主には社会的な課題にコミットする芸術的な活動を指す。

ヤックマンの六つのアーツについての考え方は理解できなくもないが、実際のところ、どのようなカリキュラムが想定されるのか、アーツがどのようにSTEM分野に関わるのかなど、具体的な学習活動が見えてこない。

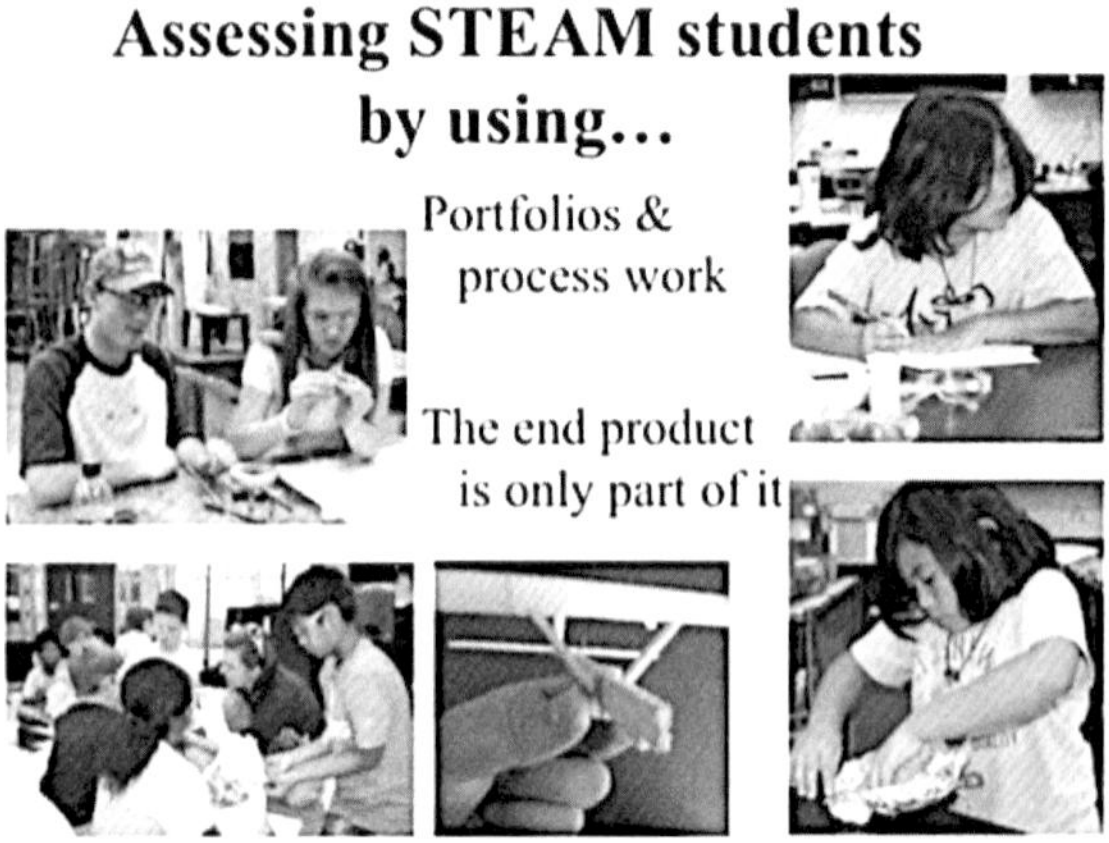

評価に関しては、ポートフォリオとプロセスワークを使用して評価するとし、作品やリポートなどの最終の成果物はその一部にすぎないと述べている。

この動画で語っている内容について、同時期に書かれた記事★9には、より明確にヤックマンの考えが書かれている。とはいえ独特の構文で非常に観念的な文章であり、読み解くのは骨が折れるが、簡単にまとめると、ヤックマンのSTΣ@Mの定義の根底にあると思われるのは、

①S-T-E-M教育は、それぞれが独自の基準と実践の中に他の分野の要素を意図的に取り入れるように発展してきたこと。

②I-STEM教育が現れてきたこと。一つの分野が支配的な基礎分野となることもあれば、全ての分野を一方的に融合させることもある、ということである。

①も②もどちらも彼女の師であったマーク・サンダースの論文

の著述に見られる内容であって、ヤックマンのまったくオリジナルな考え方とは思えない。サンダースの最もよく引用される論文である"STEM, STEM Education, STEM mania"[★10]と比較して読めば、その類似性がよくわかる。ヤックマンは学生としてサンダースから多くを学んだようだ。

ヤックマンは五つの領域の基礎リテラシーが大切ということを指摘している。また、構成主義を教育の原理としてとらえ、教育方法を問題解決学習およびプロジェクトベースの学習、経験ベースの学習、共同学習やコミュニティ学習、批判的および高次の思考等、学習者中心の学習等を想定している。さらにホリスティック教育の考えも取り入れて、STΣ@Mピラミッドというフレームワークを作成した。

STEAMの五つの領域の関係についてヤックマンは次のように述べている。「私たちは今、テクノロジーなしでは科学を理解できない世界に生きており、テクノロジーは、その研究開発のほとんどをエンジニアリング部門で行っている。そしてエンジニアリングはアーツと数学を理解していないと行えない」

STEAMとSTΣ@Mは異なっている

二〇一〇年の記事[★11]の中でヤックマンは「STEAMからSTΣ@M」という項を設けている。この項では明確にSTEAMとSTΣ@Mが別のものであることを示している。これは非常に重要な点ではないだろうか。よく目にする「STEAM教育は、エンジニアリングとアーツを通して解釈される科学と技術であり、すべては数学的な要素に基づくものである」とするヤックマンのＳＴＥＡＭの定義が、実は彼女独自のＳＴΣ＠Ｍの定義であって、当時使われだしたＳＴＥＡＭとは一線を画しているということをこの項で説明したのである。次章で説明するように、この記事を発表した二〇一〇年にはすでにＲＩＳＤが大々的に独自のＳＴＥＡＭ教育を打ち出していたのだから。

彼女は、数学は他のすべての分野の境界をまたぐ主要な言語と捉え、数学を他の学問分野に含める必要性を感じた。また、アーツには発展の方向性を形作る他の分野の純粋な可能性と相互作用するすべての部門が含まれていると考えた。そしてヤックマンは次のようにまとめている。

「ＳＴＥＡＭのすべての分野がどのようにリンクされているかについての新しい解釈（new interpretation）によって、ＳＴＥＡＭはＳＴΣ＠Ｍになりました」

ヤックマンはＳＴΣ＠ＭがＳＴＥＡＭの「新しい解釈」であるとはっきりと述べているのである。

ＳＴＥＭにアートを加えるという発想が生まれるまで

さて、彼女がＳＴＥＡＭという頭字語を造語した人物であるとすれば、どのようにして彼女がＳＴＥＭにアートを加える発想に至ったのか、そしてそれはいつの時点なのかというＳＴＥＡＭについて語る際の基本的な事実を確かめておきたいと考え、ヤックマンに直接連絡をした。これまでヤックマンとはメール等で連絡をとっていたが、残念ながら現在、彼女の公式サイトは閉鎖され、メールも不通の状態であり、実に不可解なことが起こっている。その状況については第３部第４章「ジョーゼット・ヤックマンに何が起こっているのか」で説明する。

ヤックマン本人との確認が取れないまま書き進めるのは本意ではない。しかし、ＳＴＥＡＭが生まれた起源についてはいくつかの不明や疑問が生じているが、日本におけるＳＴＥＡＭ研究ではまったくと言っていいほど等閑視されているのが現状である。ヤックマンがどのようにしてＳＴＥＡＭの発想を得て、いつこの頭字語を造語し使い始めたのかは、彼女のＳＴＥＡＭ教育理念を理解することの根本にあると考えられるが、そうした情報は共有されていない。

ＳＴＥＭにアートを加えるという発想がいつどのようにしてヤックマンに生まれたのかを知るには、彼女が学んだバージニア工科大学のＩ－ＳＴＥＭ教育大学院プログラムを理解する必要がある。第２章で説明したように、バージニア工科大学が学部改組を含む大学改革を行った時、ＴＳＭプロジェクトの研究以来ＳＴＥＭを統合する教育の開発を行っていたマーク・サンダースが、新しいＳＴＥＭ教育大学院プログラムを提案した。

彼の提案の最大の特徴は、ＳＴＥＭの各分野の統合に加えて国語や社会科、芸術（art）などの分野とのさらなる統合が示されていたことだった。

ＳＴＥＭに加える教科の中に芸術四教科が含まれていたことが重要だ。ＳＴＥＡＭという新しい言葉こそこの時点ではなかったけれど、ここにはＳＴＥＭに芸術を加えるという発想がある。ヤックマンが在籍していた時期のバージニア工科大学のＩ－ＳＴＥＭ教育プログラムには、すでにＳＴＥＭに芸術を加えるというＳＴＥＡＭにつながる発想があったことを忘れてはならない。

そして、ここでの学修の成果をヤックマンは論文にまとめるが、彼女の大きな貢献は、ＳＴＥＭに加える様々な分野を一括りに「A＝arts」として捉えたことだった。いわばI－STEM教育プログラムをSTEMにAを加えた構造に捉え直し、分野を細分化もしくは包括的にした学校種別ごとのフレームワークを考え、それをピラミッド型に積み上げたことが彼女の功績だった。

たとえば科学を教える場合、高校では化学や生物などの専門分野に分けて教えるが、小学校では理科としてこれらの分野を包括した教科で教えるというような学習のフレームワークがある。このような学習分野の細分と包括をSTEMとAの観点から整理し、ピラミッド型に積み上げて提案したところが彼女の貢献でありアイデアというわけだ。

重ねて書く。STEMの各分野の統合に加えて国語や社会科、芸術などの分野との更なる統合は、ヤックマンがゼロから発想したのではない。その発想自体はバージニア工科大学にすでに存在しており、ヤックマンはそれをサンダースらから学んだのである。

STEAMピラミッドについて

1　STEAMピラミッドとは

「二〇〇六年にヤークマン（ヤックマンのこと）により初めてSTEAM教育という言葉が用いられております」[★12]

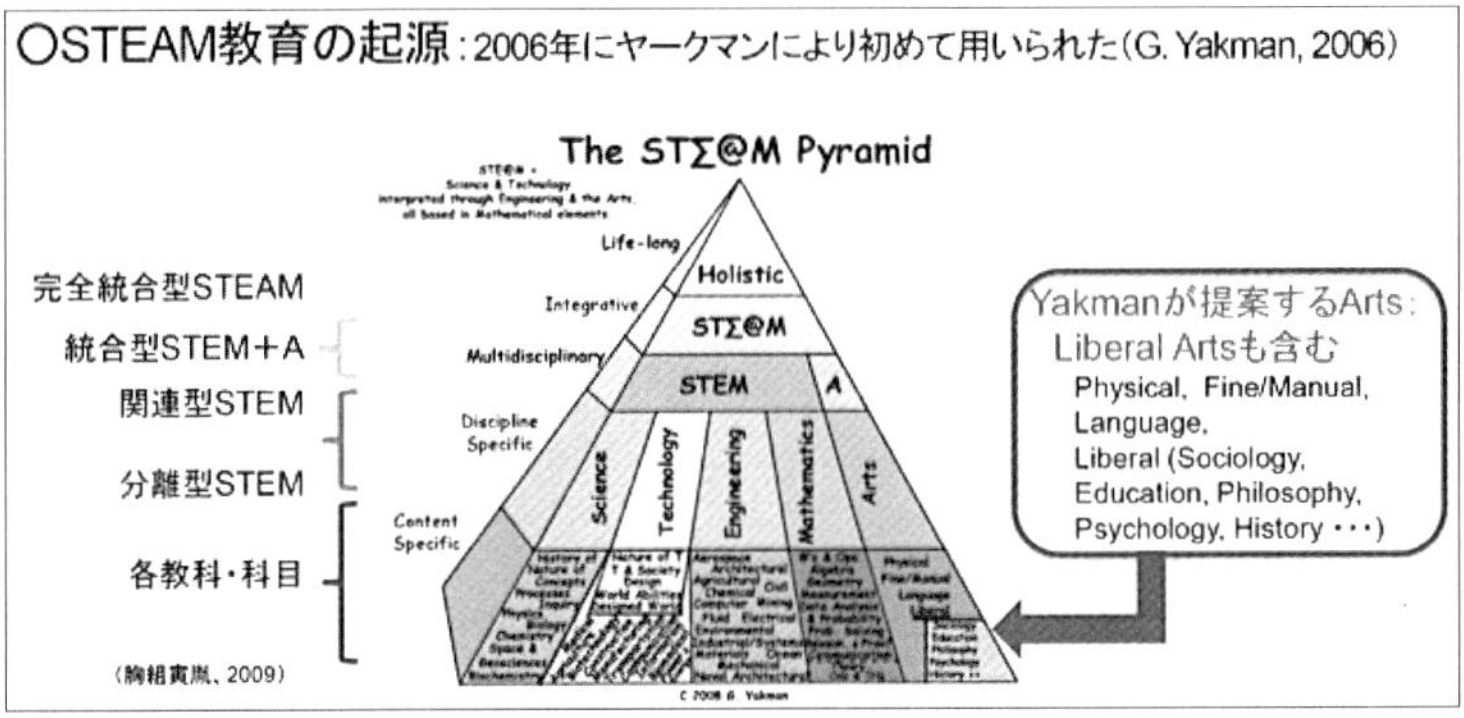

二〇二〇（令和二）年九月二四日に開催された中央教育審議会初等中等教育分科会第一二〇回教育課程部会の席上、委員の大島まり（東京大学）はこう述べた。

　大島は、「ＳＴＥＡＭ教育の起源」と題して提出した資料の図（上図）[★13]を用いて、「ＳＴＥＭにArtsが加わることで、多面的見方が促されて新しい解決策を見いだされるということで、ＳＴＥＡＭ教育が位置づけられています」とも述べた。このとき、大島が引用した図版がいわゆるＳＴＥＡＭピラミッドである。

　ＳＴＥＡＭピラミッドはヤックマンのＳＴＥＡＭ教育が語られる時、必ずと言っていいほど引用されている。しかし「ＳＴＥＡＭピラミッド」にはいくつものバージョンがあり、このとき大島が引用した図は二〇〇八年の論文[★14]に記載されているバージョンである。大島が提出した資料には「二〇〇六年にヤークマンにより初めて用いられた」との説明があり、そこに二〇〇八年のバージョンを載せるのは適切ではない。

　ＳＴＥＡＭピラミッドには少なくとも一一のバージョンがある（翻訳バージョンは除く）。特に二〇〇六年には四回もの改変があり、大島が引用した二〇〇八年二月のバージョンまでには七回の改変が加えられている。このようなＳＴＥＡＭピラミッドの成立過程についての理解も、十分には共有されていない。ヤックマンのSTEAMを語る際に混乱が生じているのも道理であるが、そうした状況からはSTEAMの成立についての深い理解は生まれてこないだろう。まずは二〇〇六年のSTEAMピラミッドがどのようにして誕生し、改変されたのかを検証してみよう。

2　三枚のピラミッド

ヤックマンはSTEAMの構造をピラミッドを模した図で説明する。STEAMを紹介する記事などでもよく見かけるが、このピラミッドはどのようにして生まれてきたのだろうか。

二〇〇六年九月二八日、ヤックマンはフレームワーク・プロポーザルをジョン・ウェルズらの教授陣に提出した。その時にピラミッドを提案したとヤックマンは主張する。STEAM Education LLCの資料によると、このとき、ピラミッド型のインフォグラフィックスが初めて使われたとされている。★15これを①とする。このピラミッド①と、その翌日九月二九日の論文プロポーザル提出時に記載されていたとするピラミッド（これを②とする）、そして「わかりやすくするために色を変えた」という一〇月七日のピラミッド（これを③とする）を比較してみよう。（図は全て次のページ）

①のピラミッドにはSTEAMという造語はまだない。しかも四層である。しかし、翌日の論文提出時に記載したというピラミッド②は五層になり、①の上から二層目のInterdisciplinaryと三層目のDiscipline Specificの間にMultidisciplinaryが入り、ここにSTEMとAが入り、その上のInterdisciplinary

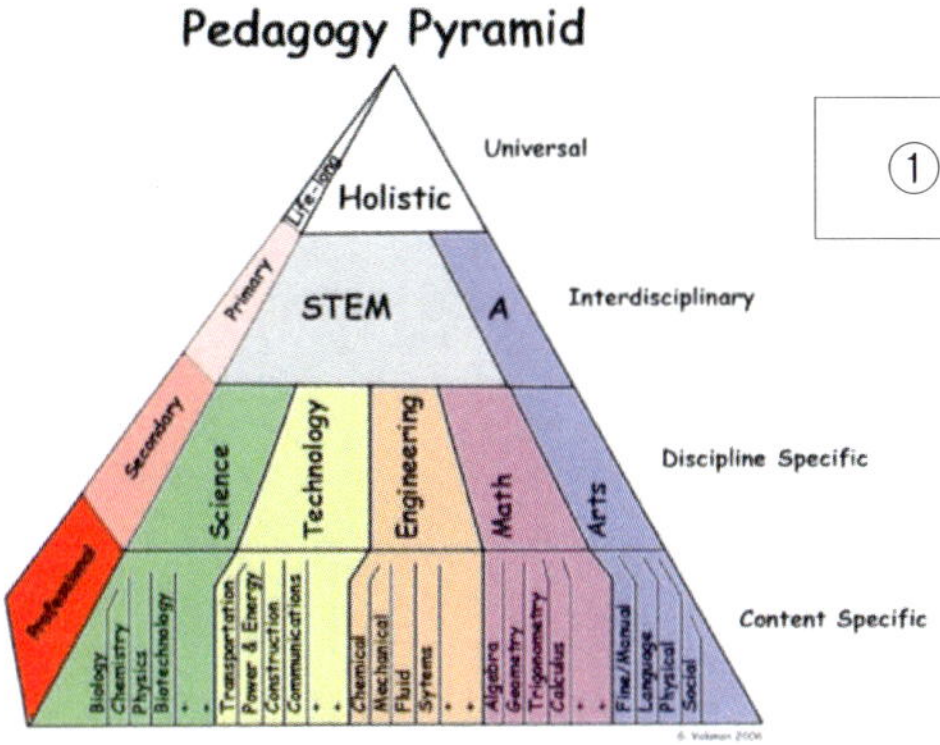

①2006年9月28日版

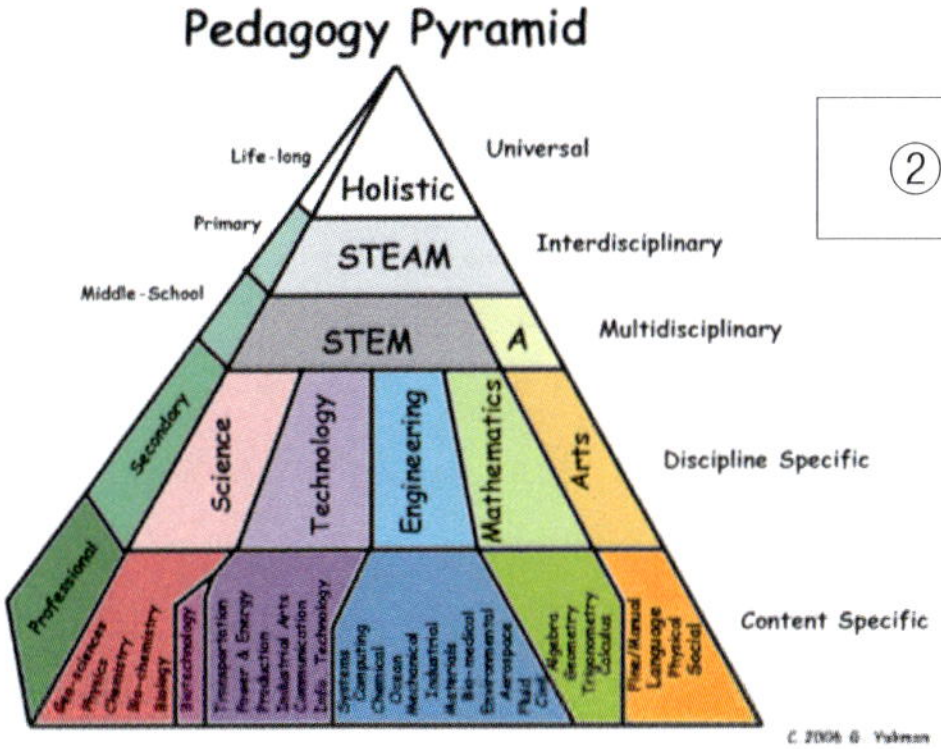

②2006年9月29日版

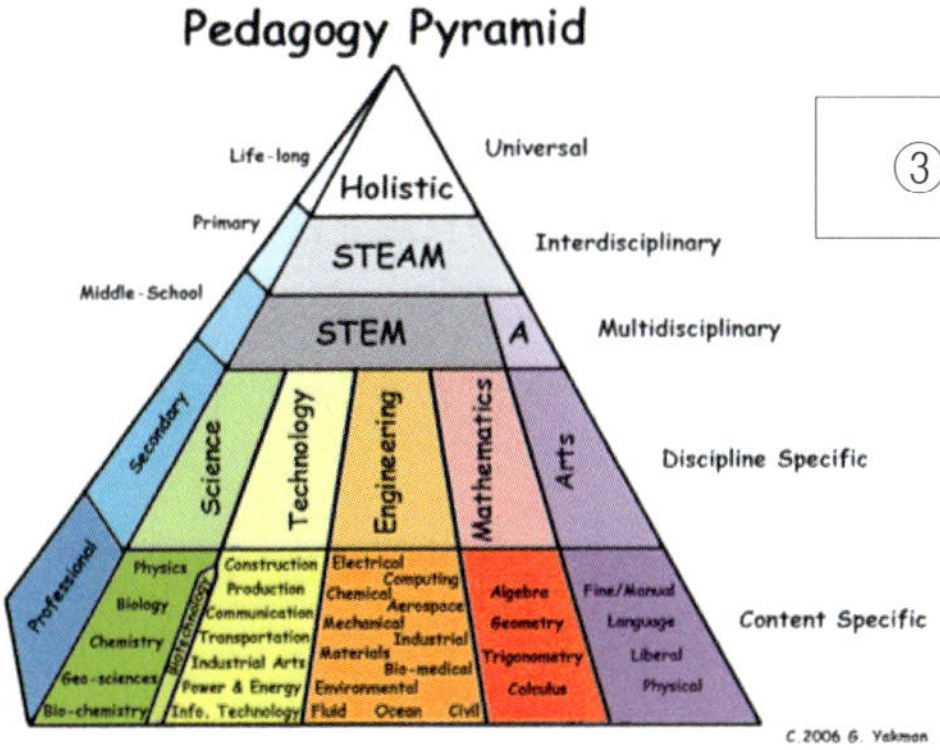

③2006年10月7日版

の層にＳＴＥＡＭが入っている。

MultidisciplinaryとInterdisciplinaryはよく似た言葉であり、辞書的には違いがわかりにくい。実際に使用される場面から考えてみよう。看護医療の現場で活躍する同時通訳者の渡部富栄によれば、multidisciplinaryは「集学的」ともいわれるように、専門領域が中心になる考え方になる。[★16] 医療に際して各専門家の意見は聞かれるが、お互いに踏み込むことはない。対してInterdisciplinaryは「学際的」であり、医学の各専門分野が関わり話し合いを重ね、互いに補いながら問題解決に向かうという場合を指す。場面によってリーダーの職種が異なる包括的なケアになるという。

渡部の事例はたいへんわかりやすい。この教示をもとに考えてみると、MultidisciplinaryなＳＴＥＭ・Ａは、各教科がそれぞれ専門分野として別々に学習され、それらの学びの成果が特定分野に集められ「集学的」にまとめられる学習であり、一方のInterdisciplinaryなＳＴＥＡＭは、一つのテーマに沿って各教科が関わり、専門分野の学びを活用して問題解決していく学習と解釈できる。

さて、②のピラミッドでは対象になる学校種別も変えており、ＳＴＥＭ・ＡはPrimary（初等教育）対象だったのがMiddle School対象になっている。そして新たにＳＴＥＡＭがPrimary（初等教育）対象として加えられた。

アメリカの学校制度は日本と違って全国共通の教育制度はなく、州や地域ごとに制度が異なるため解釈には注意が必要だ。ヤックマンが想定したバージニア州の公立学校の場合は、小学校（Elementary）、中学校（Middle School）、高校（High School）の六‐二‐四制が一般的である。[★17]

つまりＳＴＥＭ・Ａは中学校二年間のカリキュラムとなり、その前の段階の小学校六年間のカリキ

左からキム・ジンス、
ウィリアム・ダガー・Jr、
ジョーゼット・ヤックマン

ヤックマンがダガー・Jr.にSTEAMピラミッドを見せて説明している場面

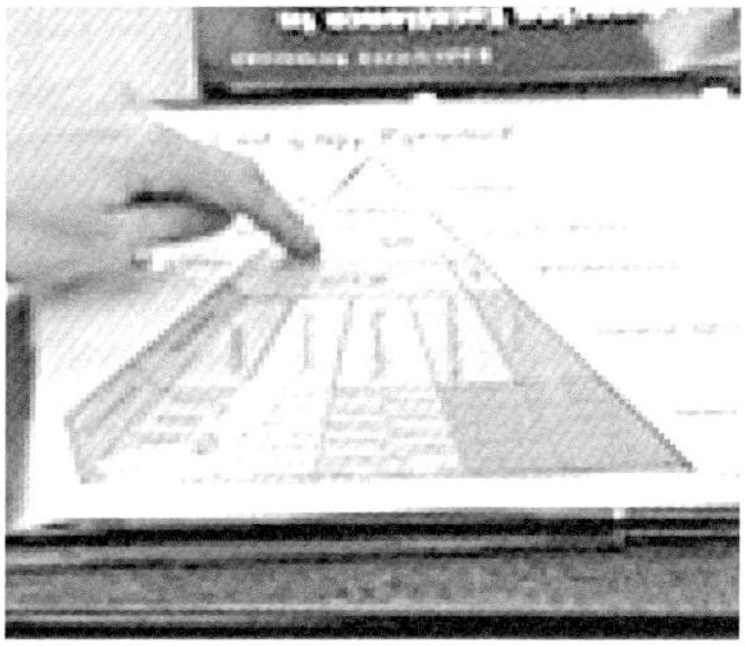

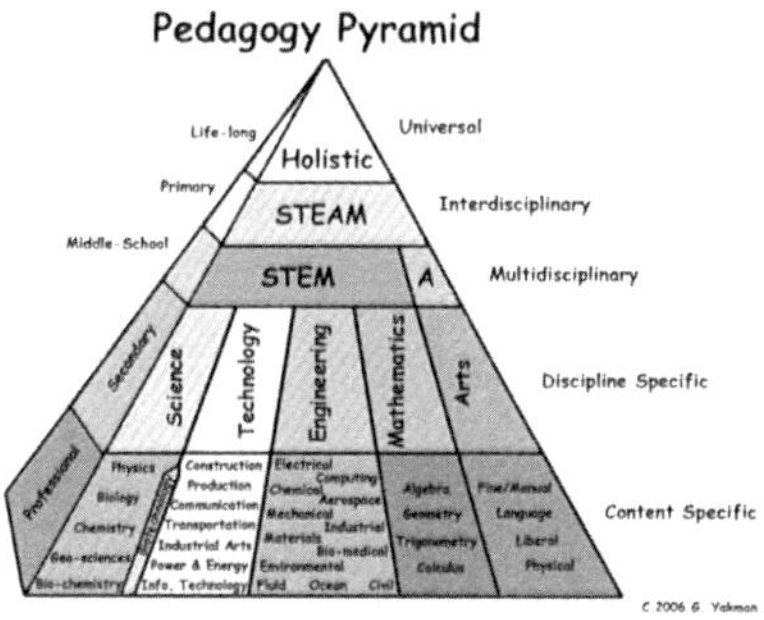

写真の拡大図　　ピラミッド③

ュラムとしてＳＴＥＡＭを造語し位置付けたということになる。この書き換えは九月二八日の論文指導の翌日の九月二九日に行われているということだが、事実であれば、ヤックマンは一夜にしてＳＴＥＡＭの造語を生み出し、教育課程の大きな改変を行ったということになる。

このあと一〇月七日に、ヤックマンはウィリアム・ダガー・Jr.やキム・ジンス（Kim. Jinsoo）[★18]を招いてピラミッドを見せている。公開したのはこの時が初めてと記載されている。ダガー・Jr.に見せている写真から推察すると、この時のピラミッドは、ピラミッド②の色を変えたというピラミッド③のようである。説明文にはformal STEAM pyramidとヤックマンは書いているが、ピラミッド③のタイトルは前のページの図版のように教育ピラミッド（Pedagogy pyramid）であり、ＳＴＥＡＭピラミッドでないことは明らかである。また、これが公式版ということだが、実はそうではない[★19]。

3 STEAMの造語が入ったピラミッド②の行方

ピラミッドにＳＴＥＡＭの語が使われ始めたのが、九月二八日の論文指導後の二九日提出のピラミッド②からであること、三枚すべてのピラミッドのタイトルがSTEAM pyramidではなく、Pedagogy pyramidだったことは特に留意すべきである。この時点では、ヤックマンの研究の方向性がＳＴＥＡＭを前面に出したカリキュラム開発ではなかったことが窺い知れるからである。

ここでＳＴＥＡＭの研究者を悩ませるのは、これら三枚のピラミッドが学会や公式のジャーナル等で発表されたものではなく、ヤックマンが運営する会社（STEAM Education LLC）のサイトで、いわば個人のブログのような所でしか確認する術がないという点だ。[20] STEAMという頭字語が誕生した最も重要な箇所が実に曖昧であることが頭を悩ませる。ピラミッド①が大きく変更されたのは、教授陣の指導の翌日二九日の論文であり、ヤックマンの述べている通りであれば、論文指導を通して二八日から二九日のどこかでSTEAMという造語が生まれ、ピラミッド②に加えられたことになる。しかも四層から五層に構造まで変えて。では、そのアイデアはいったい誰の発案なのだろうか？。論文指導の一環ということであれば教授からの提案という可能性は十分にある。

この時の論文指導についてヤックマン自身のコメントがある。彼女によれば、ウェルズに提出した論文の最後には当初、STEMにリベラルアーツの文脈を提供することを主張する章があったという。[21] そしてPedagogy pyramidを提示していたという。ところがヤックマンが二九日に提出した論文プロポーザルは、講座の教授陣によって編集された。その主指導教員はジョン・ウェルズである。そして最終的にはSTEAMの造語が入った（と主張する）ピラミッド②は削除された。

一方、大学の授業ではヤックマンはピラミッド②を提示しており、韓国からの客員教授イ・ヒョンヨン（Lee. Hyonyong、現慶北大学校）が授業討論で注目したという。イは自身の研究に際して、ピラミッドがない提出論文の代わりに、ピラミッドを含む初期の未発表論文を参照するようになったともヤックマンは書いている。そして、この初期の未発表論文に対する他の人々からのニーズがあるため、この論文を直接読めるよう、ヤックマンが運営するSTEAM Education LLCとリサーチゲイト（Research Gate）[22] のウェブサイトで公開することにしたという。[23]

それが"STEM Pedagogical Commons for Contextual Learning: How Fewer Teaching Divisions Can

Provide More Relevant Learning Connections★24である。

ところが、二つのサイトで公開されているこの論文を比べてみると、驚いたことに、**論文は同一のものではなかった。**

STEAM Education LLCで公開されている論文には確かにピラミッドが載っているが、リサーチゲイトで公開されている論文にはピラミッドが載っていない。リサーチゲイト掲載の論文概要にはちゃんと、「なお、二〇〇六年に発表した「STEAMピラミッド」については、補遺（Addendum）として掲載しました」と書いてあるにもかかわらずである。一方、STEAM Education LLCで公開されている論文のバージョンを見ると、論文の最終ページ参照資料の後に補遺としてピラミッドは載っている。

しかし、それが実に奇妙である。

補遺として付け加えられているピラミッドは、**ピラミッド②ではなくSTEAMの造語が入っていないピラミッド①の方なのだ**（左図）。フレームワーク・プロポーザル段階でのピラミッド①であり、指導を受けて提出した論文・プロポーザルのSTEAMの造語が入ったピラミッド②ではない。論文はプレプリントと明記してあり、査読前の原形を留めた提出論文のはずである。ここにはピラミッド②が添付されていなければいけないはずだが。

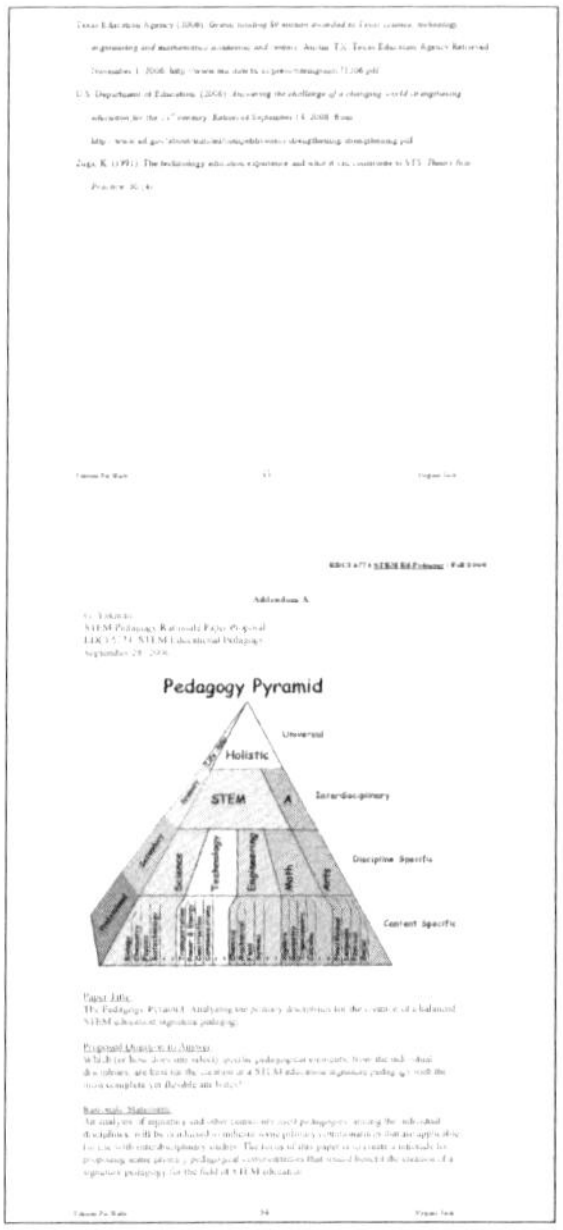

ヤックマンのSTEAM研究の歴史の始まり

はこのように混乱し、資料に齟齬があり、不明瞭なのである。いずれにせよ重要なことは、December 4, 2006付けのヤックマンの最初のSTEAM論文（プレプリント）には、STEAM Education LLCで公開されているバージョンにもリサーチゲイトで公開されているバージョンにも、**STEAMの造語は出ていないという点である。つまり「二〇〇六年にヤックマンにより初めてSTEAMという言葉が用いられた」ことを裏付けるものが本人の言以外に存在しなく、曖昧であると言わざるを得ない。**

なお正確を期すと、先に指摘したようにこの時点でのSTEAMピラミッドという記述は正しくない。STEAMピラミッドという表記が確認できる最も古い記事は二〇〇七年三月である。二〇〇六年当時は教育学ピラミッド（Pedagogy pyramid）と表記されていた。

ヤックマンが二〇〇六年にバージニア工科大学STEM教育学コースに提出した論文の内容について少し補足しておこう。この論文の本文にはSTEAMの造語はなく、ピラミッド②も載っていないことはすでに指摘した通りである。論文題目が示すようにこれはSTEM教育についての論文であり、STEM教育をより全体的な（ホリスティックな）教育にする、という文脈の中でアーツとリベラルサイエンス、特に言語と社会科学の分野が必須であると述べている。つまり、ヤックマンがここで論じているのは、**STEAM教育ではなくSTEM教育であることに注意したい。**

そしてこれはSTEAM教育のフレームワークではなく、彼女の師マーク・サンダースの「I-STEM教育とは、科学・数学教育の内容やプロセスと、技術・工学教育の内容やプロセスを意図的に統合した、技術・工学デザインベースの学習アプローチをいう。統合的STEM教育は、国語、社会科、芸術など、他の学校教科とのさらなる統合によって強化される可能性がある」★25という考え方の延長線上にあるものに過ぎない。
ヤックマンはＳＴＥＡＭ教育を創出したのだろうか？　バージニア工科大学のＩ－ＳＴＥＭ教育をベースにして構造を変え、サンダースのいう「国語、社会科、芸術などの他の分野とのさらなる統合」の部分を、「Ａ」とまとめてこの論文ののちにＳＴＥＡＭと言い換えたことがヤックマンの功績と考えてはどうだろうか。

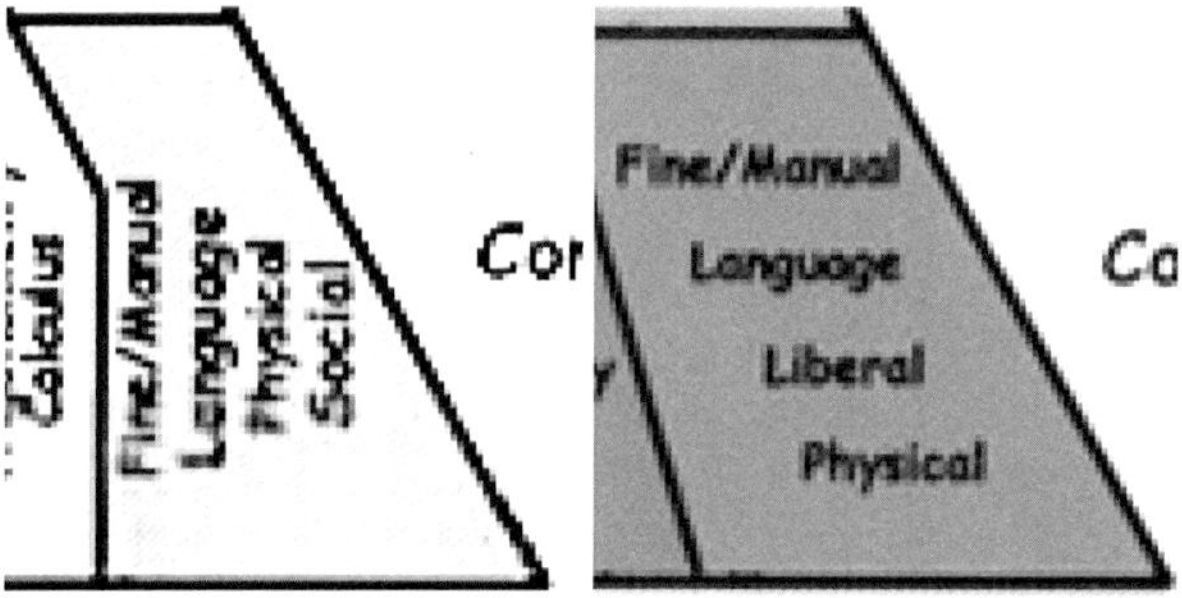

②9月29日版　③10月7日版

４　ヤックマンが変えたのは色だけではなかった

さらに混乱を呼んでいるのはピラミッド③の存在である。一〇月七日にウィリアム・ダガー・Jr.らに見せた時の写真に写っているので、この時点でピラミッド③が存在しているのは疑いないところだろう（75ページの写真を再確認していただきたい）。

ヤックマンが「わかりやすくするために色を変えた」という一〇月七日のピラミッド③と、色を変える前の元のピラミッド②をよく見てみよう（上図）。色以外に文字の表記の縦横も変えてあって読みやすくなったが、Arts分野の細分化した内容を比べてみると、②にあったSocialがLiberalに置き換えられていることに気が付く。

なぜ変えたのだろう？　しかもリベラルアーツをArtsの内容とし

て捉えたということは、ＳＴＥＡＭにおけるＡを、芸術を意味するArtsから拡張するということになる。ヤックマンはＳＴＥＡＭのＡをリベラルアーツも含めて広く捉えている、という日本ではよく語られている部分だ。

この書き換えは中教審資料で引用された二〇〇八年版のＳＴＥＡＭピラミッドにも引き継がれ、それを資料として提出した大島は「ヤックマンが提案するアーツはリベラルアーツも含む」と自分のスライドに書き加えている。これ以降、中教審の審議はＳＴＥＡＭのＡをリベラルアーツに広げる方向で進む。★26

こんな大事な変更についてのヤックマン自身の説明がない。一体どのような理由でリベラルアーツがArtsに加えられたのか。「わかりやすくするために色を変えた」というが、ヤックマンが変えたのは色だけではなかったのだ。

今一つ合点がいかないのは、九月二九日に提出した当初の論文の最後の章には、リベラルアーツとＳＴＥＭとの関係性を説明する章があったとのことで、もしそうであるなら添付するピラミッドは②ではなく③でないと辻褄が合わない。①にも②にもピラミッドにリベラルアーツが入っておらず、リベラルアーツが入るピラミッドは③が最初であるので、ＳＴＥＭとの関係性は③を使わないと説明し難いのではないだろうか。しかし、ピラミッド③は論文提出時ではなくウィリアム・ダガー・Jr.らに見せた一〇月七日付と表示されている。時系列を考えると矛盾が多すぎる。これらの変更は論文の指導過程で起こったことなので、ヤックマン自身にも混乱があるのかもしれないが。

では、ＳＴＥＡＭはいつ生まれたのか？

以下のように推察してみる。ヤックマンの発案もしくは指導教員（ジョン・ウェルズ）の発案で、論文指導の過程のどこかで、ＳＴＥＭとＡを合わせたＳＴＥＡＭという頭字語が作成され、幹（ＳＴＥＭ）から蒸気（ＳＴＥＡＭ）へというわかりやすい造語としてピラミッド②で使った（実際はそうはなっていないが）。そして「ＳＴＥＭ・Ａ」をMultidisciplinaryに、「ＳＴＥＡＭ」をInterdisciplinaryな学習に位置付けた。その後、Artsの中の体育を削除してリベラルアーツを入れた。

こうした変更過程についての院生と教授の指導記録がないのは仕方がないだろう。しかし、どのような経緯でＳＴＥＡＭの造語やリベラルアーツがピラミッドに加えられたのかという、ヤックマンのＳＴＥＡＭ理論を考える上での原点ともいえる経緯が、これほどまでに曖昧かつ情報の齟齬があるのは極めて問題が多い。本来はヤックマン自身が責任を持ってこうしたプロセスをまとめるべきなのだろう。

5　ヤックマンはいつからＳＴＥＡＭの語を使い始めたのか

ヤックマンは二〇〇七年春、バージニア工科大学の技術教育の修士課程を修了した。修了後はプラスキ中・高等学校で技術教育の教師として勤務しながらバージニア工科大学博士課程で学ぶ。また彼女は二〇〇七年三月一〇日、ＳＴＥＡＭのロゴ「ＳＴΣ@Ｍ」をアメリカ特許商標局に登録商標として出願した。

ヤックマンは博士課程在学中の二〇〇八年三月三一日に、ユタ州ソルトレイク市で開催されたＩＴ

ＥＥＡ（国際技術工学教育者協会：International Technology and Engineering Educators Association）の年次総会で発表をしている。その時の発表予稿“ＳＴΣ@Ｍ Education: an overview of creating a model of integrative education”[★27]が、“Proceedings of the PATT-17 and PATT-19 conferences”に掲載されている。

これが、ヤックマンがＳＴＥＡＭを公の研究集会で発表した現在確認できる最初の記事であり、その記事目次（上図）にはＳＴＥＡＭがＳＴΣ@Ｍのロゴに替えられ、よく引用されるＳＴΣ@Ｍの定義である「ＳＴΣ@Ｍとは、エンジニアリングとアーツを通して解釈される科学と技術であり、すべては数学的な要素に基づくものである。（ＳＴΣ@Ｍ ＝ Science & Technology interpreted through Engineering & the Arts, all based in mathematical elements.）」が書かれている。71ページで紹介した大島の資料にあるＳＴΣ@Ｍピラミッドはこの時のものだ。そして、この発表は「ピ

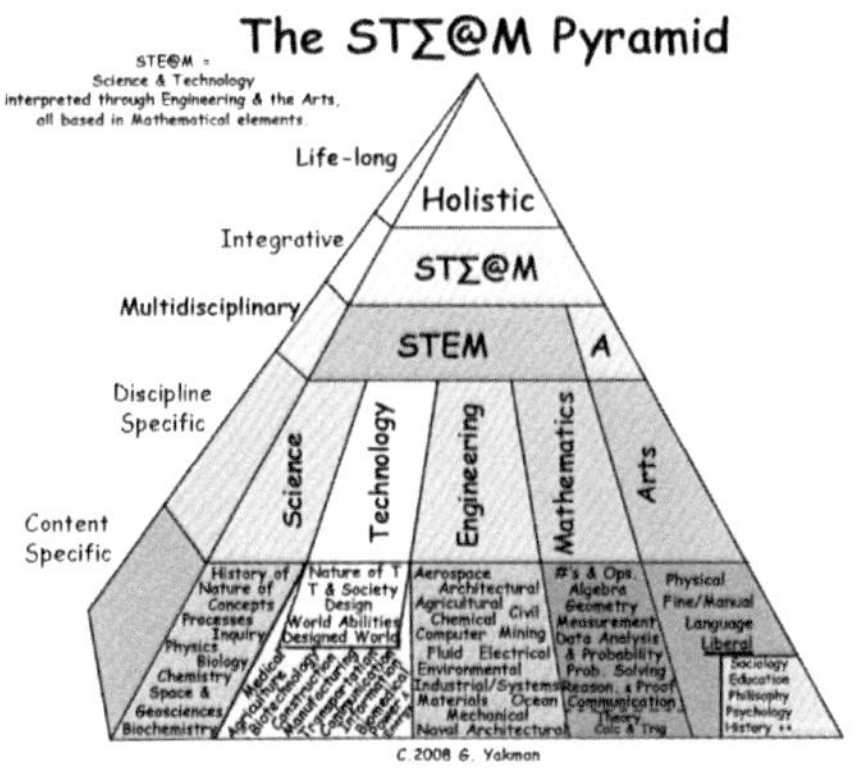

ラミッドの裏付けとなる研究が初めて公開された！」とヤックマンが自ら記述しているものである。

なお、この時ヤックマンは、アーツと複数になっているその中身を、手工芸（マニュアルアーツ）、ファインアーツ、フィジカルアーツ、国語（ランゲージアーツ）、そしてリベラルアーツの五つであると説明している。この時点では五つだが、先に紹介した翌二〇一一年の動画になると、これにソーシャルアーツを加えて六つになる。

また、二〇〇八年七月二三日には、バージニア州アビンドンで開催されたSWVHEC（South West Virginia Higher Education Center）でのSTEM専門能力開発会議でもプレゼンテーションしている。つまり、先のソルトレイク市でのITEEA年次会議での発表とも合わせ、STEAMの造語が公開され、公衆の目に触れたのは二〇〇八年のことになる。

STΣ@Mのロゴを商標としてアメリカ特許商標局に登録を出願したのが二〇〇七年、公の場でSTEAMについて発表したのが二〇〇八年。こうした事実を踏まえると、ジョーゼット・ヤックマンがSTEAMの造語を使いはじめたのはピラミッド②の存在が確認できない二〇〇六年ではなく、早くとも二〇〇七年、研究会等で公開して使い始めたのは二〇〇八年からであると考えることが妥当ではないだろうか。そう考えると、世間の耳目を集めるのはさらに後になるはずである。

6　ヤックマンの発表に先駆けて

ところがこの間にSTEAMという造語が、すでに教育界で認知されていたとしたらどうだろう。

How do you turn STEM into STEAM? Add the Arts!

October 2007

By Joan Platz
Information Coordinator, Ohio Alliance for Arts Education

そのことを裏付けるような資料がいくつかある。

たとえば、二〇〇七年一〇月に、オハイオ芸術教育連盟（Ohio Alliance for Arts Education）のジョン・プラッツ（Joan Platz）が「ＳＴＥＭをＳＴＥＡＭに変えるにはどうすればよいでしょうか？　芸術を加えましょう！（How do you turn STEM into STEAM? Add the Arts!）」[★28]という報告記事を公開している（上図はその標題部分）。

二〇〇八年のヤックマンの公式発表に先駆けて、ＳＴＥＡＭという用語がすでにタイトルに使われているだけでも驚きだが、この記事の中でプラッツは、全米には約一〇〇の理数系高校があるが、数学と科学に重点を置いているだけでなく、芸術にも重点を置いている学校を、はっきりと「ＳＴＥＡＭ学校」と記述している。その例として、ルイジアナ数学・科学・芸術学校（Louisiana School for Math. Science. and the Arts）[★29]やアーカンソー数学・科学・芸術学校（Arkansas School for Mathematics. Sciences and the Arts）などを挙げている。繰り返し強調すると、これは、ヤックマンがＳＴＥＡＭの造語を初めて公開の場で使う一年前に、すでにＳＴＥＡＭという造語が使われていた事例の一つである。

プラッツはさらに、「オハイオ州の教師たちは、芸術とテクノロジー、数学、科学、社会科、国語を統合した授業計画を作成しました」と紹介し、それらが公開されていることを伝えている。仮にヤックマンが二〇〇六年終わりごろにＳＴＥＡＭの頭字語を「発

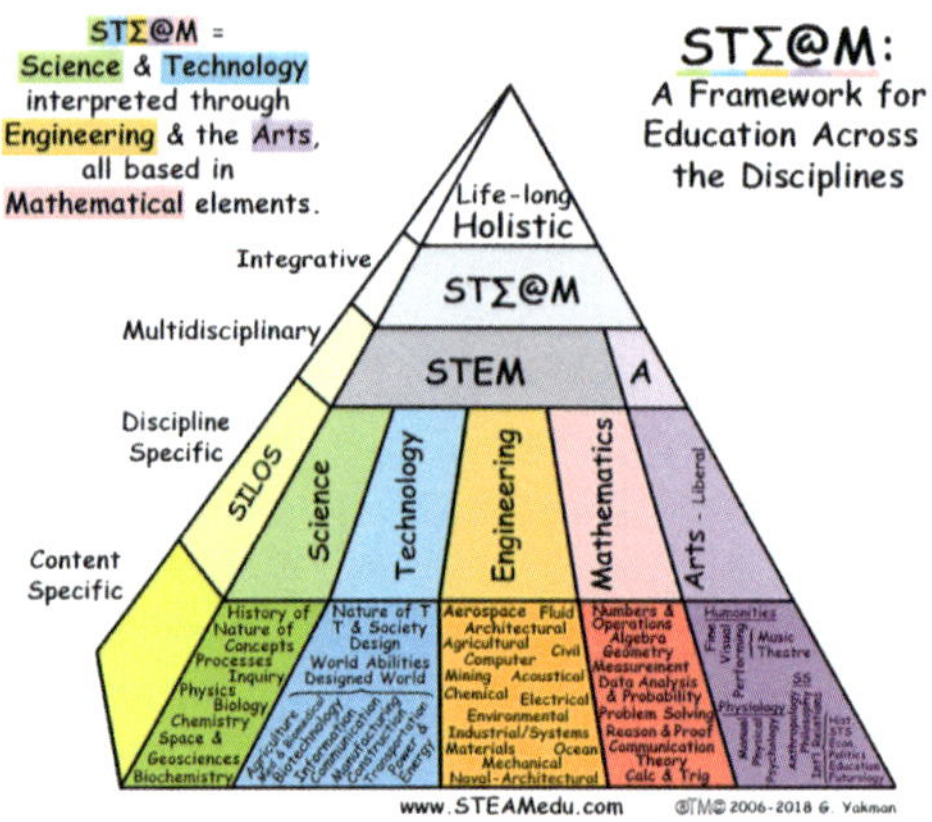

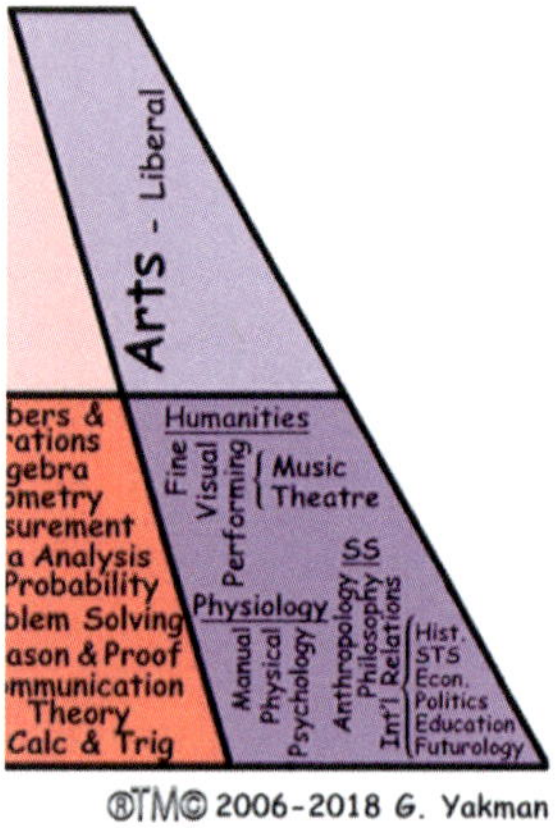

明した」としても、その翌年に遙か南部のルイジアナ州の学校などがSTEAM的な教育課程を開発、実施し、その結果が「STEAM学校」として評価されたり、オハイオ州ではSTEAM的な発想による授業計画が作られていることなど、時間的には到底あり得ないだろう。そもそもSTEAMがバージニア工科大学の学内での論文指導の過程で生まれた造語であるのなら、そんな非公開の場で生まれた言葉をオハイオ芸術教育連盟等はいつ、どのようにして知り得たのだろうか。

疑問は残る。STEAMは誰が造語したのか……。

7 STEAMピラミッドの最新バージョンとアートの位置付け

現在確認できるSTEAMピラミッドの最新バージョンは二〇一八年九月のバージョンである（上図左）。ヤックマンはこのバージョンの一つ前の二〇一五年四月のバージョンで、アーツのセクションを大幅に更新し、他の分野と同様の分類システムで並べ替えたと述べている。

しかしよく見ると、アーツのコンテンツではなく、アーツの分野欄そのものに「Liberal」という文字が小さく挿入されている（前ページ図右の拡大図）。その説明はない。アーツをアーツ＋リベラルアーツに変更する重大な変更であるだけに「なぜ？」と困惑する。思わず、「ヤックマンが変えたのは色だけではなかった」の項でリベラルアーツが加えられていた事例を想起してしまう。そもそもリベラルアーツを、語尾にアーツが付く領域としてアーツの中に含めて捉えていたのがヤックマンのSTΣ@Mの大きな特徴だったのだが、それをアーツのコンテンツの外に出してしまう意図がよくわからない。

STEAMピラミッドごとのアーツのコンテンツを比較すると、ヤックマンのアーツに対する考え方の変化が読み取れる。再度二〇〇八年のSTEAMピラミッドを振り返ってみると、アーツは「〜アーツという名詞句で表される五つの学問領域」だった。

ところが最新のSTEAMピラミッドでは、

・人文科学：ファインアーツ、ビジュアルアーツ、パフォーミングアーツ（音楽、演劇）。
・生理学：工作、身体運動、心理学。
・社会科学：人類学、哲学、国際関係（歴史、STS、経済、政治、教育、未来学）

の一五の学問領域となっており、より広い範囲に拡張されていることがわかる。人文科学のコンテンツとして記されているのはファインアーツやビジュアルアーツ、パフォーミングアーツ（音楽、演劇）である。これらはすべて芸術系の領域であり、**人文科学＝芸術系**という表記になっている。そのためか二〇〇八年のバージョン（から二〇一三年のバージョンまで）にあったランゲージアーツ（国語／語学）

は社会科学から削除されている。ヤックマンはＳＴＥＡＭに国語／語学を加えることについては、かなりこだわりを持っていたのだが。

このように最新のＳＴＥＡＭピラミッドでは、人文科学(＝芸術系)に加えて社会科学の歴史、経済、政治そして心理学など広い範囲の領域をアーツのコンテンツとしており、ヤックマンのＳＴΣ＠Ｍは、従来から実践されている文理融合型の問題解決学習・探究学習に、大きく接近しているような印象を受ける。

8　ＳＴＥＡＭピラミッドの階層の位置付け

最後にＳＴＥＡＭピラミッドの階層の位置付けを、ヤックマンの論文記事から説明しておこう。★30 ＳＴＥＡＭピラミッドは五層からなっている。上から一層目は統合レベル、二層目は学際的レベル、四層目は専門分野別レベル、一番下の五層目はコンテンツ固有のレベルと名付けられている。

二層目の統合レベルはＳＴΣ＠Ｍと名付けられており、ここが最も主張したいレベルなのだろう。現実世界は学問分野や教科が相互依存的であり、「すべての分野の広い範囲と、それらが実際にどのように関係しているかの基本的な概要」を学ぶレベルである。ヤックマンは初等・中等教育に最も適していると考えている。

彼女は「造船」という単元を例に取り、構造、浮力、生産を可能にする機械の技術コンセプト、設計の工学(構造物を用いた計画や設計の工学)、必要な数学、歴史と政治とこれらの知識を研究し伝え報告するための言語を学ぶものと説明している。

これには少し注意が必要である。アートやデザインの観点から造船を捉えれば、船の形や色彩、外観や内装の意匠などが真っ先に思い浮かぶ。そうしたアートやデザインの働きや他の教科との関わりはヤックマンの説明では明確でない。外観や内装などは「設計の工学（構造物を用いた計画や設計の工学）」で試作モデルを使いながら構造を考え、浮力の計算と結びつけてデザインしていくのだろう。しかし、見たこともない斬新なデザイン、乗ってみたいと思わせる夢のような船、遊びのある空間設計、居心地の良い船内、ワクワクする色彩などは、設計の工学の次元だけで練り上げることは困難だろう。

技術や工学の枠内だけで船のデザインを考えると陳腐なものになる恐れがある。造船の単元の学習にはアートの働きが不可欠である。これこそがＳＴＥＡＭにアートを加える意義であり、その点への言及がないのはまことに残念だ。

ヤックマンは「複数の教師チームが協力して、それぞれの専門分野を詳細に説明し、他の特定分野で生徒が学習している内容を強化する」という考え方を示している。これは重要な提案であると思う。ＳＴＥＡＭ各教科の教員が他の分野との関連を意識しながらそれぞれの専門分野の授業を行い、役割を果たすことが大切だという。それがなければ各教科の学習は並列に行われるだけで、ＳＴＥＡＭという学習構造にならない、というわけである。

このような教育活動は日本の教育課程に照らすと、総合的な学習の時間と合科・関連的な指導との両方の性格を併せ持っているような印象を受ける。

三層目の学際的レベルは選択された特定分野と他の分野がどのように相互に関連しているかについての概観を学ぶもので、特定のトピックの分野から関連する他の分野のトピックへの学習の移行を可能にしていると説明されている。彼女の主張は、統合レベル＝STΣ@Mの提案にあるので、それ以外のレベルでの教育は簡単に説明されている。

四層目の専門分野別レベルは各分野についての専門教育を指す。生物学とか地学、数学とかの現在の学校教育で行われている教科による学習がこれにあたる。

五層目のコンテンツ固有レベルは各専門分野のさらに特定の内容についての専門教育を指す。生物学を例にとると、そのより細分化された内容になる昆虫学とか微生物学とかの内容になる。統合レベルは小学校の教育課程、学際的レベルは中学校の教育課程、専門分野別レベルは高等学校の教育課程、コンテンツ固有のレベルは大学での教育課程と粗くとらえることもできるだろう。

《注および引用文献》

★1　この章におけるヤックマンの経歴に関する記述は、彼女からの個人的なメール、ヤックマンの履歴書（Yakman CV, Georgette Yakman's Professional Biography）、バージニア工科大学の卒業式祝辞（2010）、ヤックマンの設立したサイト（STEAM Education）上のブログ"Dr. Dugger & STEAM"、シリコンバレーの社会科学研究NPO法人ISKME制作の動画"Big Ideas Fest 2011"等を参照した。Webは閉鎖されたが、その前にデータはすべて筆者が複製し所有している。

★2　祖母は二〇一一年時点では89歳だった。これは当時の状態である。

★3　ヤックマンがバージニ工科大学に入学した時期は、ちょうどマーク・サンダースらがNSFから資金提供を受け、技術と科学と数学を統合した統合TMS教育を研究開発していた時期である。

★4　Georgette Yakman, "Dr. Dugger & STEAM," STEAM Education, (Nov. 11, 2018). https://steamedu.com/dugger/ (後

述の理由で現在は閲覧不能である）。

★5 https://web.archive.org/web/20110316053140/http://www.soe.vt.edu/istemed/history.html

★6 post-master's degree。彼女の履歴書（Yakman CV. Georgette Yakman's Professional Biography）によれば、2009秋にバージニア工科大学の「統合的なＳＴＥＭ教育（Integrative STEM Education）」の上級研究修了証（Advanced Grad. Certificate）をAAもしくはSの最優秀に相当するGPA 4.0評価で授かっている。

★7 Yakman CV. Georgette Yakman's Professional Biography

★8 実践事例はYakman CVおよびGeorgette Yakman's Professional Biographyによる。

★9 Georgette Yakman. "What is the point of STE@M?-A Brief Overview." research gate (Aug. 2010). https://www.researchgate.net/publication/327449281_What_is_the_point_of_STEAM-A_Brief_Overview

★10 Mark Sanders. "STEM, STEM Education, STEM mania." (2008).

★11 Georgette Yakman. "What is the point of STE@M?-A Brief Overview." (2010).

★12 文部科学省、「中央教育審議会 教育課程部会（第一二〇回）議事録」、二〇二〇年、12頁。なお、ヤックマン自身は自己紹介で、ヤークマンではなく、ヤックマンに近い発音をした。 https://www.mext.go.jp/b_menu/shingi/chukyo/chukyo3/004/gijiroku/mext_00556.html

★13 文部科学省、「ＳＴＥＡＭ教育への取り組み」（第一二〇回中央教育審議会初等中等教育分科会教育課程部会資料３）、二〇二〇年、５頁。

★14 Georgette Yakman. "STΣ@M Education : an overview of creating a model of integrative education." research gate. (Feb. 2008). https://www.researchgate.net/publication/327351326_STEAM_Education_an_overview_of_creating_a_model_of_integrative_education. なおPATTはpupils attitudes toward technologyを指す。

★15 以下のSTEAMピラミッドに関する記述はhttps://www.steamedu.com/に基づいている。

★16 渡部富栄、「MultidisciplinaryとInterdisciplinary」、コミュニケーション（看護における対人コミュニケーション、通訳/翻訳 二〇一一年九月一〇日）。 https://blog.goo.ne.jp/nurseinterpreter/e/3e841264dda1a613150fd75a833b6f2d

★17 外務省ホームページより https://www.mofa.go.jp/mofaj/kids/kuni/usa_2014.html

★18 キム・ジンス教授は二〇〇七年当時、交換教授としてバージニア工科大学に滞在していた。

★19 実際は一〇月二四日に再度微調整されたバージョンがある。本書では言及を省く。

★20 しかも、二〇二四年八月現在、このサイトは閉鎖されているため、確認することができない。データは事前に保存したものを用いている。

★21 この主張はリサーチゲイトに掲載した概要にある。論文自体にはこの概要は記載されていない。Georgette Yakman, "STEM Pedagogical Commons for Contextual Learning: How Fewer Teaching Divisions Can Provide More Relevant Learning Connections," research gate, (Nov. 2006). https://www.researchgate.net/publication/328006952_STEM_Pedagogical_Commons_for_Contextual_Learning_How_Fewer_Teaching_Divisions_Can_Provide_More_Relevant_Learning_Connections 但しサイト上のAbstract.

★22 科学研究に関する世界的なオープン・アクセス・サイト。80人のノーベル賞受賞者を含む2500万人以上の研究者や関係者が参加している。 https://www.researchgate.net/

★23 Georgette Yakman, "STEM Pedagogical Commons for Contextual Learning," リサーチゲイト上のAbstract.

★24 Georgette Yakman, "STEM Pedagogical Commons for Contextual Learning," research gate (Nov. 2006).

★25 Mark Sanders, "The Original Integrative STEM Education Definition," p. 1. この中でIntegrative STEMの定義は二〇一〇年にジョン・ウェルズとともにVirginia Tech's Integrative STEM Education program websiteに搭載したものであると述べている。

★26 その経緯の詳細については次の記事に詳しい。上野行一、「芸術統合学習としてのSTEAM教育の考察（2）—中教審におけるSTEAMのAに関する議論について—」（『美術による学び』第4巻第2号）、日本・美術による学び学会、二〇二三年。

★27 Marc J. de Vries, ed., Proceedings of the PATT-17 and PATT-19 conferences（PATT-Foundation Apr. 2008）, pp. 335-358. なおPATTはpupils attitudes toward technologyを指す。

★28 Joan Platz, "How do you turn STEM into STEAM? Add the Arts!," IKZ Advisors LLC（Oct. 2007）. https://www.ikzadvisors.com/wp-content/uploads/2009/09/STEM-%2B-ARTS-STEAM.pdf

★29 ルイジアナ数学・科学・芸術学校は全米公立高校の第9位（2016年）の高校だ。これは全米の生徒と保護者からの二七〇〇万件のレビューに基づいて、一〇万校以上を調査した公立高校ランキングである。生徒の学業評価はA+、教師の指導評価もA+、リソースと設備もA+という素晴らしさだ。ちなみに日本にはこのような調査はない。

★30 Georgette Yakman, "What is the point of STE@M?-A Brief Overview," research Gate（Aug. 2010）. https://www.researchgate.net/publication/327449281_What_is_the_point_of_STEAM-A_Brief_Overview

第4章　ジョン・マエダとRISDのSTEAM

芸術大学発のSTEAM教育

STEAMの黎明期を語るとき、ジョーゼット・ヤックマンと並んで必ずと言って良いほど取り上げられるのがジョン・マエダである。彼の論文「STEM+Art=STEAM」[★1]は、STEAM関連記事の中では最も多く紹介される論文の一つだろう。また、彼がロードアイランド・スクール・オブ・デザイン（Rhode Island School of Design 略称RISD：リズディー）の学長を務めた時期にスタートした「STEMからSTEAMへ」の活動は、アメリカにおけるSTEAM教育の基礎を作ったと認識されている。

しかし、ジョン・マエダについての情報は、未だ十分に伝えられているとは思えない。彼のSTEAMに関する思想とは何か。そこにはどのような背景があるのか。芸術と科学との関係について、彼は何を語ってきたのか。こうした初歩的な疑問に対する理解の共有なくして、アメリカのSTEAM

教育の歴史を語ることはできないと考えられる。

ジョン・マエダへのインタビューや本人の講演記録、著書、自著記事、彼のユーチューブ・チャンネル、そして彼に対する評論等からジョン・マエダの実像に迫ってみよう。[★2]

ジョン・マエダの生い立ち

ジョン・マエダはＭＩＴメディアラボに一〇年以上在籍した熟練のテクノロジストである。一九六六年にアメリカワシントン州シアトルで生まれ、ＭＩＴでコンピュータ・サイエンスを学ぶが、メディアラボ博士課程を中退し、来日して筑波大学造形芸術研究科でグラフィックデザインの博士課程を修了する。先端技術とデザイン。ＳＴＥＡＭの発想の源泉を彷彿させるようなマエダの関心は、いつどのようにして育まれたのだろうか。ヤックマンのように、親からの遺伝的な形質や生育環境の影響があったのだろうか。

意外かも知れないが、マエダの生家は豆腐屋だった。[★3] シアトルのチャイナタウンで父は家族経営の豆腐屋を経営していた。「子供時代は豆腐工場で働くことだった」[★4]とマエダは回想する。毎週末と休暇中は家族みんながずっとそこで働いていたと。

豆腐屋といえば早起きの仕事だ。とても手間のかかる作業で、「午前一時に起きて午後六時までずっと働き続けるんだよ」、そういうマエダ自身も学校が終わると店に出て豆腐を売って働いていた。父は人を雇わなかったので、労働者は家族だけのいわゆる家内工業だった。だから学校は「素晴らしい逃避場所」だったとマエダは言う。

いつも仕事をしていたので、遊ぶ時間がない少年時代だった。それでマエダは、夜に何か遊べるように父にコンピュータをねだった。当時はプリンターの性能が悪かったので、より見栄えの良い印刷をするプログラムを自作したという。それが一三歳の時のことだ。

一九八四年、高校を卒業してすぐに電気工学とコンピューター・サイエンスを学ぶためにＭＩＴに進学する。しかし、なぜかメディアラボ博士課程を中退し、来日して筑波大学で学ぶことになる。この興味深い問いにマエダはいくつかの理由をあげている。その一つは、指導教員のミュリエル・クーパー（Muriel Cooper）★5から「出て行け（get out）」と言われたためだ。メディアラボの博士課程に在籍しているにもかかわらず、マエダはコンピューターが嫌いだったので、それならアートスクールに行きなさいと言われたという。

ジョン・マエダといえば、コンピュータとアートのスペシャリストというイメージを持つ人もいるかもしれない。しかし実像は少々違う。意外なことに彼はコンピュータが好きではなかったのだ。コンピューター・サイエンスの知識は美術学校に通っていたときに役に立ったのか、との問いに、「あまり役に立たなかった」とも答えている。そもそもＭＩＴに入学したのも父の勧めからだった。マエダ本人は建築の勉強がしたかったのだが、父から「建築はお金にならない」からと反対されたという。そして日本に行った最も重要な理由は、将来の妻になる当時の彼女が日本に働きに行っていたことだ、という微笑ましい理由だった。

筑波大学を修了したあとマエダはＭＩＴに戻り、メディアラボの副所長を務めることになるのだが、これもまた不思議な行動に思える。追い出されるようにして中退した所になぜ戻ったのだろうか。マエダ自身も「実のところ、メディアラボには戻りたくなかった」と述べている。

「私は落ちこぼれで、ここで嫌な経験をしたんだ。ラボはアートやデザインではなく、常にテクノロジーをテーマにしていた」

そんなマエダを引き戻したのは、ホイットマン・リチャーズ（Whitman Richards）[★6]だった。ミュリエル・クーパーが亡くなった後に彼はメディアラボの主任研究員となり、研究室にとってデザイン分野が重要であることに気づいたのだった。

マエダはその後、再びＭＩＴを去り、二〇〇八年から二〇一三年までＲＩＳＤの学長を務めるようになる。そしてそこで彼は、ＳＴＥＡＭの開発と推進を手がけるのである。

ＲＩＳＤのＳＴＥＡＭの目標

一八七七年創立のＲＩＳＤは長年にわたって、芸術と科学の共生を重視し、さまざまな教育実践に分野横断的な探求を織り込んできた。経済不況のさなか、ＲＩＳＤのキャンパスでは、ＳＴＥＭ教育モデルに芸術を統合する機運が高まり始めた。

ＲＩＳＤの評議員会では、メンバーの一人であるジョン・ケイメン（Jon Kamen）が、創造性と芸術は教育に不可欠な要素であるとの考えから、ＳＴＥＭの頭文字の中に「Ａ」を挿入することを提案した（詳細は第3部第1章で説明する）。「ＳＴＥＭからＳＴＥＡＭへ」は、ＲＩＳＤが主導する戦略となり、ＳＴＥＭ教育の全国的な課題にアートとデザインを加え、さらに学生がそれぞれの分野から重要なスキルをどのように獲得するかを示そうとしたのだった。

二〇一〇年、同大学はＳＴＥＡＭを開発し始めた。ＲＩＳＤのＳＴＥＡＭとは、将来の世代が二一世紀のイノベーション経済で競争できるよう、より適切に準備できる包括的な教育モデルである。[★7]ヤックマンのＳＴΣ＠Ｍの目標はホリスティックであり、それと比較してＲＩＳＤのＳＴＥＡＭの目標はイノベーションであると捉える文章を散見するが、実はそうではない。ＲＩＳＤは公式サイトで明確にＳＴＥＡＭが包括的（comprehensive）な教育モデルであると説明している。

詳細についてジェニファー・ガン（Jennifer L. M. Gunn）がＲＩＳＤに問い合わせたとき、政府・企業関係担当ディレクターのバベット・アリナ（Babette Allina）は次のように語っている。「学生の関心と学際的なプロジェクトベースの学習の実用的なアプリケーションが機能する、身近な方法論であることを知っていた全米の幼稚園から高校までの教師によって推進されたため、成功しました。ＲＩＳＤのアドボカシープラットフォームは、草の根の知識を反映し、アート、デザインの「Ａ」を科学、テクノロジー、エンジニアリング、数学に追加して、創造力に力を与え、分野を超えたコラボレーションを促進しました」

《実践事例》ＲＩＳＤのＳＴＥＡＭプログラム

ＲＩＳＤにはネイチャー・ラボという組織があり、ラボやＲＩＳＤ博物館の資源を活用した大学におけるＳＴＥＡＭプログラムを公開している。

たとえば、「並べて発見」という題材では、岩や葉、花や貝殻などランダムな組み合わせの自然物や標本を並べたり、分類したり、分類する方法によってさまざまな意味や思索、新しい認識を生み出すことを目標としている。

まず生徒を三人から五人のグループに分け、各グループに約一〇枚のノートカード（複数のアイデアに十分な量）と一〇個以上のオブジェクトのセットを渡す。これらのオブジェクトを二つ以上のカテゴリーに分類するように指示する。

生徒たちは、大きさや色、またはそれが元々あった自然環境などによってグループ化するだろう。「ひっくり返したら、見方は変わるだろうか？」などと問いかけ、さまざまな視点から見るように促す。そして、分類のカテゴリーとなぜそのように分類したのかを、グループの代表が書き留めるよう指示する。

ここまでがプログラムの前半である。

後半はグループを組み替え、新しいグループで再び分類を行う。これは、生徒が分類しているうちに生じた疑問を書き留めさせるためである。前半とは違う視点で分類方法を考えることから、自然とものの見方の多様性やおもしろさに気づくことができる。

プログラムには教師の発問例も載っている。

「あなたのグループは、分類のプロセスにどのようにアプローチしましたか？」「視覚的要素だけでオブジェクトを整理しましたか？　サイズで分類？　色はどうですか？」「音や重さで分類しましたか？」

さらに形成的な評価の機会のための課題も載っている。

「それぞれのカテゴリーにはどのような言葉が使われていたのでしょうか？　人間関係を理解する上で、言語はどの程度重要でしたか？」
「物体を並べることで、その物体について何を学ぶことができましたか」
「遺伝的分類や進化論的分類にはない方法でおこなったあなたの個人的分類には、どんな意味がありますか？」
「この演習における学習環境の役割は何ですか？　活動をおこなうとき、科学実験室と美術館とではものの見方にどんな影響があるでしょうか」

これらのすべてにマエダが関与したわけではないだろう。このプログラムは副学長であるトレイシー・コスタンティーノ（Tracie Costantino）やネイチャー・ラボ所長のニール・オーバーストロム（Neal Overstrom）、そしてＲＩＳＤ博物館の教育担当スタッフたちによって共同で開発されたものだ。

この事例がなぜＳＴＥＡＭなのか、アートの働きはどこにあるのか疑問を持つ人もいるに違いない。プログラムの中心的な活動である分類という行為が、生物学における重要な要素であることは疑いようがない。生徒は科学的な探究の方法を学んだといえる。勘違いしてはいけないのは、科学の学習にしては知識的な内容が希薄ではないかという点だろう。

学習には知識や技能を習得する場面とそれを活用する場面があり、従来の学校教育では習得に重点が置かれていたことは間違いない。そのため学習＝知識の習得という短絡的なイメージが社会に浸透しているのだろう。

近年、日本の学校教育でも活用場面（生活や具体的な課題のなかで知識や技能を使うこと）が注目されるようになり、また、主体的な学習を進める上でその基盤となる、生徒の学びへ向かう態度の育成が求められるようにもなった。同時に、学習を通して批判的思考力やコミュニケーション能力などの資質・能力を育成することにも目が向けられるようになってきた。つまりコンテンツベースの教育からコンピテンシーベースの教育へと、教育の方向の舵取りが緩やかに変わってきたのである。だからこのSTEAMは、科学的な探究の方法を習得することや、観察し思考し分類する科学的な思考力を身に付けることにフォーカスされた学習活動と言えるだろう。

では、ここでのアートの働きはなんだろうか。

岩や葉、花や貝殻など様々な物体を、大きさや色、形など多様な視点から分類したり、分類する方法によってさまざまな意味や思索、新しい認識を生み出すことはアートの活動でもある。活動を通して想像力や創造性が高められるだろう。個人的な新しい意味や認識を生み出すこと自体がアートなのであり、次の作品化へのステップなのだ。

発問例にあった「遺伝的分類や進化論的分類にはない方法でおこなったあなたの個人的分類には、どんな意味がありますか？」という問いは、まさに「個人的分類」に焦点を当てたもので、科学的な視点からの何らかの「正統な答え」に結びつくものではない。さまざまな視点から事物を見て「個人的分類」を行うことがアートにつながる活動であることに間違いはない。

それは次の課題にある「…活動をおこなうとき、科学実験室と美術館とではものの見方にどんな影響があるでしょうか」にもつながっている。事物の見方として科学的・論理的・分析的な視点で見ることと、個人的・想像的で創造的なアートの視点で見ることとの違いについて考えさせること、STEMの視点と芸術の視点の両方から課題に取り組むこと、それこそがSTEAMのSTEAMたる所以である。

「STEM+Art=STEAM」でマエダが本当に言いたかったこと

a「ジョン・マエダは…STEMの各分野は収束思考なのでイノベーションが生まれない。それらにARTを追加することによって、批判的思考が加わり、より深い思考となってイノベーションが生まれると主張した」

文章aは、ジョン・マエダの論文記事“STEM + Art = STEAM”[★8]からの引用として様々な論文や紹介されることが多い文章である。“STEM + Art = STEAM”は『STEAMジャーナル』誌の第一巻第一号に掲載されたもので、単語数三六〇語ほどの論文というよりは宣言のようなメッセージ性の高い小記事である。記事内容も論を展開するというよりも、RISDのSTEAMプロジェクトのパブリシケーション的な性格が感じられる。

さて下記の文章bは、原文を忠実に和訳した文章である。

b「イノベーションは、目標に向かって直進する収束的思考の持ち主(convergent thinkers)が、専門的にさまよい、居心地が悪くても平気で、何が現実なのかを探す拡散的思考の持ち主（divergent thinkers）と力を合わせる（combine forces with）ことで起こる」

比較しておわかりのように、bの文意は「収束的思考の持ち主が批判的思考の持ち主と力を合わせる」こと、つまり自分とは違う思考法を持つ他者との協働がイノベーションを生むということである。力を合わせる（combine forces with）という部分が大切なので、aのようにまとめてしまうと、STEM分野（非芸術系）の人と芸術系の人との協働がイノベーションを起こす、というマエダの主張が十分に伝わらない。

記事ではこのあとの段落で、その取り組みとして、非芸術系のブラウン大学やロードアイランド大学と芸術系のRISDが共同で海洋データを可視化して、気候変動が海洋生物に与える影響を見るプログラムを始めたことを述べていることからも、マエダの主張が、収束的思考（非芸術系）の人材と拡散的思考（芸術系）の人材の交流・協働の必要性であることは明らかである。[★9] この点がすっぽりと抜け落ちたまま、マエダの考えとしてコピペされ、拡散が起こっているのは残念なことだ。

もちろん個人の中で収束的思考と拡散的思考の両方が備わるような教育を実施することも大切な視点であり、現在RISDが実施しているブラウン大学との二重学位プログラム（第3部第3章で詳述）はまさにそうした人材を育成する教育だ。しかしこの時点でのマエダのSTEAMについての主張のポイントはそこではない。

ネイチャーラボもSTEAMについて次のように説明している。

「アート、デザイン、科学間の分野を超えたコラボレーションを生み出すことで、複雑な問題を解決するための理解と能力を拡大します。…（略）…気候変動の影響の理解など大きな環境問題に関するさまざまな調査方法を促進することを目的として、アーティスト、デザイナー、科学者を結集させることに取り組んでいます」[★10]

「アーティスト、デザイナー、科学者を結集」とあるように、「収束的思考の持ち主が批判的思考の持ち主と力を合わせる」ことがＲＩＳＤの基本的な考えであり、マエダの考えなのである。

マエダは次のようにも述べている。

ｃ「科学、技術、工学、数学、つまりＳＴＥＭ科目だけでは、二一世紀が求めるような息をのむようなイノベーションは生まれない」

文章ｃの要旨は非芸術系のＳＴＥＭだけではイノベーションは生まれない、ということだ。だからそのあとの文章ｂで芸術系の必要性を述べたのであり、さらに続けて両者が協働するＲＩＳＤのプログラムを紹介しているのである。

二〇一三年のこの時期にマエダが芸術教育の必要性を主張したのには訳がある。この時期はまさにオバマ政権が理工系人材の育成を目的にＳＴＥＭ教育を国策として推進していた時期なのだ。その反動で芸術教育への期待や予算は低迷していた。マエダは個人的な信念もさることながら芸術大学の学長としての立場からプロモーションしていたとみるべきだろう。

この記事の末尾にある「前世紀の科学技術がそうであったように、アートとデザインが二一世紀の経済を変革する準備が整っていると信じています。そしてSTEAM運動は、世界のイノベーターとしてのアメリカの役割を維持する機会であると信じています。これらの取り組みを支援する請願書に署名して欲しい」という文章にマエダの思いが溢れている。

"STEM+Art=STEAM"でマエダが言いたかったのは、アートとデザイン教育の重要性である。そしてSTEMにこれらAを加えたSTEAMが世界的な競争に勝ち抜き、アメリカの役割を維持するチャンスであると述べているのだ。

RISDの「STEMからSTEAMへ」の取り組みは二〇一三年のトライベッカ・ディスラプティブ・イノベーション賞を受賞している。受賞理由は「芸術とデザインを国の教育と研究の課題に追加する運動としてのRISDの取り組みは、科学者や技術者の精神とアーティストやデザイナーの精神を組み合わせることで生じる真の革新を促進する。RISDは、今日の最も複雑で差し迫った課題を解決するために必要な、柔軟な思考、リスクを冒すこと、創造的な問題解決をアートとデザインの教育でどのように教えているかについて、数え切れないほどの例を提供している」だった。

ジョン・マエダの思想

RISDを去ったあと、マイクロソフト・デザイン&AI（Design and Artificial Intelligence）統括責任者などを歴任したマエダは、二〇一五年以降毎年SXSW★11に出向き、自ら「デザイン・イン・テック・リポートDesign in Tech Report」をプレゼンしている。このリポートは、テクノロジーやビジネス、デザインのトレンドを網羅した独立した年次調査リポートである。

マエダはスタートアップ企業や大企業の経営幹部と仕事をする中で、「デザイン」という言葉があまりにも多くの意味を持っていることに気づいた。そのため、最初の「Design in Tech Report」は、あらゆる業界に対するデザインの影響を説明したいという彼の願望から生まれている。

マエダは、デザインを三種類に分類して考えている。

1. 古典的なデザイン：私たちが生活で使用する品々のデザインに関係している。
2. デザイン思考：これは組織がアイデア発想法を使用してコラボレーションし、革新する方法を学ぶ方法に関係している。
3. コンピュテーショナル・デザイン：プロセッサ、メモリ、センサー、アクチュエーター、ネットワークを含むあらゆる種類の創造的な活動に関係している。

この分類に従えば、社会には三種類のデザイナーが存在することになる。日用品やポスター、ファッションなどのデザインに携わる一般的な（伝統的な）デザイナーと、組織の革新や課題解決などにデザイン思考で取り組むデザイナー、そしてコンピューテーショナル・デザイナーだ。マエダは産業革命直後の初期のデザイナーは消費者の使い方や傾向などを考慮することはなく、設計の悪い製品が手っ取り早く簡単に普及したと考えている。特定の方法で持つと手を火傷するような湯沸かしポットを工場で大量に生産するような事例は珍しくなかったという。

こうしたことへの反省から、消費者の側に立ったデザインの考え方が生まれ、コラボレーションや批評、合意形成により、企業は消費者の立場に立って消費者のニーズに応える方法を考えることを重視し始めた。これがデザイン思考の始まりだ。

デザイン思考は、六〇年代から七〇年代に自動車業界で社内の製品設計組織が使用したアイデア発想のための紙ベースの「設計手法」に起源を持つという。これらの手法はその後、ＩＤＥＯやfrogなどのデザイン会社によって、付箋やマーカーを使用して普及し、洗練され今日のように広まっている。

コンピュテーショナル・デザインは、日本ではゼネコンの業界でよく使われている用語だ。日刊工業新聞によれば「ゼネコンが建物の設計で、情報通信技術（ＩＣＴ）を使い、デザインに合わせて構造・環境性能などをシミュレーションする手法」[★12]と定義されている。

当のゼネコン側の認識はといえば、たとえば清水建設は「これまでの設計はアイデアやインスピレーションによる「創造」と、それを図面などに落とし込む「作業」の二つの軸から成立していました。

この「作業」の部分をコンピュータにまかせられるようになるのがコンピュテーショナルデザイン」[★13]と考えれば良いと捉えている。マエダは現在もコンピュータのアルゴリズムによって生成されるアジェネラティブアートと、コンピュテーショナル・デザインの先駆者として活躍中である。デザイナーとして、ホワイトハウスのナショナルデザイン賞やレイモンド・ローウィ財団賞や毎日デザイン賞、東京タイプディレク

ターズクラブ賞を受賞した。またアートディレクターズクラブの殿堂入りも果たしている。アーティストとしても活躍は認められ、作品はＭｏＭＡ（ニューヨーク近代美術館）やカルティエ財団のパーマネント・コレクションにもなっている。人工知能と機械学習の入門書『How To Speak Machine』（2019）やベストセラーとなった『シンプリシティの法則』などの著書がある。

次の章で紹介するブライアン・メイ（Brian Harold May）と同様に、マエダ自身もまた、アインシュタイン（Albert Einstein）の言葉通りの「最高の科学者は芸術家でもある」ことを身をもって証明しているようだ。

《注および引用文献》

★1　John Maeda. "STEM + Art = STEAM." The STEAM Journal. Vol. 1, iss. 1, Article 34（2013）.

★2　特にhttps://maedastudio.comとhttps://ccbt.rekibun.or.jp/players/john-maeda

★3　この項はElizabeth Resnick. "Reputations: John Maeda." Eye. vol. 10, no. 37（2000）. を参照した。

★4　マエダは豆腐製造の場所をTofu Factoryと言った。

★5　ミュリエル・クーパー（1925-1994）は、コンピュータによるグラフィック・デザインの新しい形式や方法、テクニックを探求し、教育を行ったアメリカを代表する新世代のデザイナーである。ブック・デザイナーとしても多大な業績を残している。メディアラボには、ニコラス・ネグロポンテ所長やマービン・ミンスキー、シーモア・パパートとともに設立期から関わっている。

★6　ホイットマン・リチャーズ（1932-2016）は、人間の視知覚研究への計算的アプローチ（視覚システムが世界を見て、推論する数学的原理）をリチャード・マーらとともに研究した。骨髄線維症との長い闘病の末、二〇一六年九月一六日にマサチューセッツ州ニュートンの自宅で死去。（MITニュースおよびボストン・グローブ紙電子版（Nov. 23 2016）より）

★7 RISD公式サイトより　https://www.risd.edu/steam

★8 辻合華子・長谷川春生、「STEAM教育における〝A〟の概念について」（科学教育研究、Vol. 44. No. 2）、日本科学教育学会、二〇二〇年、98頁。

★9 RISDは、全米科学財団のEPSCOR（競争的研究を促進するための体験型プログラム）の研究機関として任命された唯一の美術学校である。

★10 RISD. "Steam." Nature Lab.

★11 テキサス州オースティンで毎年三月に開催される音楽や動画等のイベント、未来志向の新製品などの展示会。

★12 日刊工業新聞二〇一七年一一月九日、https://newswitch.jp/p/10988

★13 野崎優彦、「設計者の仕事が変わる?: コンピュテーショナルデザインの可能性」（テクノアイ、二〇二一年四月二一日）、https://www.shimztechnonews.com/topics/edge/2021/2021-02.html

第2部　STEAMの背景

第1部では、ジョーゼット・ヤックマンのSTEAMの発想が、マーク・サンダースらが開発したI-STEMの学修から生まれたことや、STEAMの頭字語はヤックマンが公式に発表する以前から、すでに使用されていた事例などを紹介した。

第2部では、アートと科学の関連についての社会的・教育的な関心、学際的な教育の歴史、そしてアーツ・インテグレーションの歴史に焦点を当て、STEAMの背景について考察していきたい。

第1章　ＳＴＥＭ教育の光と影

ＳＴＥＭ教育の失敗？

アメリカはアメリカ競争力法（America COMPETES Act of 2007）でイノベーションを豊かな未来を確保するための鍵とみなし、アメリカの教育におけるＳＴＥＭ教科の重要性を強調した。二〇〇八年一〇月、当時は上院議員だったオバマは、芸術を支援する強力な綱領を発表し、その中で彼は、アメリカの芸術教育に再投資し、この国を偉大にした「創造性」と革新性を再活性化することを主張した。

翌年オバマ政権は理工系人材の育成を目的にＳＴＥＭ科目における生徒の適性に焦点を当てた「革新のための教育（Educate to Innovate）」キャンペーンを開始し、ＳＴＥＭ教育を国策として推進した。この国家的な取り組みには、今後一〇年間でアメリカの生徒を科学と数学の成績でトップレベルに押し上げるための、二億六〇〇〇万ドルを超える公的・民間投資が含まれている。この取り組みが発表された日、オバマ大統領は次のように述べた。

「科学的発見と技術革新の世界的エンジンとしてのアメリカの役割を再確認し、強化することは、今世紀の課題を克服するために不可欠である。だからこそ私は、今後数一〇年にわたってＳＴＥＭ教育を改善することを国家の優先課題とすることを約束する」[★1]

オバマ政権は科学技術イノベーション政策として省庁横断的な優先事項の一つとして、優先的な予算配分を行なってきた。[★2] また、従来はＫ-12における理数教育に重点が置かれていたが、ＳＴＥＭ戦略では、高度なスキルを持った科学技術系人材やＳＴＥＭ分野に精通した市民の育成を目指し、就学前から博士課程修了までを含む幅広い段階を対象としていたことが特徴である。[★3]

二〇〇八年から二〇一二年の会計年度において、五二四億ドルが幼稚園から大学院までのＳＴＥＭへの取り組みに充てられた。しかし、ＳＴＥＭ科目に予算を重視した結果、公立学校の芸術科目の予算は削減された。

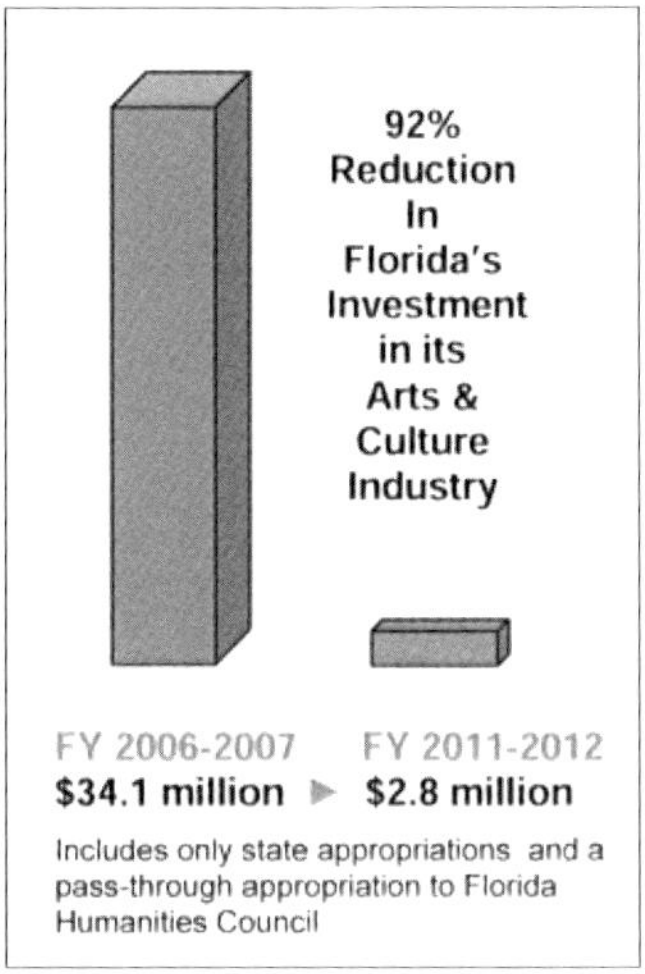

それは産業界に対しても同様だ。上図の棒グラフは芸術文化産業へのフロリダ州の支出を表したもので、二〇〇六年度と二〇一一年度の比較を示している。この五年間で何と九二％減少している。[★4] このように教育界から産業界に至るまで芸術への予算が削減され、芸術教育は疎外された。

さて、その結果は惨憺たるものだった。二〇〇九年の全国学力調査（ＮＡＥＰ）では、中学二年生の理科のスコアはわずかな上昇にとどまった。さらに、NAEPが「習熟」とみなすレベルの成績を修めた中学二年生は、全体の三分の一にも満たなかった。教育省や全米科学財団の調査によると、数学を十分理解しており、STEM分野の仕事に興味をもつ大学進学希望者は一六％に過ぎないことがわかった。それどころか、STEM分野を学ぶ大学生の二〇％が、大学入学時にこの分野の授業への準備ができていなかったのである。K－12の教育はどうなっているのか。実は、STEM教育を導入してからも、アメリカの国際学力調査の結果は低下していたのだ。

経済協力開発機構（OECD）の加盟国三四カ国中、アメリカは数学で二七位、科学で二〇位、読解力で一七位だった。ランキングを平均するとアメリカは二一位となる。そもそも一九六四年に初めてこのような国際テストが始まって以来、アメリカは中位以上に浮上することはほとんどなく、科学と数学の成績が特に悪かった。それを改革し学力向上させるためのSTEM教育の導入だったが、試みは成功せず、STEM分野の仕事に興味をもつ大学進学希望者は十分に増えないばかりか、皮肉なことにアメリカの学力調査の結果は低下してしまった。科学教育の予算五〇億ドルに対して、芸術・人文分野は二・五億ドルと極端に少ない。「グローバル競争の時代にアメリカが勝ち残っていく道はSTEM教育以外にない」と理数教育に力を入れた反面、芸術や人文科学は軽視されてきた。そこに問題はなかったのか。

ワシントン・ポスト紙の警告　アメリカにおけるSTEM教育偏重はなぜ危険なのか

The Washington Post
Democracy Dies in Darkness

Opinion Why America's obsession with STEM education is dangerous

By Fareed Zakaria
Columnist | Follow
March 26, 2015 at 4:11 p.m. EDT

Fareed Zakaria, a columnist for The Washington Post, is the host of "Fareed Zakaria GPS" on CNN and the author of "In Defense of a Liberal Education."

If Americans are united in any conviction these days, it is that we urgently need to shift the country's education toward the teaching of specific, technical skills. Every month, it seems, we hear about our children's bad test scores in math and science — and about new initiatives from companies, universities or foundations to expand STEM courses (science, technology, engineering and math) and deemphasize the humanities. From President Obama on down, public officials have cautioned against pursuing degrees like art history, which are seen as expensive luxuries in today's world. Republicans want to go several steps further and defund these kinds of majors. "Is it a vital interest of the state to have more anthropologists?" asked Florida's Gov. Rick Scott. "I don't think so." America's last bipartisan cause is this: A liberal education is irrelevant, and technical training is the new path forward. It is the only way, we are told, to ensure that Americans survive in an age defined by technology and shaped by global competition. The stakes could not be higher.

ＳＴＥＭ教育を進めても、理工系の進学・就職への学生のモチベーションが上がらず、基礎学力も低下しているという中、ワシントンポスト紙のコラムニストでＣＮＮで冠番組も持っているファリード・ザカリア（Fareed Zakaria）が警鐘を鳴らした。★5

ザカリアは近年の超党派の大義を次のように述べる。

「一般教養は無意味であり、テクノロジーこそが新たな進むべき道なのだ。それが、テクノロジーによって定義され、グローバルな競争によって形作られた時代でアメリカが確実に生き残るための唯一の方法だ。これ以上の賭けはない」と。

『一般教養を守るために（In Defense of a Liberal Education）』の著者でもあるザカリアは、この芸術を含む広範な学習の却下は、根本的な事実の誤認から来ていると断じ、アメリカを将来に向けて危険なほど狭い道に追い込むことになると案じている。これまでアメリカが世界をリードしてこられたのは、まさに現在私たちが守らなければならない種類の教えのおかげなのだ。幅広い一般教養は批判的思考力と創造性の育成に役立ち、さまざまな分野に触れることで、相乗効果と異花受粉が起こる。

アメリカの進むべき道は、より安価なコンピューター・チップを製造することだろうか。二一世紀を支配するためは、コンピューターやその他の新しいテクノロジーが人間とどのように相互作用するかを、絶えず捉え直すことが必要ではないだろうか。それには芸術を含む広範な一般教養が必要だとザカリアは警鐘を鳴らしたのだった。

技術だけでは人の心を震わせられない

二〇一〇年一月二七日、サンフランシスコでおこなわれたアップルの新製品iPadのプレゼンテーションは、歴史に残るものとなった。エコノミスト誌はキリストになぞらえたスティーブ・ジョブズ（Steve Jobs）を表紙に飾り特集を組み、ウォールストリートジャーナル紙も絶賛した。今も語り草になっているプレゼン最後のスライドは、ジョブズの人生のテーマであり、iPadに込めたコンセプトを示す一枚だ。それは「テクノロジー通りとリベラルアーツ通りの交差点に立つ道路標識」。ジョブズはプレゼンを次のように締め括った。[★6]

「iPadのような製品をアップルが作れるのは、テクノロジーとリベラルアーツの交差点に立ちたいといつも考えているからだ」

ジョブズに最後の時が忍び寄る二〇一一年三月二日、サンフランシスコでのiPad2の発表プレゼンテーションで、ジョブズは次のように語っている。

「アップルのDNAには、技術だけでは不十分だと刻まれている。我々の心を震わせるような成果をもたらすのは人間性と結びついた技術だと、我々は信じている」[★7]。つまり、イノベーションとは単なる技術的問題ではなく、むしろ人々や社会がどのように機能し、何を必要とし、何が求められているのかを理解することなのだ。

ジョブズがiPhoneを開発するきっかけとなったのは、一九九九年にNTTドコモが世界に先駆けて開発し、製品化したi-modeだったことはよく知られている。携帯電話端末にインターネットを接続するサービス自体はすでにあったのだ。ではドコモ製品はなぜ世界に普及しなかったのか。ジョブズの言葉に従えば、それは「人間性と結びついた技術」ではなかったからであり、そこにはリベラルアーツが欠けていたからだ、ということになるだろう。技術だけでは人の心を震わせられない。

ジョブズのこのプレゼンテーションは、このあと経済戦略やイノベーションを語る文脈で、世界中でたびたび引用されることになる。STEMからSTEAMへの運動を方向付ける象徴ともいえる場面だった。

STEMだけではうまくいかない

『天才の火花（Sparks of Genius）』の著者でミシガン州立大学の生理学者ロバート・ルート＝バーンン

スタイン（Robert Root-Bernstein）を中心とするグループの論文「芸術は科学的成功を促進する」★8は、STEMからSTEAMへの動きに大きな影響を与えた。

この論文の功績は何と言っても、「ノーベル賞受賞者は、ロイヤルアカデミー会員やアメリカ科学アカデミーの会員よりも芸術や工芸を趣味とする可能性が大幅に高い」ことを統計学的に証明したことだろう。（上の図版は同論文掲載誌54ページより）

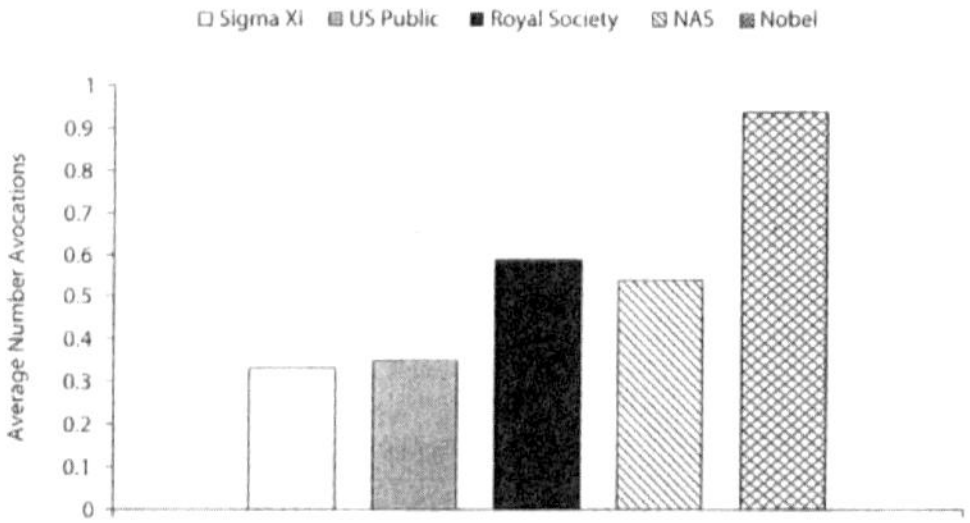

FIGURE 1. Average number of any art and craft avocation per group: Honored scientists, Sigma Xi members, and the U.S. public.

Note: Nobel Prize winners (1901–2005: 510 individuals); Royal Society biographees (1932–2005: 1,634 individuals); National Academy of Sciences (USA) biographees (1877–2005: 1,266 individuals); Sigma Xi members (1936: 4,406 individuals); and the U.S. public (1982: 4,250 individuals).

彼らの研究は「科学的活動における創造性は、科学以外の創造的活動と相関している」ことを示唆している。科学者の中にも、科学的知識を生み出す過程において芸術と想像力の価値を認めてきた人物も数多くいる。歴史を紐解いてみよう。

浸透圧の仕組みを解明したことで、一九〇一年に栄えある第一回ノーベル化学賞を受賞したヤコブス・ヘンリクス・ファント・ホッフ（Jacobus H. van't Hoff）は、真の科学的想像力は、科学以外の創造的活動と相

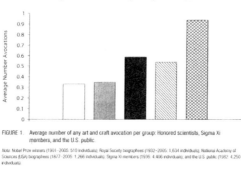

関関係があり、それによって支えられていると語っていた。

一八七八年に弱冠26歳でアムステルダム大学の教授に就任したファント・ホッフは、「科学と想像力」と題する就任講演を行なっている[★9]。この講演は、あらゆる科学的業績における想像力の重要性について語ったもので、ファント・ホッフは、本当に重要な科学的発見ついて、その前提条件を検証し、その多くが芸術や詩、哲学における独創的な頭脳によってなされたと洞察している。

一九二一年のノーベル物理学賞を受賞したアルバート・アインシュタインも、「一定の高いレベルの技術的技能が達成されると、科学と技術は審美性、可塑性及び形態において融合する傾向がある。最高の科学者は芸術家でもある」と述べていたと、アメリカ物理学会報は報じている[★10]。

明治期の偉大な科学者寺田寅彦も「科学者と芸術家とが相会うて肝胆相照らすべき機会があったら、二人はおそらく会心の握手をかわすに躊躇しないであろう。二人の目ざすところは同一な真の半面である」[★11]と科学と芸術の親和性を語り、また、「一見なんらの関係もないような事象の間に密接な連絡を見いだし、個々の事実を一つの系にまとめるような仕事には想像の力に待つ事ははなはだ多い。科学者と芸術家は存外に肉親の間がらであるように思われる」とも述べている[★12]。寺田とアインシュタインの言葉は見事に重なり合っている。

最高の科学者は芸術家でもある

科学と芸術の二つの活動の両立に悩む、あるいは楽しんだ科学者も数多い。伝染病が細菌によって

《ケベックの風景》（1930）カナダ国立美術館蔵（同館サイトより）

パスツールが13歳の時の作品

起こることを発見したルイ・パスツール（Louis Pasteur）は、少年期には科学を学びたいとは決して思っていなかった。実際、彼は画家になるという夢を長い間抱いていた。彼の一三歳の時の絵（上右図）が残っているが、なかなかの才能だ。[★13]

インスリンの発見によりノーベル生理学・医学賞（1923）を受賞したフレデリック・バンティング（Frederick Grant Banting）は画家としての名声も高く、彼の作品はカナダ国立美術館やオンタリオ美術館などが所蔵している（上左図）。[★14]

量子論の父マックス・プランク（Max Karl Ernst Ludwig Planck）は、プロのピアニストとしてのキャリアを真剣に考えていたというし、染色体が性を決定するという理論を組み立てたエドマンド・ビーチャー・ウィルソン（Edmund Beecher Wilson）は、ニューヨークではプロのチェロ奏者だった。[★15] 放射性炭素（C14）による年代測定を可能にしたマーティン・ケイメン（Martin David Kamen）は、プロレベルでビオラを演奏していた。

分子生物学者であり世界的なベストセラー『偶然と必然』の著者でもあるジャック・モノー（Jacques Lucien Monod）は、音楽を演奏したり指揮したりすることに多くの時間を費やして、科学者としてのキャリアを台無しにしそうになった。[★16]幼い頃からチェロを学んでいたが、生物への関心も高く、カブトムシやオタマジャクシの採集にも夢中になっていた。音楽と生物学は彼の二つの知的な関心事であり、二〇代の後半まで最終的にどちらを職業として選択するか迷っていたという。

生物学を職業としてからも、モノーはアマチュア音楽家としても活動を続けた。彼はバッハ合唱団「ラ・カンタート」を結成し、一九四八年まで指揮を執った。合唱団の活動を通してネパールとチベットの芸術を専門とする考古学者で、のちにギメ美術館の学芸員となるオデット・ブリュール（Odette Bruhl）と出会い結婚する。モノーの父は画家だったから、父からの遺伝的・環境的な影響から、視覚芸術への関心や素養もあったに違いない。

週末に訪れる美女

トランスファーRNAの発見と機能の解明により一九六八年のノーベル生理学・医学賞を受賞した3人のうちの一人、ロバート・ウィリアム・ホリー（Robert William Holley）も興味深い逸話を残している。ロバート・ルート＝バーンスタインは、かつてポスドクの研究員としてホリーが在籍していたソーク生物学研究所に着任したが、そのときに聞いたホリーに関する噂を、次のように回想している。[★17]

彼の研究室には毎週金曜日になると美女が訪れ、そこから彼の私的な部屋へ同行し、午後のひと時を過ごしているという話だ。訪れる女性はいつも同じ人とは限らない。周りがどんな噂を立てていたかは想像がつくだろう。

実際のところ、ホリーの活動はほとんどの人が想像していたものとは違っていたが、それは意外なことだった。ホリーは彫刻を趣味としており、彼女たちは彫刻のモデルだったのだ。ホリーは、「美の追求は、私の芸術と科学の両方を動機づけるものの一つだ」とルート＝バーンスタインに語ったという。

ルート＝バーンスタインにとってそれは意外な言葉ではなかった。同研究所の同僚で、脳ホルモン研究の基礎を築いた発見により一九七七年にノーベル医学生理学賞を受賞したロジャー・ギルミン（Roger Guillemin）は、研究室の壁に彼が描いた水彩画の数々を飾っていたし、プリンストン大学の学部顧問だったロバート・ラングリッジ（Robert Langridge）は、DNA構造の美的魅力を中世の大聖堂のバラ窓の美的魅力と比較する記事を発表している。DNAの二重らせんを真横から見た図を大聖堂のステンドグラスの「バラ窓」に例えたものだ。★[18]

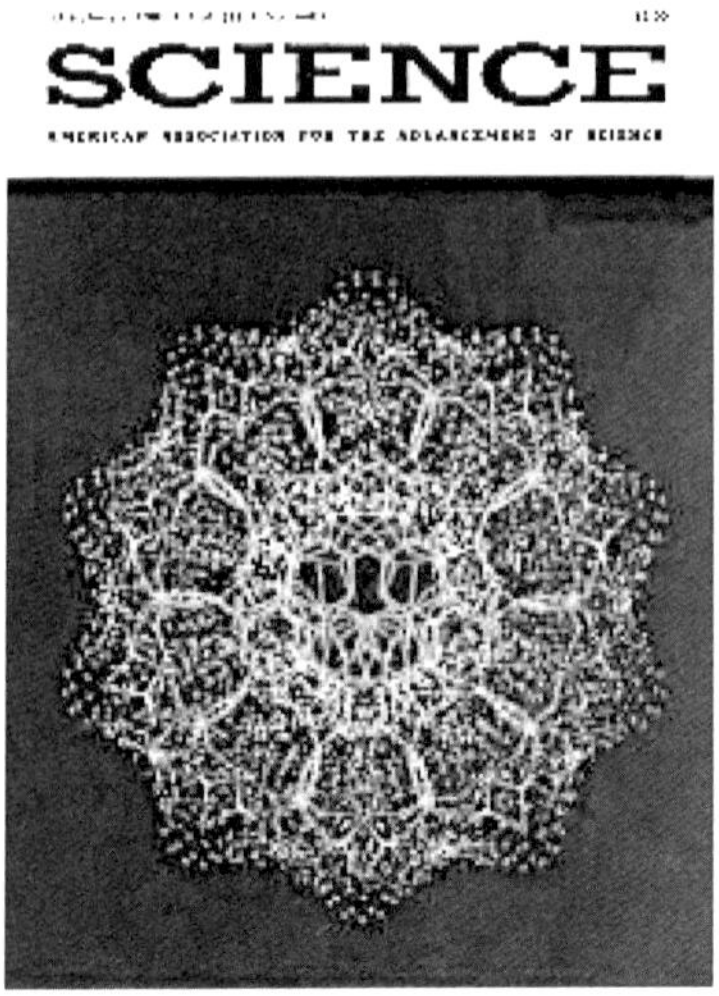

この図はB-DNA「アトミック・ローズ・ウィンドウ」と名付けられ、サイエンス誌（一九八一年二月一三日）の表紙（上図）を飾った。ラングリッジは映画《スタートレックII：カーンの逆襲》（1982）にもDNA分子グラフィックス作成で製作に参加している。

科学の思考と芸術の思考

最高の科学者は芸術家でもあることは疑いようもない。最近では、ロック音楽史上最高のギタリストの一人クイーンのブライアン・メイが、音楽家であると同時に世界有数の天体物理学者であることがよく知られるようになった。メイの研究は黄道光の分光観測とその解析であり、博士論文は太陽系のダストの速度と惑星間ダストからの反射光に関するものだという。権威ある科学学術誌『ネイチャー』に論文[19]が掲載され始めたのは一九七二年からだが、その前年からクイーンが正式に活動を始めたことを思えば、驚嘆すべきことだろう。一九七四年にも同じ研究メンバーによる論文[20]が王立天文学会月報に掲載されているが、その翌年にクイーンはロック史に残る名盤『オペラ座の夜』を発表している。まさに科学と芸術の先端的な二つの活動を同時に行なっていたということになる。

出版されたブライアン・メイの博士論文

　メイの凄いところは、音楽だけでなく視覚芸術に関しても造詣が深いところだ。アポロ一一号の月面着陸からちょうど五〇年となる二〇一九年の前年には、アメリカ

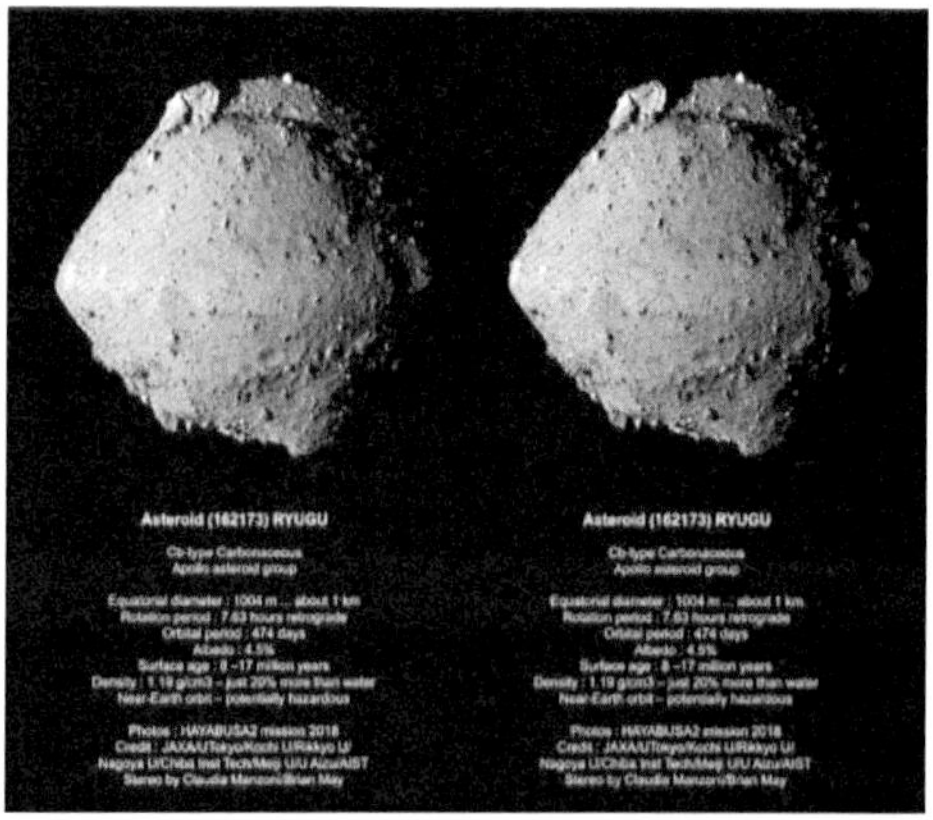

JAXA「はやぶさ2」拡張ミッションのサイト　2022.8.21より

の天文雑誌『Astronomy』の編集者デイヴィッド・エイカーとともに、米ソの宇宙開発競争の歴史を3D写真でまとめた『Mission Moon 3D』を出版している。近年は、NASAの太陽系外縁天体の探査プロジェクト「ニュー・ホライズンズ計画」に参加し、探査機によるカイパーベルトの直径わずか約30キロメートルの小型天体「2014MU69」の探査に際して、天体の3D画像の作成に携わっている。[★21]

メイは「はやぶさ2」のリュウグウ探査にも協力しており、JAXAにリュウグウの3D画像を送ったりもしている。[★22]

画像を立体で見ると、平面の時には明確に意識しなかった山の高さや溝の深さに気づいたり、光のつくる陰影から物体の形態をリアルに想像することができたりする。深い観察が思索を促し、思わぬ科学的発見があったり探究への道を導かれる可能性もある。造形芸術に造詣が深い人はそうしたことを経験的に知っている。

立体で見ることの重要性を知りつつそれに関心を持ち、宇宙の果ての惑星の観測に応用し実現化することは、天体物理学それだけを極めた科学者には簡単なことではない。メイにはその両方の素養があった。科学的活動における創造性は、科学以外の創造的活動と交差し、結びつく。リュウグウの３Ｄ画像は、まさに科学と芸術の思考と活動が相互に作用し合った結晶といえるだろう。

教育関係者の意見

ＳＴＥＭ教育に芸術を加える必要性を訴えたのは科学者たちだけではない。教育学者のジル・バーコウィッツ（Jill Berkowicz）とアン・マイヤーズ（Ann Myers）もまた、共著『芸術は不可欠（The Arts Are Essential）』のなかで、「学校生活全体を見直すことなく、生徒を科学、技術、工学、数学の世界に誘うことを目的としたＳＴＥＭプログラムは、古い考え方を象徴している。ＳＴＥＭは、創造性を生み出す脳の部分に芸術を取り入れることで、最高の効果を発揮するだろう」[★23]と芸術教育の重要性を指摘している。さらにマイヤーズらは「ＳＴＥＭ教育は、生徒の学習方法が芸術を含むものでなければ、すべての生徒に対応できない。そして学習がプロジェクトベースやプロブレムベースでない限り、ＳＴＥＭ教育が成功することはない」とも述べている。

学ぶ意欲や関心が先立たない学習や、学びの過程でそれが継続しない学習は効果的とは言えない。マイヤーズらの理論の要点は、**ＳＴＥＭに芸術教育を取り入れ、ＰＢＬ（プロジェクトやプロブレムに基づいた学習方法）に基づいた授業、すなわちアーツ・インテグレーションと組み合わされた場合、生徒が意欲的に学習に取り組むようになる**ということである。このような学習は、生徒が創造的な環境で自分の意見を述べたり、仲間とのつながりを学んだりする機会を提供する。マイヤーズらは、「芸術を生み出すことは、世界の内側から人を結びつける表現である」とも書いている。実社会の問題解決につながりやすい実践的な学習体験を提供することで、生徒たちは個人的な表現を実践できるだけでなく、他の生徒と交流することで共感力を養うことができる。この意味で、アートとデザイン思考のスキルは、生徒を中心とした経験を促進し、最終的には、将来の社会生活で活用できる視覚的なプレゼンテーション能力と美的感覚を養うことになる。

子どもたちがどのように学習するかを一般的および個別に検討すると、彼らの学習を促進するのは好奇心であり、問題解決への意欲であり、プロジェクトベースやプロブレムベースの学習活動が必要であることがわかるはずだ。そのためには芸術は不可欠であるとバーコウィッツとマイヤーズは訴えたのである。

スタンフォード大学のジェフリー・T・シュナップ（Jeffrey T. Schnapp）も、『学校でのアートは明日の創造的思考を刺激する』という記事の中で、マイヤーズの考え方と同調している。「教育マイナス芸術？ このような方程式は、創意工夫や革新性を重視しない学校教育に等しい。…予算や時間の制約のためであろうと、学校のカリキュラムから芸術を省くことは、日常的に必須科目とされている「読み、書き、算数」を損なう形で学習を貧しくする。この三つはすべて、芸術と密接不可分な関係にあるのだ」と。[★24]

統合STEM教育委員会のマーガレット・ハニーらが編集した『K‐12の教育におけるSTEMの統合：現状、展望、研究課題』[★25]では、幼稚園から高校までのSTEM教育における統合的なアプロ

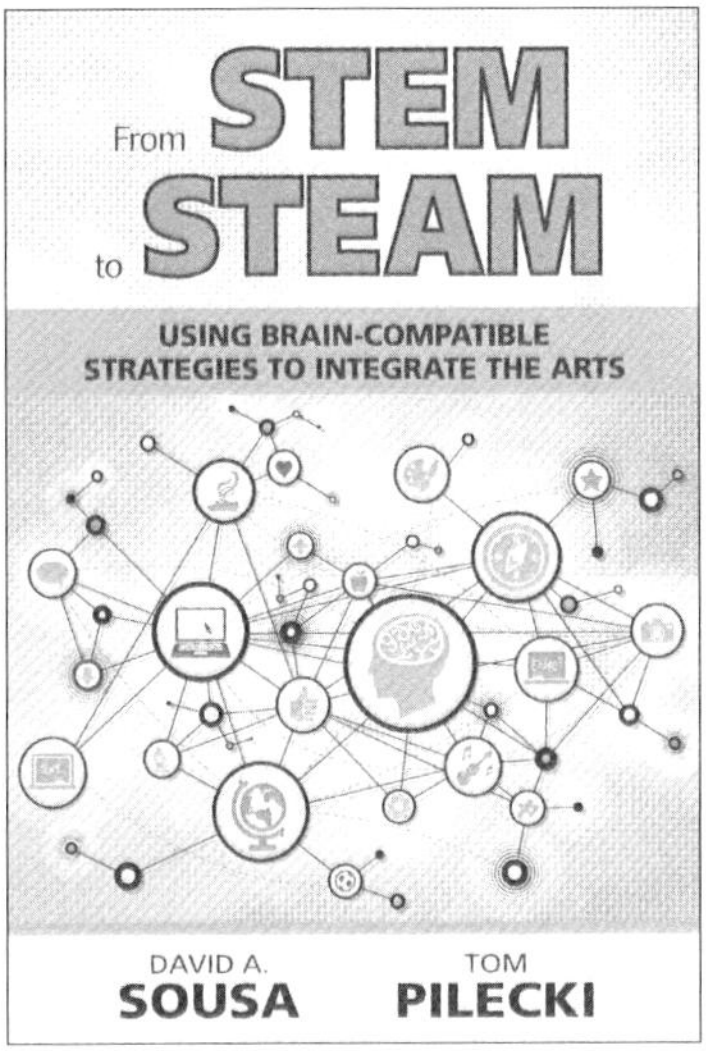

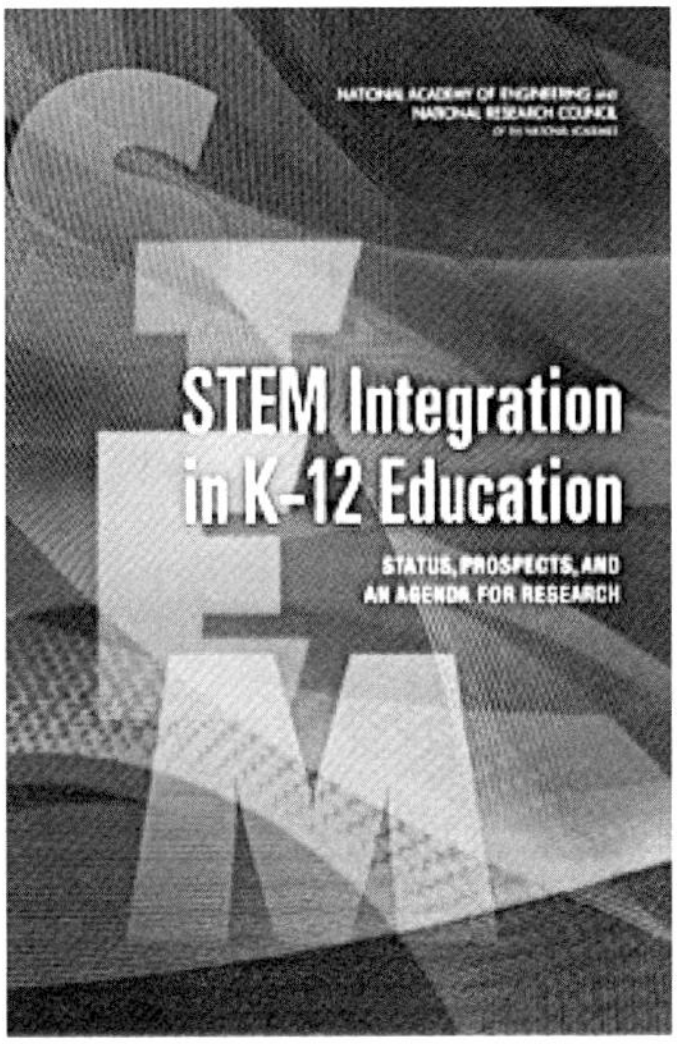

ーチを提唱している。同書では、STEM教育をより学際的なものに構成し、たとえば時事問題を探究したりする課題設定により、STEM科目が生徒や教師にとってより適切なものになると主張している。

近年の動向として、STEAM教育や統合STEM教育の教育課題を科学的な問題探究から、社会や文化、地域や生徒が直面している現代的な諸課題の探究へのシフトが見られるが、同書における提唱はその起点であり基本でもあると思う。

統合的なSTEM教育では、細分化された学習経験ではなく、生徒が積極的かつ批判的な思考を通じて相互に関連づけられるような、さまざまな興味深い課題を取り上げる。この統合的アプローチの枠組みは、プロブレムベースの学習を可能にする。

脳科学者のデイヴィッド・スーザ（David A. Sousa）も「STEM教育への潤沢な資金と支援は一貫して増加し続けているが、科学と数学の指導が創造的で実社会の問題解決にもっと集中しない限り、STEMは生徒の学習向上にほとんど役立たないだろう」と共著書『ＳＴＥＭからＳＴＥＡＭへ―脳と相性の良い戦略を用いた芸術の統合―』[★26]で述べている。

オバマ大統領の「革新のための教育」キャンペーンの目標は主にアメリカ経済の改善に焦点を当てたものであり、彼が奨励するＳＴＥＭ教育は創造性に関わるものであった。しかし、幼稚園から高校までの教育を見ると、点数で評価する枠組みとも相まって、創造性を高める学習になっているかは疑問である。このような指導と評価のシステムでは、生徒の学習に創造的なプロセスを含めることができないのではないか。

たとえば、数学や科学の学習はほとんどすべて、すでに証明されていることの「再発見」であり、それを活用した学習である。つまり学校における数学的・科学的探究は、暗記した方程式や定理と練習した単調なプロセスを通して、正しい答えを見つけることに限定されがちなのである。だからどの生徒にも同じ問題が与えられ、一つの正解を導き出すような授業が行われている。たしかに、方程式の解き方にはいくつかの異なるアプローチがあるかもしれないが、ゴールは正しい答えを見つけることである。同じゴールに向かう解き方のバラエティを創造性と呼べるのだろうか。

情報化、グローバル化、多様化と大きく変容しつつある現代社会。知識や技能を固定的に捉え、それらを教え込み、均一な労働者を育成するという産業革命以後に必要とされた前世紀の教育は、すでにその役割を終えている。

もちろん教育には流行と不易があるが、急速に変化する時代に不易に留まっていては危険だ。現代の社会で生徒はどのように成長していくのかを理解する必要がある。情報を収集し、分類したり組み合わせたりして主体的に考える教育、事物をよく観察し、探究して判断し、自分なりの意味を作り出す教育、人間関係を形成し、多様な観点から意味を吟味したり新たな意味を発見するという新しい教育アプローチが必要とされている。情報に流されず自分なりに判断し、主体的に思考しつつ他者とも協調して探究したり、表現したりする能力の育成が大切だろう。これらの学習活動が芸術の活動に重なり合っていることは、少し立ち止まって考えれば容易に理解できるはずだ。

しかし、ＳＴＥＭ教育を重視する不幸な結果として、二〇一二年に下院が芸術基金への予算を大幅に削減した。その結果、Ｋ－12カリキュラムで芸術教育が重視されなくなっただけでなく、州からの資金も大幅に失われた。

芸術教育はすべての生徒のためのものであり、芸術家を目指す生徒だけのものではない。芸術は趣味的なものとか娯楽だという考え方は、政策立案者だけでなく一般的にもみられるだろう。教育的側面から芸術の役割を捉え、芸術に基づく教育を重視する必要がある。教育関係者はこのような考えを元にＳＴＥＭ教育に芸術を加える必要性を訴えた。

スタンフォード大学の学長講演

アメリカの理数系教育界がＳＴＥＭの熱狂に沸き、芸術や人文科学の教育を軽視していた頃、芸術を中心とした学際的な教育を強力に推進していたのがスタンフォード大学であった。

二〇〇六年一月に、分野横断型の新しい研究所であるスタンフォード芸術創造研究所（ＳＩＣ

A：Stanford Institute for Creativity and the Arts）が、設立された。ジョン・リロイ・ヘネシー（John LeRoy Hennessy）学長[★27]は四月の学術評議会での年次演説で、SICAの設立趣旨と二一世紀の教育における創造性と芸術の役割について述べている。

冒頭にヘネシーは、芸術と他の分野との間の学際的なコラボレーションを促進する必要について、科学と芸術の境界を曖昧にしたエドワード・マイブリッジ（Eadweard Muybridge）の写真研究などを例示し、スタンフォード大学には芸術と他の分野とのパートナーシップの伝統があると述べた。

SICAの目的は、学際的であるだけでなく、芸術的経験を通じて創造的な思考を構築する機会を生徒たちが育むことであると前置きした上で、二一世紀の教育における芸術の重要性としてヘネシーが第一に挙げたのは、「芸術によって創造性を育成すること」であった。芸術は、私たちが因習的な思考パターンから脱却し、知的経験への新鮮なアプローチを採用するのに役立つ。イノベーションを促進するには、学生がさまざまなアーティストと仕事をする機会を持つことが不可欠であると主張したのである。

そして第二に、デザイン思考のアプローチによって芸術を科学、技術、工学等の分野に結びつけ、複数の視点と専門分野が統合されたときに最大の生産性と創造性を得ると強調した。

ヘネシーの演説はSTEAMという頭字語が生まれる以前に行われているので、演説にその単語は出てこない。しかしヘネシーの考えは、芸術を理数系分野に統合するという意味で極めてSTEAMの考え方に近いといえる。

第三に、グローバル社会における芸術について言及し、「文化の多様性は、私たちの世界観を広げ、創造性を刺激します。異文化コミュニケーションと理解の手段としての芸術はますます重要になります」と締めくくっている。

「二一世紀の教育における創造性と芸術の役割」と題されたこの講演は、全米の大学に大きなインパクトを与えた。ＳＴＥＡＭ前夜というべき二〇〇六年一月の講演の時期は、奇しくもバージニア工科大学がＩ－ＳＴＥＭ教育プログラムを開始した時期と重なり合う。時代が変わるときの動きはこのように同時に、各所で、変革が起こるのだろう。

芸術と科学のコラボレーション

講演の中で言及されたマイブリッジの写真研究について補足しておこう。とても興味深い逸話だ。

スタンフォード大学を創設したカリフォルニア州元知事リーランド・スタンフォード(Amasa Leland Stanford)は、ギャロップする馬の4本すべての脚が、地面から離れる瞬間があると考えていた。当時のヨーロッパ絵画の伝統では、走る馬

上：テオドール・ジェリコー《エプソムの競馬》1821、ルーヴル美術館
下：マイブリッジの連続写真　1878

は「前足は前方に、後ろ足は後方にそれぞれ伸ばして走る」ように描かれていたのである。

これを証明するためにスタンフォードは写真家マイブリッジに写真の撮影を依頼した。走る馬の一瞬を撮影するには当時のカメラのシャッタースピードは遅く、高速のシャッターと大口径レンズ、高感度の感光材料が必要だった。マイブリッジは写真機材の開発に五年を要し、ようやく写真撮影に成功、議論に決着をつけた。

写真はゾートロープ[★28]と組み合わされ、連続写真を用いて走る馬の動きを再現する仕組みは観衆を驚愕させた。この連続写真を見たトーマス・エジソンは大いに触発され、後に映写機キネトスコープを発明することになる。これがシネマトグラフにつながり、映画の誕生につながっていくのである。

こういうエピソードを引き合いに出して、科学と芸術の融合がスタンフォード大学の開学以来の伝統であると、学長は誇らしく語ったのである。

真の創造性とイノベーションは芸術と科学の交差点に立つことから生まれる

ウォルター・アイザックソン（Walter Isaacson）は、政策研究機関であるアメリカアスペン研究所のCEOであると同時に、スティーブ・ジョブズやイーロン・マスクの伝記の著者としても知られる著名な伝記作家でもある。

アイザックソンは二〇一四年の世界経済フォーラムで「なぜイノベーションには芸術と科学の両方が必要なのか（Why innovation needs both art and science）」と題して、STEMだけでは確かに十分ではないと発言し、アートをカリキュラムに追加しＳＴＥＡＭにする人々への支持を表明した。[★29] また彼はＩＣＩ第五八回総会（2016）において、現代の偉大な技術革新者の二人、ビル・ゲイツとスティーブ・ジョブズを引き合いに出して、芸術と科学の関係についての持論を述べた。彼は「デジタル時代の最も創造的なイノベーションは、芸術と科学を結びつけることからもたらされる」と述べ、「真の創造性とイノベーションは芸術と科学の交差点に立つことから生まれる。（True creativity and innovation come from being able to stand at the intersection of art and science.）」という有名な言葉を残している。[★30]

この発言がスティーブ・ジョブズのiPadのプレゼンテーションに影響を受けていることは疑いようがない。「テクノロジーとリベラルアーツの交差点」も「芸術と科学の交差点」も、ＳＴＥＭ教育だけでは不十分であることを物語っている。**人間性と結びつかない技術は人の心を震わせることはできず、芸術と結びつかない科学からは真の創造性やイノベーションは生まれてこないのだ。**

アイザックソンは続けて語る。

「文系の人たちは、科学系の人から『私はマクベスとハムレットの違いがわからない』と聞いたら愕然とするでしょう。でも彼らは『僕らは遺伝子と染色体の違いがわからない』と自慢するかもしれません」

真に芸術と科学の交差点で活動するつもりなら、両方を理解しなければならない、ということだろう。「芸術と科学は共に人類の知的活動として捉えられる」ということを理解する必要がある。

「最も創造的なイノベーションは、芸術と科学を結びつけることからもたらされる」。この考え方は新しいものではない。一流のアーティストであり一流の科学者でもあったレオナルド・ダ・ヴィンチ

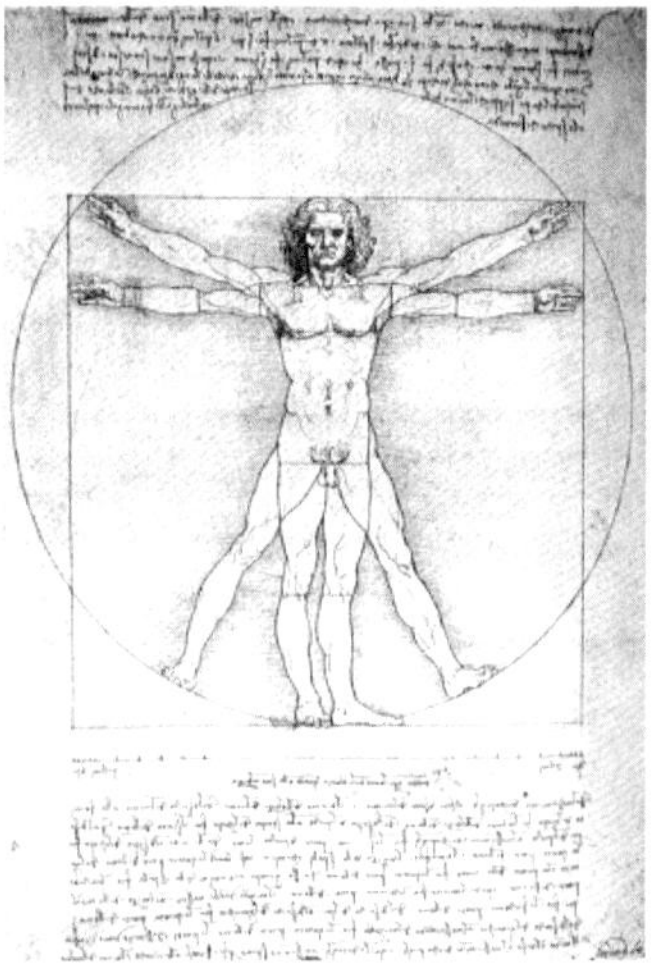

レオナルド・ダ・ヴィンチ《ウィトルウィウス的人体図》C.1487、アカデミア美術館

（Leonardo da Vinci）が典型的な例である。彼が描いた「ウィトルウィウス的人体図」は、芸術と科学が触れ合ったときに花開く創造性の象徴といえる。アインシュタインは、一般相対性理論の構築に行き詰った時、バイオリンを取り出して、彼が天球の和声と称したものと再び通じ合うことができるまでモーツァルトの音楽を弾いた。

そもそも「真の創造性とイノベーションは芸術と科学の交差点に立つことから生まれる」という言葉には引用元がある。ポラロイドカメラの発明者であり創業者でもあるエドウィン・ランド（Edwin Herbert Land）が、人文学と科学が交わるところに立てる人たちがいかに重要であるかと語った文章を読み、アイザックソンもそういう人になろうと決めたと語っている。

これまでのイノベーションのほとんどは、古いワインをデジタルという新しい入れ物に注ぐ形をとっていた。映画にしても音楽にしても美術にしてもそうだ。しかし芸術と科学の融合は、ゆくゆくは全く新しい形式の表現とメディアを生み出すだろう。このイノベーションを実現するのは、**美をエンジニアリングに、人間性をテクノロジーに、詩をプロセッサに結び付けることができる人たちだ**。彼らは、芸術と科学の接点で花開き、因習に与せず、両者の美しさを受け入れて不思議な感動を味わうことができるクリエーターたちなのである。

ＳＴＥＡＭ教育と芸術教育政策

アメリカの芸術教育政策の動向に目を向けてみよう。

アメリカ教育省が二〇〇一年に「芸術を組み込んだ教育モデルの開発と普及」を発表し、国際的にも二〇一〇年に「芸術教育を通じたイノベーション力をもつ人材の育成」がＯＥＣＤ教育大臣会合で合意され、「芸術教育発展目標」が第二回ユネスコ芸術教育世界会議で議論され二〇一一年に承認されるなど、二一世紀に入ってからの芸術教育重視の政策は際立っている。

その背景には、第四次産業革命の急速な進展とそれに伴う社会の変化が加速度を増し、未来が複雑で予測困難になっていることへの危機感が世界で共有されてきたことがある。第四次産業革命の進展に伴う社会構造の変動を見据えて、新しい時代を生きる子供たちに必要な能力形成を目指す教育改革が世界中で進められている。予期せぬ課題に解決策を見いだし、新たな価値を生み出す創造力や批判的思考力の育成は急務であると考えられ、それはヘネシー学長が講演で述べたように、芸術教育への現代的要請にもなっている。ＳＴＥＡＭ教育はその最も顕著な現れなのだ。

二〇一一年の大統領芸術人文委員会報告書は「芸術は、未来の仕事に必要なスキルを学生に獲得させる為に有効である」と報告した。芸術や人文科学の幅広い学習は創造性と批判的思考を生み出す。イノベーションには芸術と科学の両方が必要であり、そのためにはＳＴＥＭに芸術を組み込んだＳＴ

EAM教育が必要ではないかと言う認識が広まり始めた。
その渦中に「事件」は起こった。

オバマ大統領の謝罪[★31]

オバマ大統領は、二〇一四年一月にウィスコンシン州訪問中に行った演説の中で、次のように述べた。「多くの製造業が海外移転されている現実を見て、多くの若者はもはや職業訓練や熟練した製造業を現代的な職業だとは思っていません。しかし、私はあなたがたに約束します。美術史の学位を取るよりも、熟練した製造業や技術職の方が、より多くの収入を得ることができるのです」[★32]。

大統領の発言は、職業訓練やアメリカ製造業の活性化に向けた取り組みに関する提案を宣伝するものだったが、対照的に美術史が取り上げられた。その言葉を口にした瞬間に、オバマは誰もがそれを評価するわけではないことを悟ったのだろう、「さて、美術史の学位を取得することには何も問題はありません。私は美術史が大好きです」と言い繕った[★33]。聴衆の笑いを誘いながら「だから、みなさんからたくさんの（抗議の）メールを受け取りたくないんです」と続けた。

芸術を学ぶことを否定するかのような印象を与えたこの演説は、当然のことながら全米の大学関係者や美術教育関係者からの反発を招いた。

高等教育に関するデータ、分析、情報の世界で最も権威のある情報源として知られるInside Higher Edは、早速「オバマ対美術史」という記事を掲載し、「大統領は、リベラルアーツ分野は雇用につな

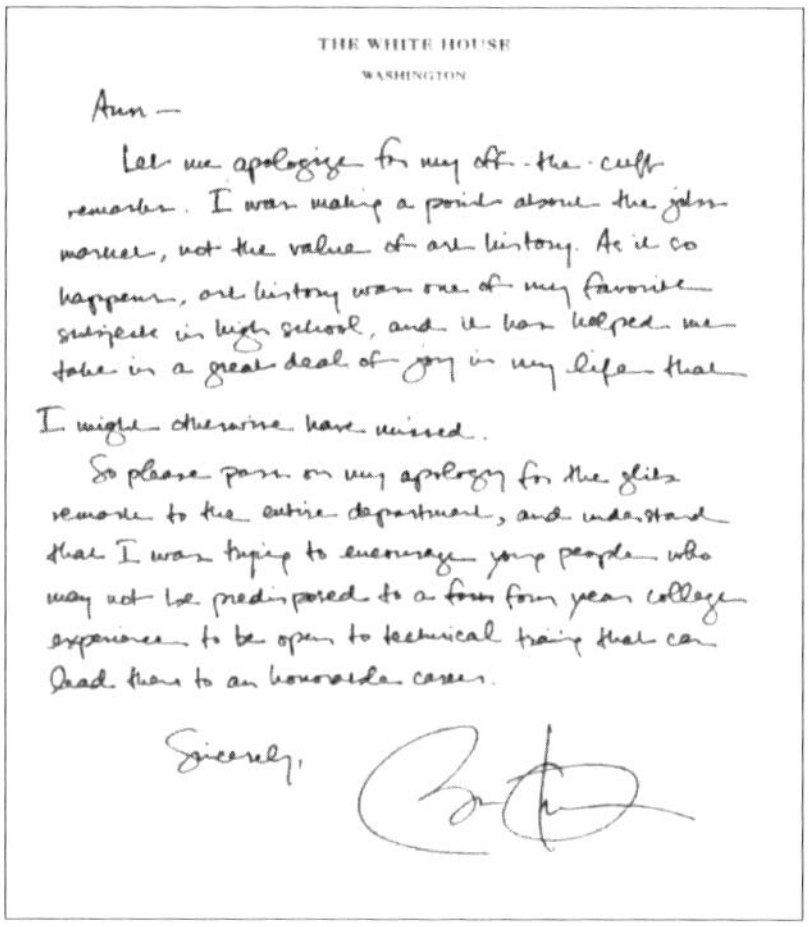

THE WHITE HOUSE
WASHINGTON

Ann —

Let me apologize for my off-the-cuff remarks. I was making a point about the jobs market, not the value of art history. As it so happens, art history was one of my favorite subjects in high school, and it has helped me take in a great deal of joy in my life that I might otherwise have missed.

So please pass on my apology for the glib remark to the entire department, and understand that I was trying to encourage young people who may not be predisposed to a four year college experience to be open to technical training that can lead them to an honorable career.

Sincerely,

がらないことを示唆する政治家の仲間入りを果たした」とこき下ろした。

苦しい釈明にも関わらず、実際、オバマ大統領は不満を抱いた人々から大量の抗議メールを受け取った。アメリカ大学協会会長のキャロル・ギアリー・シュナイダー（Carol Geary Schneider）は、大統領の発言には失望したと述べている。

「彼は大学が単により良い技術だけでなく、より良い世界を作るという願望と能力を育む場であることを忘れているようだ。実際、人間にはパンとバラの両方が必要なのだ。そして、スティーブ・ジョブズが言っていたように、芸術とテクノロジーの両方を学ぶことで、ものづくりに携わる人々はより良いものを作ることができる」と。

そしてついにオバマは抗議をした人々の一人であるテキサス大学オースティン校のアン・C・ジョンズ（Ann C. Johns）上級講師に、手書きのメモを送り謝罪した（上図）。ジョンズはオバマからの手書きメモのコピーをInside Higher Edに送り、それを公開した。メモには「美術史の価値ではなく、雇用市場について主張していたのです」と書かれていた。

オバマの失言はSTEMからSTEAMへの動向に水を差すかにも思えたが、もはやこの流れは止めることができない激流となっていた。

芸術と科学の両立を実践する数多くの科学者や教育者たちの存在に加えて、二一世紀のアメリカにはイノベーションのために芸術が必要だと説く起業家たちの存在。二〇一〇年代の科学界、教育界、経済界のすべてがＳＴＥＭではなくＳＴＥＡＭを必要としていた。

それらの声は、アメリカの教育界に伝統的な教育アプローチである「アーツ・インテグレーション」の興隆と相まって相乗的な動向を生み出していくのである。

《注および引用文献》

★1 Office of the Press Secretary, "President Obama Launches 'Educate to Innovate' Campaign for Excellence in Science, Technology, Engineering & Math (STEM) Education." The White House, (Nov. 23 2009). https://obamawhitehouse.archives.gov/the-press-office/president-obama-launches-educate-innovate-campaign-excellence-science-technology-en

★2 標葉靖子、「オバマ政権以降におけるアメリカSTEM教育関連予算の変化」（科学技術コミュニケーション第23号）、北海道大学、二〇一八年、26頁。　オバマ政権におけるSTEM教育戦略の詳細は当記事を参考。

★3 Heather B. Gonzalez, Jeffrey J. Kuenzi, Science, Technology, Engineering and Mathematics (STEM) Education : A Primer (Congressional Research Service, August 1, 2012).

★4 Florida Alliance for Arts Education, "Florida Legislative Platform for Arts & Culture," faae.org (2012). https://faae.org/wp-content/uploads/2021/01/2012_final_legislative_arts_and_culture_platform.pdf

★5 Fareed Zakaria, "Opinion : Why America's obsession with STEM education is dangerous," The Washington Post (Web) (Mar. 26, 2015). https://www.washingtonpost.com/opinions/why-stem-wont-make-us-successful/2015/03/26/5f4604f2-

d2a5-11e4-ab77-9646eea6a4c7_story.html

★6 ウォルター・アイザックソン、訳／井口耕二、『スティーブ・ジョブズⅡ』、講談社、二〇一一年、320頁。

★7 ウォルター・アイザックソン、訳／井口耕二、『スティーブ・ジョブズⅡ』、367頁。

★8 Robert Root-Bernstein et al., "The Arts Foster Scientific Success," Journal of Psychology of Science and Technology Vol. 1, No. 2 (2008).

★9 Jacobus Henricus van't Hoff Jr., (G. F. Springer), Imagination in Science (Springer Berlin Heidelberg, 1967).

★10 P. H. Bucksbaum, S. J Gates Jr., "The Scientist as Artist," APS (American Physical Society) News, Vol. 29 No. 1 (2020), https://www.aps.org/publications/apsnews/202012/backpage.cfm

★11 小宮豊隆編、『寺田寅彦随筆集第1巻』、岩波文庫、一九四七年（初出「科学と文芸」一九一六年）。

★12 寅彦はX線による結晶構造の解析の研究でノーベル物理学賞（1915）が期待されたが受賞を逃している。この辺りの事情については諸説ある。高知の寺田寅彦記念館では、船便のため論文が英国に届くまで二ヶ月もかかり、当時航空便があればノーベル賞を受賞できた、との説明を受けたとのweb投稿も見られる（https://ameblo.jp/medamaisha-2/entry-12819371267.html）。一方、大阪大学大学院生命機能研究科によると、論文は遅れておらず、しかも『Nature』の掲載時期も、ノーベル賞を受賞したブラッグ父子より若干早いという。初出のアイデアを重要視する最近の評価基準を適用すれば、寅彦が受賞していても良かったのではないか、という見解を示している。（https://www.fbs.osaka-u.ac.jp/labs/skondo/saibokogaku/categories/scientific%20columns/torahiko.htm）

★13 Wilson da Silva, "Louis Pasteur: From Portrait Artist to Medical Saviour," Medium, (Dec. 1, 2019): https://medium.com/predict/louis-pasteur-an-accidental-hero-48ab60e1768e

★14 《ケベックの風景（Quebec Scene）》1930は、National Gallery of Canadaの公式サイトより図版引用。https://www.gallery.ca/collection/artist/frederick-grant-banting

★15 公益財団法人かずさDNA研究所公式サイト　https://www.kazusa.or.jp/dnafb/9/bio-2.html

★16 "Monod, Jacques Lucienm," Encyclopedia.co, May 21 2018, https://www.encyclopedia.com/people/medicine/microbiology-biographies/jacques-lucien-monod

★17 Robert Root-Bernste, "The Art of Science," CIRCE MAGAZINE : STEAM EDITION (2019): pp. 7-14.

★18 Langridge, R., Ferrin, T. E., Kuntz, I. D. and Connolly, M. "Real-Time Color Graphics in Studies of Molecular

Interactions." Science Vol. 211, No. 4483（1981）: pp. 661-666.

★19　Hicks, T. R., May, B. H., & Reay, N. K., "MgI emission in the night sky spectrum," Nature, vol. 240（Dec. 1972）: pp. 401-2.

★20　Hicks, T. R., May, B. H., & Reay, N. K., "An investigation of the motion of zodiacal dust particles-1: Radial Velocity Measurements on Fraunhofer Line Profiles," Monthly Notices of the Royal Astronomical Society, Vol. 166（2）,（Feb. 1974）: pp. 439-448.

★21　S. A. Stern, et al., "Initial results from the New Horizons exploration of 2014 MU69, a small Kuiper Belt object," Science, Vol. 364, No. 6441（2019）

★22　JAXA「はやぶさ2」拡張ミッションのサイト　2022. 8. 21 より。　https://www.hayabusa2.jaxa.jp/topics/202208_DrBrianMay/

★23　Jill Berkowicz, Ann Myers, "The Arts Are Essential," Education Week, 2014, https://www.edweek.org/teaching-learning/opinion-the-arts-are-essential/2014/02

★24　Jeffrey T. Schnapp, "Art in Schools Inspires Tomorrow's Creative Thinkers," Edutopia, January 28, 2009, https://www.edutopia.org/arts-role-creative-thinking

★25　Committee on Integrated STEM Education: Margaret Honey, Greg Pearson, and Heidi Schweingruber, ed., "STEM Integration in K-12 Education: Status, Prospects, and an Agenda for Research," National Academy of Engineering and National Research Council,（The National Academies Press 2014）.

★26　David A. Sousa, Thomas J. Pilecki, From STEM to STEAM: Using Brain-Compatible Strategies to Integrate the Arts,（Corwin 2013）.

★27　ジョン・リロイ・ヘネシー（John LeRoy Hennessy）は、コンピュータ・アーキテクチャの権威である。二〇一六年まで学長を務めた後、グーグルの親会社であるアルファベットの会長に就任した。

★28　一八三三年にイギリスで発明されたゾートロープは、網膜の残像現象を利用した科学玩具。環状の紙帯の内側に絵を描いて回転させ、コマとコマの隙間から覗くと絵が動く。

★29　Rob Elson, "Walter Isaacson: Where Art Meets Science," ICI Global, May. 19, 2016, https://www.ici.org/viewpoints/view_16_gmm_isaacson

★30 Walter Isaacson, "Why innovation needs both art and science," World Economic Forum, Oct. 21, 2014. https://www.weforum.org/agenda/2014/10/walter-isaacson-innovation-humanities-sciences/

★31 タイトルはInside Higher Ed（二〇一四年二月一八日）の記事見出しより。https://www.insidehighered.com/news/2014/02/19/professor-art-history-receives-handwritten-apology-president-obama

★32 ホワイトハウスのホームページにはその全文が掲載されている。https://obamawhitehouse.archives.gov/the-press-office/2014/01/30/remarks-president-opportunity-all-and-skills-americas-workers

★33 オバマはなぜ美術史を疑問の対象分野として選んだのだろうか。記事では、彼がコロンビア大学の卒業生であり、その学部では美術史が必修であったことを挙げている。

第2章　アーツ・インテグレーションとSTEAM

STEM＋A＝STEAMという早合点？

STEMにアーツのAを組み合わせた教育方法がSTEAMである、という認識は間違いではない。しかしSTEAM以前にそのような発想や教育原理、方法はなかったのだろうか。

プロローグで触れたように、アメリカ教育省のボニー・カーターは、STEAM教育を芸術五教科と他のSTEM教科を組み合わせたアーツ・インテグレーションの文脈に位置付けて説明している。メアリー・デレバはSTEAM教育の特徴を「芸術教育、アーツ・インテグレーション、STEM教育のそれぞれの特性を共有するもの」であるとし、STEM領域と芸術それぞれの教科内容の理解の深まりと同時に、創造性や批判的思考力など教科間を横断する能力の育成が目的であると述べた。**STEAM教育に関する二人のキーワードは、アーツ・インテグレーションである。**

STEM分野に芸術を統合するという教育方法自体は二一世紀になって突然生まれてきたものでは

ない。アメリカの教育の歴史に軸足を置いてみると、STEAMはアーツ・インテグレーションによる統合的な教育の一部を掬い取った教育方法であることがわかる。STEAM教育について語る場合は、教科の枠を超えた学際的な教育の歴史を知り、その過程で生まれてきたアーツ・インテグレーションを理解しておくことが必須だと考えられる。

STEM分野とART(S)を組み合わせた統合的な教育の歴史と、それをSTEAMと名付けた行為は分けて考えないといけない。

STEM+A=STEAMという一面的な理解は、STEAM教育を生み出した背後にある歴史を見失い、根底にある教育動向の本質を見誤ってしまうことを危惧する。

まずは、ジョン・デューイ(John Dewey)以来のアメリカの教育における教科の枠を超えた学習の歴史から、STEAM教育が生まれた背景を探ってみよう。

ジョン・デューイ(John Dewey、1859-1952)

教科の枠を超えた学習

日本では教科による縦割りの授業が学校教育の大半を占めているため、学際的なアプローチというと何か特別な実験的な授業のように思われるかもしれない。しかし、教科の枠を超えた学習は、ジョン・デューイのシカゴ大学実験学校(1896〜)やその後のウィリアム・キルパトリック(William. H. Kilpatrick)の「プロジェクト・メソッド」（1918）以来、一〇〇年以上世界中で連綿と実践されており、この半世紀間とりわけ二一世紀に入ってからは、世界中で大きな広がりをみせている。実際、芸術関連の教科に限ってみても、たとえば音楽は世界各国において他の芸術教科と統合されて久しい。アジア諸国の中で音楽が完全に独立した教科として成立しているのは、日本とマレーシアだけだ。★1

Ｉ－ＳＴＥＭ教育やＳＴＥＡＭ教育などにもつながる、教科の枠を超えた学習の先駆者デューイは次のように述べている。

「すべての学習は、一つの地球とその上で生きる一つの人生の側面から生まれる。私たちは、数学的な地球、物理的な地球、歴史的な地球など、いくつもの層に分けられた地球を持っているわけではない。…私たちは、あらゆる側面が結びついた世界に生きている。…すべての学習は、一つの大きな共通の世界における関係から生まれる。子どもがこの共通の世界と多様に、しかし具体的で積極的な関係の中で生きていれば、彼の学習は自然に統一される。…学校を生活に関連づければ、すべての学習は必然的に関連づけられる」★2

「すべての学習は、一つの大きな共通の世界における関係から生まれる」

この言葉はデューイの学習観をよく表している。この世界の様々な事象を数学や物理、美術や歴史など教科ごとにバラバラに学ぶのではなく、すべての学習を関連づけることが重要だという。

教科の枠を超えた学習はアメリカでは一般に「カリキュラム統合」(curriculum integration)と呼ばれ、ビーン(J. A. Beane)によれば、カリキュラム統合の動向は一九八〇年代に入ってから顕著になっている。[★3]

カリキュラム統合には多様な研究や実践があり、それを分類する視点もさまざまである。たとえば、ブラジー(Edward N. Brazee)とカペルーチ(Jody Capelluti)は、その多様さを下図のように直線上に整理している。[★4] この図は[★5]左端が教科ごとに編成された伝統的なカリキュラムであり、右に行くほど統合の度合いが強いカリキュラムである。

日本の学校教育には「総合的な学習の時間」という科目があり、学習指導要領の英訳版ではこれを、the Period for Integrated Studiesと訳している。総合はIntegratedと訳されているが、ブラジーらの分布図によれば表の左から三番目に位置し、カリキュラム統合の一形態に過ぎないことがわかる。

一方、ゴードン・ヴァーズ(Gordon F. Vars)は、カリキュラム統合を、一つの共通のテーマに対していろんな教科から探究の内容と方法が適用されるようなカリキュラムと、生徒の関心や生活中心のコア・カリキュラムに大別している。前者はブラジーとカペルーチの分類と対照すると、左から二番目のMultidisciplinary/Interdisciplinary Curriculumに相当する。

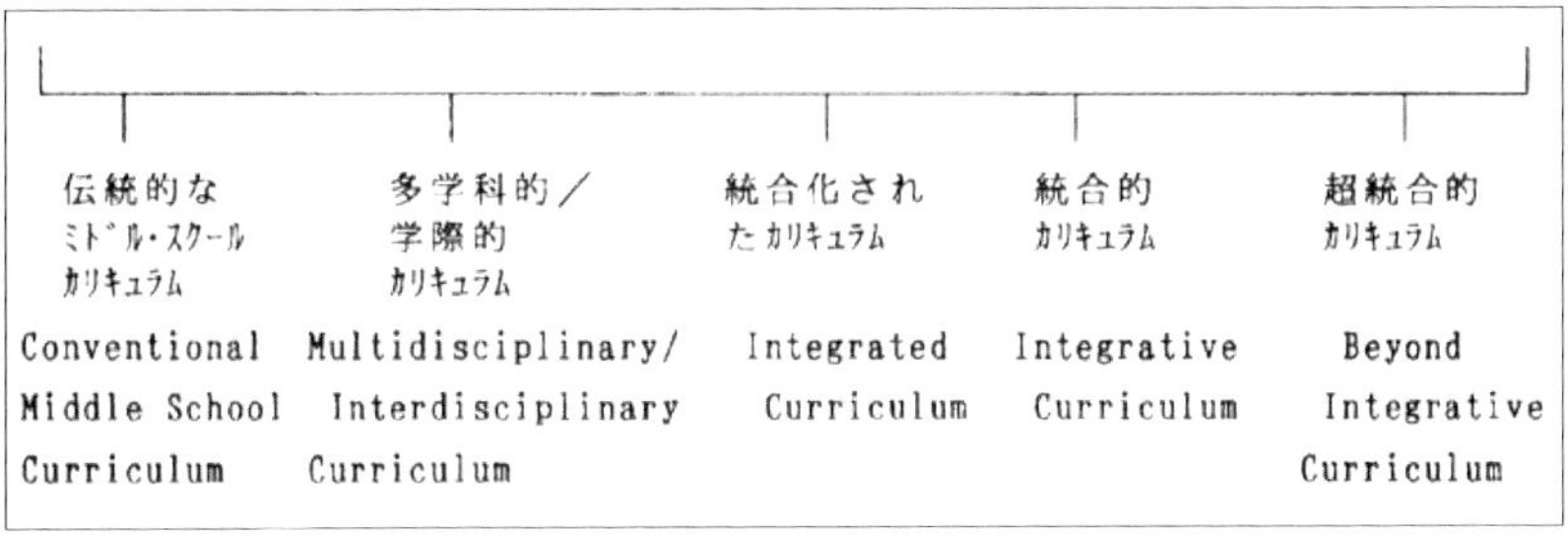

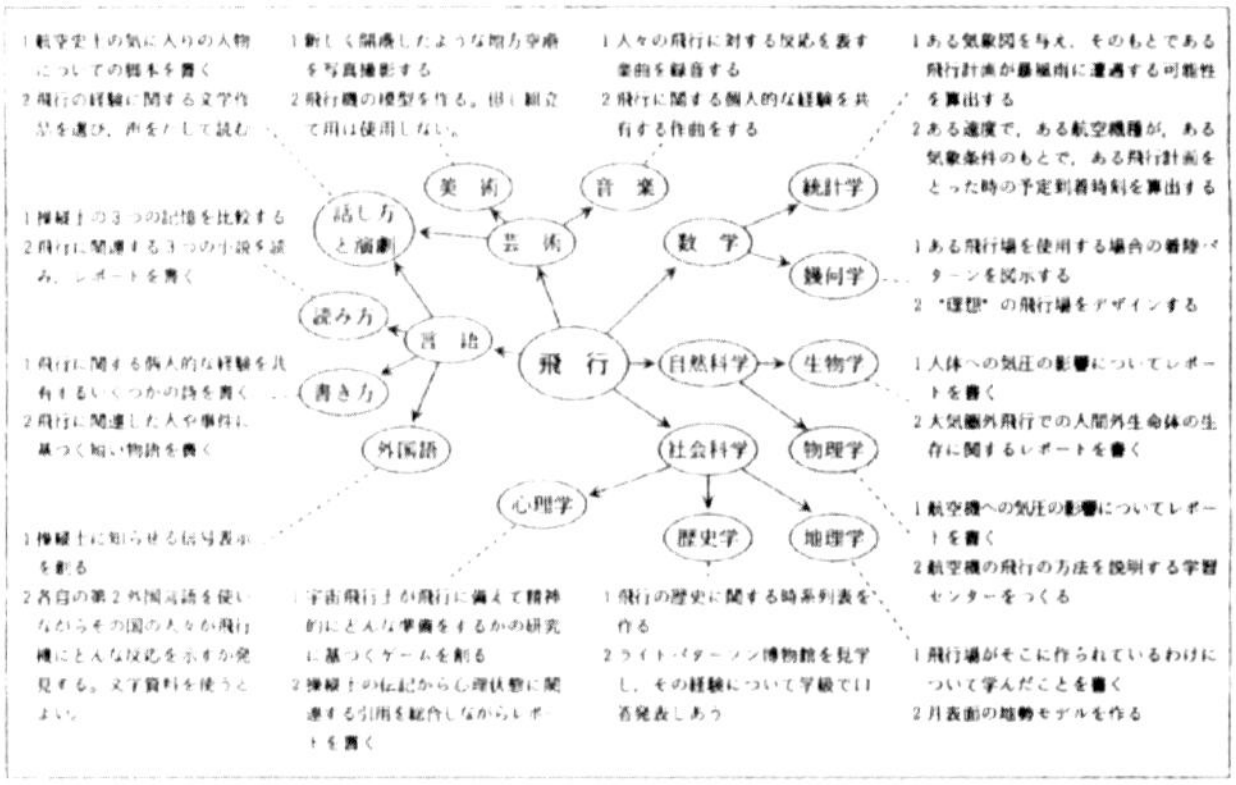

「飛行」をめぐる学際的単元系統図　参考 Webbing Aids Interdisciplinary Planning, The Core Teacher. Vol.31. No.2 (Spring,1981). p.5

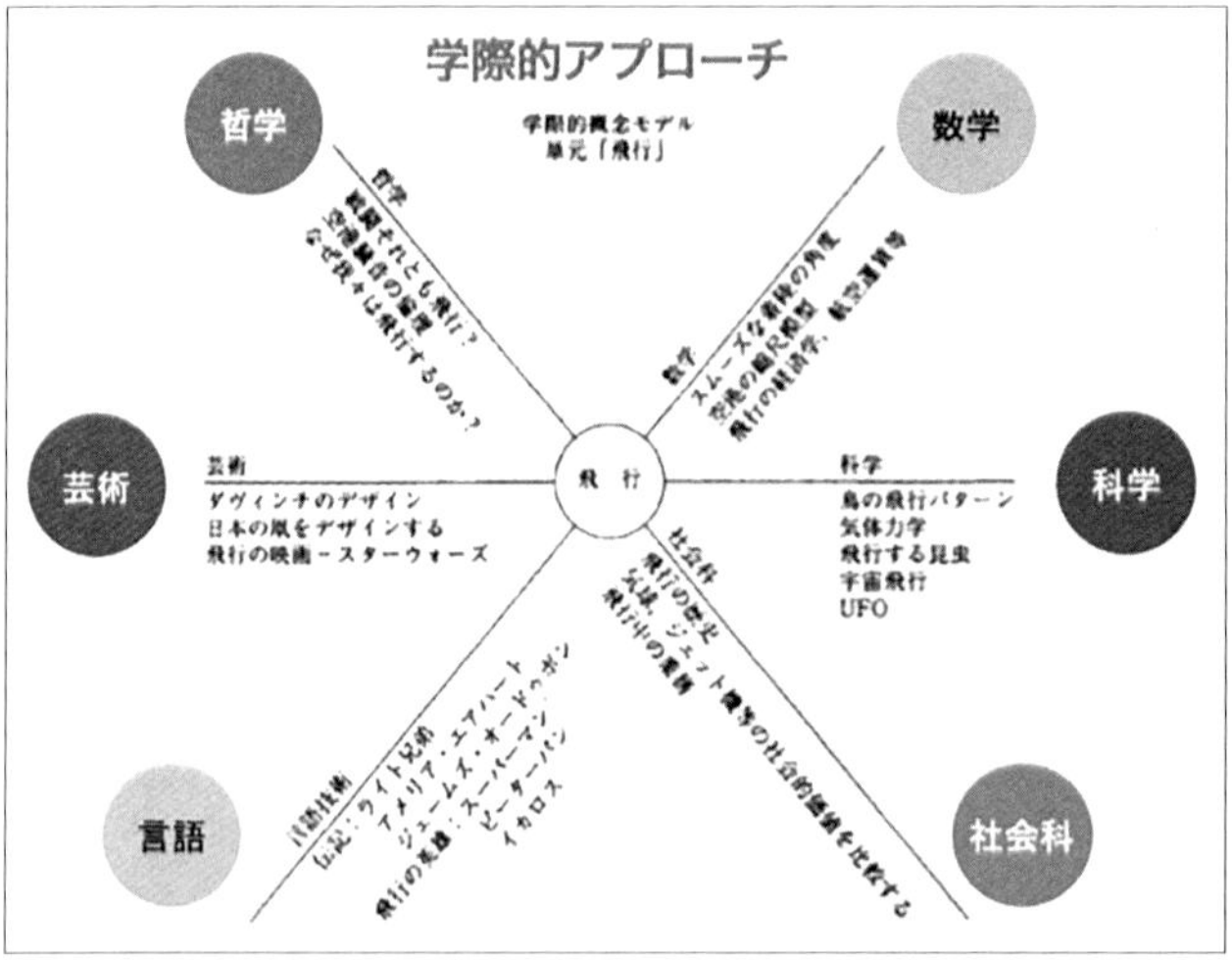

《実践事例》学際的アプローチの事例

前ページの図は学際的アプローチによる教科の枠を超えた学習の具体例である。これは「飛行」というテーマのもとに、美術や数学などさまざまな教科の内容をどのように関わらせて指導するかの構想図である。このようにクモが糸を張っていくようにアイデアを図式化して構想を練る手法をウェビング[★6]という。ウェビングをまとめた芸術、数学、科学、社会科、言語、哲学の各教科の枠を超えた学際的な教育モデルが構想された。

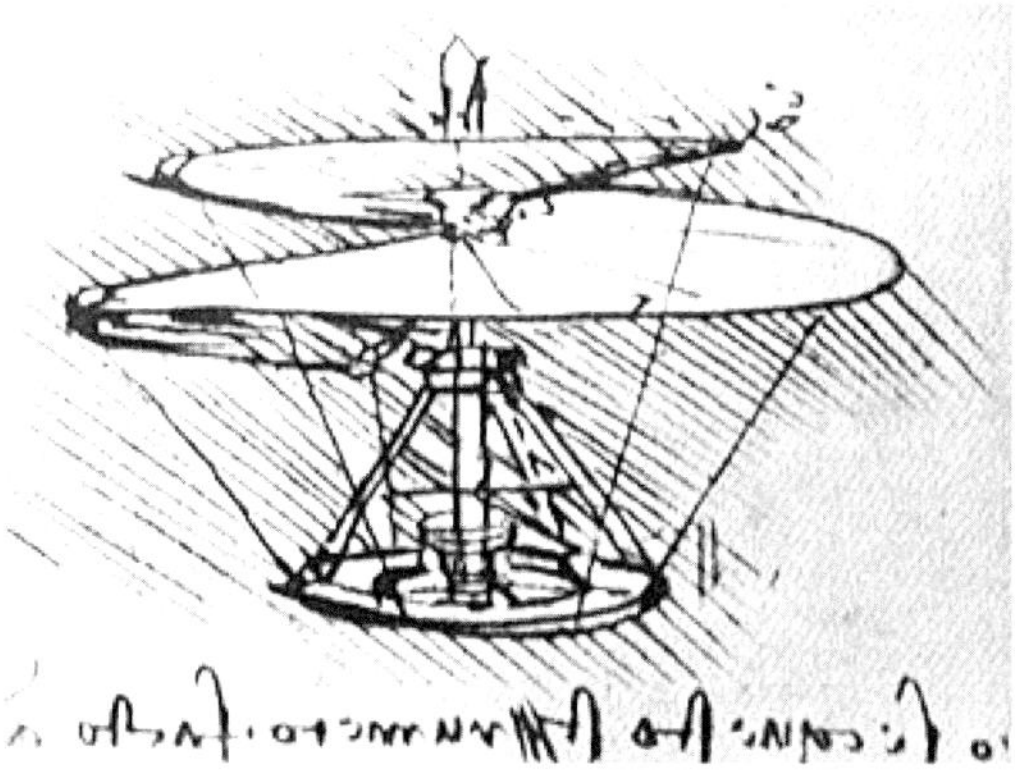

この授業では、まず美術の学習としてレオナルド・ダ・ヴィンチのスケッチの鑑賞をおこなう。上の図はフランス学士院図書館が所蔵する「飛行機械のプロペラ」のスケッチだ。五世紀半近く前に描かれた奇妙な形の物体は、長年ほんとうに飛ぶのかと疑問を持たれていたが、現代の生徒ならこう答えるだろう。「これ、ドローンのご先祖じゃない？」実際、二〇二二年には「レオナルドのデザインに基づいたドローンが飛行に成功」とのニュースが飛び込んできた[★7]。

授業はレオナルドの科学者としての側面の学習として進められるが、五世紀半を経てようやく実現したレオナルドの夢を知ることから、人類の「飛行」への願望というテーマを生徒は共有し、学習への関心が呼び起こされるのである。

国語の時間にはライト兄弟やアメリア・エアハートの伝記を読み、生物や物理等の科学では人体や機体に対する気圧の影響について学ぶ。数学や理科でも「飛行」に関する学習は可能だが、すべての領域を網羅するのではなく、学際的な領域を選択してカリキュラムとして作り上げることになる。

学際的アプローチの広がり

それ以来の今日に至る半世紀間とりわけ二一世紀に入ってからは、世界中の多くの国で教科の枠を超えた学習への関心が高まっている。その大きな理由は二つある。一つは大学における学問、研究の在り方が学際的になっていることだ。教科教育の原理は学問としての基礎的な内容を小学校から高等学校まで系統化するところにある。その拠り所である学問そのものが学際的、総合的になっているのだ。国語、数学などの教科ごとの学習の限界を、意識せざるをえなくなっているのである。

理由のもう一つは、現代社会の変化である。情報化や国際化、多様性と不確実性に満ちた現代社会。このような変化の激しい社会で直面する課題に対して求められる資質能力（思考力・判断力・表現力）を育成することは、教科の内容を学ぶだけでは十分ではない。課題そのものが学際的であり総合的だからである。

つまり目的は単に有能なイノベーターや労働者を育成するためだけではない。激動する社会を豊かに生きるための現代市民の基本的な素養として、こうした資質能力の育成は必須だからである。

こうして教科の枠を超えた学習は今日、ＳＴＥＭ教育やＳＴＥＡＭ教育なども含めて世界的に大きな広がりをみせている。そしてその源流はアーツ・インテグレーションにある。

アメリカにおける教科の枠を超えた学習の大きな流れの一つがアーツ・インテグレーションだ。先述したようにデューイの経験主義的教育哲学とキルパトリックのプロジェクト・メソッド、そして全米教育協会（ＮＥＡ：National Education Association）の「中等教育の基本原則」による統合カリキュラムの推奨（教科内容ではなく、特定のテーマについて複数の教科を通して学習する原則）等の動向によって教科統合教育の土台が築かれた。

そして芸術を中心に据えたデューイの芸術教育哲学を著した『経験としての芸術（Art as Experience）』[★8]の登場によってその基盤が築かれたといえる。

デューイが『経験としての芸術』で開示した芸術哲学は、芸術とは他の言語では言い表せない言語であり、芸術を通じてでなければ不完全で意味を制限されるものの意味を明確にするものであるとし、また、教育の焦点を教科にではなく生活に当て、経験とりわけ芸術の経験を通して主体的に知識を構成する問題解決型学習の手法を導いた。これが今に続くアーツ・インテグレーションのルーツであると考えられている。

アーツ・インテグレーションの定義

アーツ・インテグレーションを実施する場合、個人的な研究であっても、または学校全体の重要な取り組みであっても、学校の教師全体や教育委員会、地域や生徒の家族に対して理解を求める必要がある。その際問われるのは、「何か」と「なぜ」の次の二つの質問だろう。

①アーツ・インテグレーションとは何か？

②なぜアーツ・インテグレーションが、現在の教科教育のアプローチより優れているのか。

①の「何か」については定義と具体例を示して答える必要がある。

アーツ・インテグレーションとは「何か」の具体例は次の第3章で取り上げるとして、まずその定義として最も広く知られているケネディ・センターが作成した包括的な定義を紹介しよう。

ケネディ・センター教育部門のシニア・プログラム・コンサルタントのリン・B・シルバースタイン(Lynne B. Silverstein)と、CETA(Changing Education Through the Arts)プログラムコーチのショーン・レイン（Sean Layne）は、次のように定義を説明している。

「アーツ・インテグレーションとは、生徒が芸術形式を通して理解を構築し、表現する教授法です。生徒は芸術形式と別の分野を結びつけ、双方の目標を達成する創造的なプロセスに取り組みます」★9

「理解を構築し」というのは社会的構築（構成）主義でいう構築、つまり学習者による意味の生成を指している。発達心理学者ジャン・ピアジェ（Jean Piaget）は、知識は外部から得られるのではなく、内面から再構築するものであると考えた。レフ・ヴィゴツキー（Lev S. Vygotsky）は、学習は本質的に社会的な活動であると述べた。これらの教育哲学者、心理学者の思想がアーツ・インテグレーションの基盤を築いたとシルバースタインらは見做している。

定義を「双方の学習目標を達成する」と結んでいる箇所が重要な点である。このあとに再度「アーツ・インテグレーションでは、芸術形式と他の主題領域の両方で目的が達成されることが必要です」とも書いているように、芸術を単なる手段として位置付けるのではなく、芸術自体の教育目標も達成されるような学習方略が必要であるとのメッセージに留意しておきたい。

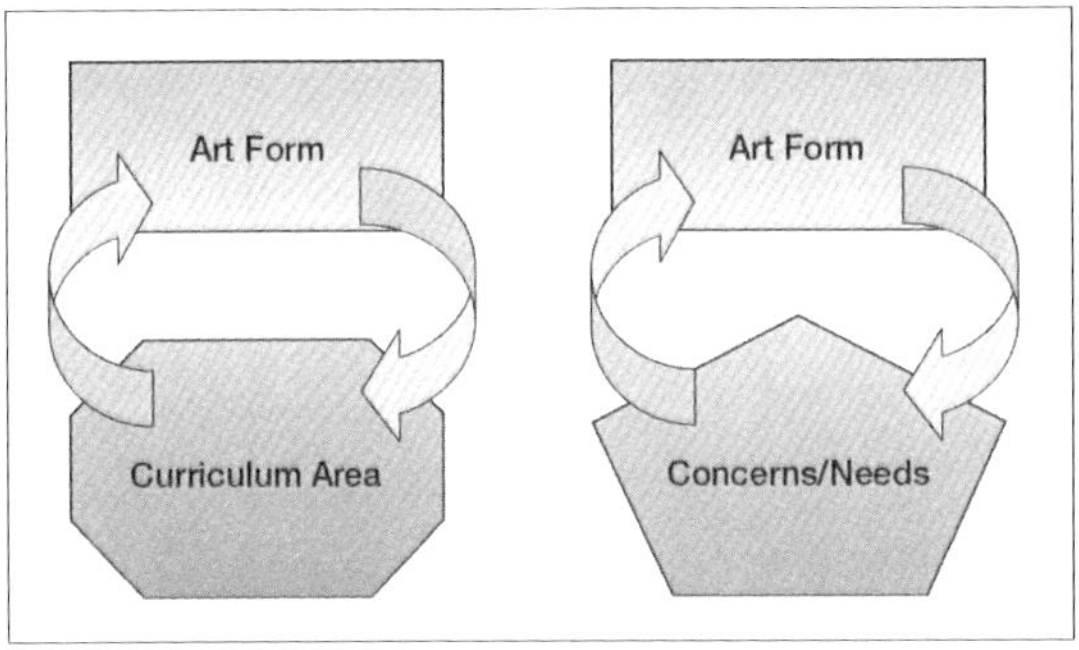

なお、ここでいう芸術形式とはK-12の学校教育における芸術教科（ビジュアルアート、メディアアート、ダンス、演劇、音楽）のあらゆる分野であり、またそれらの創作活動の成果物を指す。従来は学習の成果をリポートやテストで伝えるよう求められてきた。しかしアーツ・インテグレーションの場合、生徒の学びはダンスや絵画、演劇などの活動や作品を通して、視覚的、直接的、具体的に推進されることが特徴である。

芸術と芸術以外の主題分野とのつながりについて、シルバースタインとレインは次のように説明している。

「アーツ・インテグレーションの特徴的な側面は、学際的なつながりである。特定の芸術形式と特定の教科領域との間につながりが生まれる。たとえば、コラージュを地理的な地域の学習に結びつけたり、ダンスの振り付けをライフサイクルの学習に結びつけたりすることができる。

しかし、アーツ・インテグレーションは芸術と教科との統合だけを意味するものではない。芸術と教科のカリキュラムの外にある学校の懸念事項や地域・社会の課題との間に結びつきを持たせることもできる。たとえば、人種差別やいじめ問題等の懸念事項や、環境問題、ＳＤＧｓ、心の習慣、多重知能といった現代的な課題と関連づけることができる」。

つまり、芸術は他の教科と統合されるだけでなく、教科学習の外にある（と一般に考えられている）現代的な課題とも結びつけることができる、ということだ。その際に重要なことは、芸術と二つのつながり、すなわちカリキュラムもしくは懸念事項や課題とのつながりは、相互に強化し合うものであるとき、最も強いものとなる、という指摘である。

言い換えれば、一方の教科の学習に取り組むことで、もう一方の教科の学習が強化・拡張され、その逆もまたしかりである。つながりは相互に強化しあい、サイクルとして機能するのである

《実践事例》アーツ・インテグレーションの授業

その例として挙げられている実践事例を紹介しよう。学習のテーマはネイティブ・アメリカンの強制移住問題である。

アメリカ大陸の先住民をミシシッピ川以西の辺境地帯の居留地に移住させることを定めた「先住民強制移住法」が一八三〇年に成立し、これによってネイティブ・アメリカンのオクラホマ州を中心とした居留地への移住が強制的かつ合法的にすすめられた。しかし過酷な移住の途中に病気や事故で倒れる者が多く、特にチェロキー族の強制移動では部族の1/3が途上で犠牲となった。これが「涙の道」（Trail of Tears）として今も語られている象徴的な出来事である。

生徒たちはこの「涙の道」の決定的瞬間を描いたタブロー[★10]（この場合は活人画、すなわちある背景の前で扮装した人々がポーズを取り、歴史的な場面などを再現したものを意味する）を作ることに挑戦する。芸術（演劇と美術）と社会科のアーツ・インテグレーションの授業が行われた。

社会科の学習を通して生徒たちは、合衆国政府がネイティブ・アメリカンを強制的に移住させた原因を突き止め、その移住がネイティブ・アメリカンに与えた影響を判断しなければならない。その後、生徒たちは自分たちの理解を要約して表にまとめる。次にタブローを制作する段階で、ステージの構成やキャラクター、アクション、関係性、表現等を考える。生徒は社会科のカリキュラムに戻って最も重要な情報を判断しなければならない。

タブローができあがると、生徒はタブローで話す短いセリフを作る。ここでも生徒は社会科の内容に立ち戻り、そこでの知識や考えたことを統合しセリフを作ることになる。

このようにサイクルをローテーションするたびに、芸術と社会科の両方での生徒の学習が強化され、深まっていく。彼らが「涙の道」について学べば学ぶほどタブローは発展し、タブローが発展すればするほど、歴史に対する理解が深まる。

「涙の道」という題材を通して、生徒たちは人種問題や多様性などの現代のアメリカ社会が抱える課題に向き合っていることに気づく。タブローを作るという芸術活動を通して、生徒たちは芸術と社会科の学習をするとともに、現代社会の課題について考える体験をしたのだ。

ケネディ・センターについて

②の「なぜ」について説明する前に、ケネディ・センターについて簡単に説明しておく必要があるだろう。ケネディ・センターというのは、正式名称のジョン・F・ケネディ舞台芸術センター（The John F. Kennedy Center for the Performing Arts）が示すように、舞台芸術を主とする総合文化施設である。一九七一年に落成され一般公開されたが、そのルーツは一九五八年の国立文化センター法に遡る。この超党派の法案に署名したドワイト・D・アイゼンハワー大統領の後を継いだジョン・F・ケネディ大統領が凶弾に倒れたこともあり、生涯にわたって芸術を愛好し擁護した彼の功績を称え、その名前が冠されることになった。

ケネディ・センターは「私たちは、好奇心を刺激し、共感を築き、市民の芸術性を勇気づける方法で、質の高い芸術教育を通じてすべての学習者を魅了し、向上させるよう努めています」とそのミッションを掲げている。ケネディ・センターの施設としての事業は音楽や舞台芸術が主ではあるが、教育に関してはすべての芸術教育へのサポートを行なっている。公式サイトには美術をはじめ音楽や演劇、文学の学校での授業向けの「芸術中心のリソース」が数多く紹介されている。このリソースには、日本の学校の授業で使われている学習指導案をより詳しくしたレッスン・プランが多く含まれている。芸術中心という言葉の意味は、単に芸術を学ぶだけでなく、芸術を通して他の分野の理解を促す学習ということである。

映画《ウエスト・サイド・ストーリー》（2021）で第九四回アカデミー助演女優賞を受賞したアリアナ・デボーズ（Ariana DeBose）は、ケネディ・センターの公式サイトで全米の美術教師に向けてメッセージを寄せている。『美術の先生に感謝します』と題されたメッセージ動画[★11]では、「芸術は世界を違った見方で見るのに役立ちます。美術教師は世界をより良い場所にするよう私たちにインスピレーションを与えます。美術教師は存在価値を認められないことが多いのですが、その影響は絶大です」と自身の経験をもとにしたメッセージを送っている。

ケネディセンターのサイトより図版引用　©Kennedy Center

なぜアーツ・インテグレーションは優れているのか

では、なぜアーツ・インテグレーションが優れているのか。現在の教科教育のアプローチより優れているのはどのようなところなのだろうか。

ケネディセンターがさまざまな研究成果を根拠に第一に主張しているのは、アーツ・インテグレーションは学習への生徒の動機づけや生徒の関わり合い、積極的にかつ一貫して学習する粘り強さ

の増加と結びついていることである。[★12]

そもそも芸術の学習は、それ自体が体験型で主体的であり、生徒は身体と精神の両方を用いて内容と材料との相互作用を求められる。このような学習方法は、理解を得たり自分の知識や考えを表現したりするためのさまざまな方法を生徒に提供することで、生徒を引きつける。さらに芸術は、経済的に恵まれないバックグラウンドを持つ生徒や、学習意欲の低い生徒、学習障害のある生徒など、従来の教育方法では通常到達できない生徒を引き込むこともできる。実際、芸術活動に頻繁に参加する子どもたちは、あまり参加しない子どもたちよりも自分自身の学習に達成感を持っている。

リンダ・クロフォード（Linda Crawford）は、アーツ・インテグレーションが優れている理由として、次の六つの理由を挙げている。[★13]

- アートは学習内容をより身近なものにする。
- 芸術は楽しく活発な学習を促す。
- 芸術は生徒が学習内容との個人的なつながりを作り、それを表現するのに役立つ。
- 芸術は生徒が抽象的な概念を理解し、それを表現するのに役立つ。
- 芸術はより高度な思考を刺激する。
- 芸術はコミュニティを構築し、子どもたちが共同で作業をするスキルを身につけるのに役立つ。

リチャード・ディーシー（Richard J. Deasy）とローレン・M・スティーブンソン（Lauren M. Stevenson）はその著書『サードスペース』[★14]の中で、生徒に対する芸術の影響について、経済的に恵まれないコミュニティの子どもたちに焦点を当て、実際に起こった大きな変化の魅力的な物語を伝えている。貧困であり、英語学習の必要性があり、学習上の困難を克服するという課題に直面している子どもたちが成長し成功する、そして教師たちも教えることに新たな喜びと満足感を見つけるという物語だ。彼らは芸術を統合した学習の成果を次のように結論づけている。

・生徒を自分にとって重要な本物の学習につなげる。
・すべての生徒に成功する機会を提供する。
・自己効力感を育む。
・学習に対する内発的動機を高める。
・学習を新しい状況や経験に適用する生徒の能力を開発する。

芸術教育の三分類

アーツ・インテグレーションは長い歴史の中でさまざまな考え方や実践が繰り広げられたが、一九九二年、その歴史はメリル・ゴールドバーグ（Merryl Goldberg）の著書『アーツ・インテグレーション』によって体系的に整えられた。カリフォルニア州立大学サンマルコス校芸術学部の教授であるゴールドバーグは、アメリカの学校教育における芸術の役割は広範囲にわたっており、生徒や教師にとって大きな可能性を秘めていると考え、さらには芸術は指導と学習の基本であると見做している。彼女はアメリカの芸術教育を、「テクストとしてのアート(art as text)」、「芸術科教育(arts education)」、そして「アーツ・インテグレーション(arts integration)」の三つの主要な方法に分類している。

ゴールドバーグはアーツ・インテグレーションを指導と学習のためのツールと捉え、芸術をベースにした学習方略を取り入れることによって、芸術の学習を他の科目と統合する学習のプロセスに焦点を当てている。生徒を芸術の学習プロセスに注目させることで数学や科学など芸術以外の分野の学習に参加させることがアーツ・インテグレーションの特色であるとしている。

「アーツ・インテグレーションにおいて、芸術は指導と学習のツールである。しかし同時に、アーツ・インテグレーションは芸術を指導することでもある」★15

これがアーツ・インテグレーションの重要なポイントである。芸術は他教科の学習のための単なるツールではないということだ。またアーツ・インテグレーションは芸術の活動を通して学ぶこと(learning through the arts)から芸術で学ぶこと(learning with the arts)まで、また、制作から鑑賞・批評まで、さまざまな形式で行われると強調している。

芸術の活動を通して学ぶということは、芸術の活動に積極的に参加し、その芸術を通じて学習のコンセプトをより深く学ぶことを意味する。たとえば、蝶を理解するために蝶の変態を演じることや歴史上の人物を理解するためにその人物に成り切って簡単な劇を演じてみることなどである。生徒は演劇の初歩を学びつつ、生物学や歴史の基礎も学んでいる。

芸術で学ぶということは、芸術を鑑賞したり、芸術を制作したりして、他の分野の内容につながりを作ったりすることだ。芸術の活動を行うことが強い目的であるが、その学習が他の分野にも波及する場合がある。たとえば、平行線と垂直線について生徒に教える場合、強い線と大胆な色で描かれたピエト・モンドリアン（Piet Mondrian）の作品を生徒に鑑賞させる。美術作品として鑑賞する授業を行ううちに、生徒たちは平行線と垂直線の意味を考えることに関心を持ち、自然に数学の学習目的に導くことができる。芸術で学ぶ形式の場合は、芸術を通して学ぶ形式よりもさらに芸術そのものを専門的に学ぶ傾向が強い。

もっとも授業を観察しただけでは芸術を通して学ぶ学習なのか、あるいは芸術で学ぶ学習なのかの違いはわかりにくいだろう。しかし、学習が行われている時間が芸術の時間であれば芸術で学ぶ学習だろうし、他の教科の時間であれば芸術を通して学ぶ学習だろうと見当はつく。また、日本では想像しにくいが、アメリカでは地域の財政によっては体育や音楽、美術の教師がいない学校がたくさんある。そうした学校でも芸術を通して学ぶ形式のアーツ・インテグレーションなら可能ということだ。

また、アーツ・インテグレーションは、多くの州のVAPA（Visual and Performing Arts）スタンダードでは、「分野の接続（connections）」や「適応・応用（applications）」、「分野を超えた関係性（relationships across disciplines）」の観点から説明されている。

ちなみにゴールドバーグの三分類のうち「テクストとしてのアート」とは、アートを人類の歴史や文化、出来事、そして感情やアイデアの記録として捉え、知識としてのアートに焦点を当てて、その独自の役割について学ぶ授業である。これは多くの州のVAPAスタンダードで「芸術的知覚」として位置付けられている。

また「芸術科教育」は、視覚芸術、音楽、ダンス、演劇などの芸術分野での学習を指している。教科として芸術を学ぶもので、生徒は特定の芸術に関する知識とスキルを学ぶ。日本の学校では美術や音楽といった芸術教科があるが、それらの教科の役割がこれに相当すると思えば良いだろう。

ケネディ・センターも芸術教育を三分類している。しかし、その分類法はメリル・ゴールドバーグとは少し違っているようだ。教育省から受託して「芸術を組み込んだ教育の全国プログラム（Arts in Education National Program）」を推進しているケネディ・センターは、アーツ・インテグレーションの性質に関する議論を通して、アメリカの芸術教育をカリキュラムの観点から三つのバリエーションで整理しており（上図）、アーツ・インテグレーションもその一つとして位置付けられている。

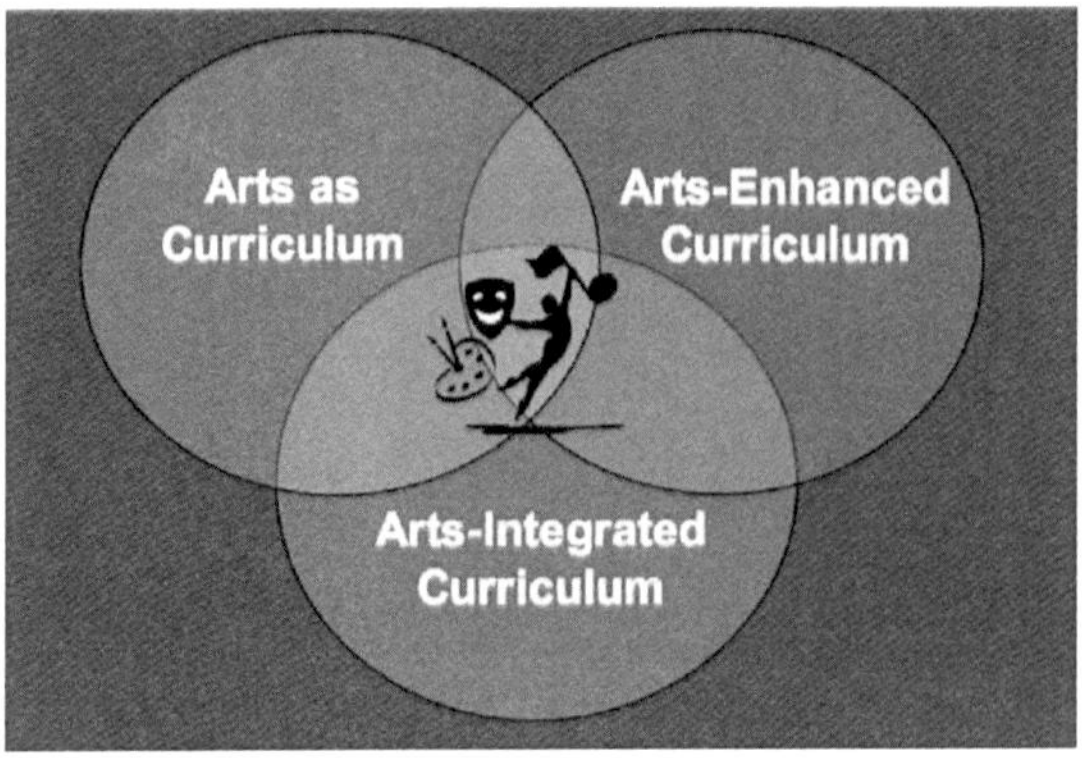

ケネディセンターのサイトより図版引用 ©Kennedy Center

・カリキュラムとしての芸術
・芸術を強化したカリキュラム
・芸術を統合したカリキュラム
「カリキュラムとしての芸術」は音楽や美術、演劇やダンスなど特定の芸術形式に関する知識とスキルを学ぶもので、ゴールドバーグの「芸術科教育」と似たような概念と考えられる。たとえば、視覚芸術では、学生は平面や立体の作品の内容や制作手順、技法などを学ぶ。また彼らは、歴史の中で視覚芸術がどのように発展し、変化したかを学び、さまざまなメディアで作成された作品の作成と分析を行う。日本の学校教育でいうと美術史の学習がこれに相当するだろう。

「芸術を強化したカリキュラム」は、芸術が他の教科領域をサポートする手段または戦略として使用されている教授法である。たとえば、アルファベットの文字と順序を覚える手段として「ＡＢＣの歌」を歌うなど、別の目的のための手段として芸術を用いる場合である。歌を歌うといっても、メロディーや曲の構造について学習したり、歌唱スキルを学ぶわけではない。

そしてアーツ・インテグレーションは「芸術を統合したカリキュラム」として位置付けられている。芸術が教育へのアプローチとなり、学習の手段となる。生徒は芸術形式と別の主題領域の間のつながりを探求し、両方についてより深い理解を得るという創造的なプロセスに取り組み、二重の学習目標を達成することができる。

たとえば、蔡國強[★16]の作品を題材として、最初に「アートって何？」と大きな質問をする。夜空をキャンバスにして花火を使って作品を描く蔡國強の作品は絵画や彫刻とは違う。これはどのようなアートなのか、なぜアートなのかを考える。そして花火を作成する際の科学や工学、計画さらには彼の芸術的な思想を調べて学習する。そして、イベント用に花火を応用したオリジナルのアートを作成する。[★17]このような授業は、単に「花火アート」を工夫して作るだけの工作の授業とは一線を画している。

《注および引用文献》

★1　奥忍、頼美鈴、宮本賢二朗、井上朋子、「芸術関連諸教科の統合的アプローチの検討」（『音楽教育学』第42－2）、日本音楽教育学会、二〇一二年、52－56頁。

★2　John Dewey, The Child and the Curriculum（Cosimo Classics; Illustrated edition, 2008, 初版は1902）, p. 91.

★3　James A. Beane, Curriculum Integration：Designing The Core of Democratic Education（Teachers College Press, 1997）, pp. 33-34.

★4　Edward N. Brazee , Jody Capelluti, Dissolving Boudaries: Toward an Integrative Curriculum（Natl National Middle School Association, 1995）, pp. 28-29.

★5　図は、高浦勝義、「カリキュラム統合に向けた理論と実践の多様な展開」（『諸外国の「総合的学習」に関する研究』）、国立教育政策研究所、二〇〇一年、15頁より。

★6　ウェビングは元々は一九七〇年代にイギリスのインフォーマル教育がアメリカに導入されたときに開発された手法である。なお図は高浦勝義『諸外国の「総合的学習」に関する研究』、19頁より。

★7　Stephen Shankland, “This drone flies using da Vinci's 530-year-old helicopter design.” CNET, Jan. 31, 2022, https://www.cnet.com/science/this-drone-flies-using-da-vincis-530-year-old-helicopter-design/

★8　ジョン・デューイ／鈴木康司（訳）、『経験としての芸術』、春秋社、一九五二年、59頁。(John Dewey, Art as Experience, 1934)

★9　Lynne B. Silverstein, Sean Layne, “What is Arts Integration?,” The John F. Kennedy Center for the Performing Arts（2010）：https://artsintegrationframework.org/wp-content/uploads/2018/03/AIdefinitionhandout.pdf

★10　ここでいうタブローは日本ではあまり馴染みがない。ジャン＝リュック・ゴダール監督の『パッション』（1982）で、レンブラントの《夜警》などの名作絵画を扮装した人物で再現する場面があるので、ご覧いただければ理解が深まると思う。

★11　閲覧はhttps://www.kennedy-center.org/education/thank-an-arts-teacher/overview/

★12　Amy Duma, “A View into a Decade of Arts Integration,” Journal for Learning through the Arts, 10（1），（2014）：p. 5, https://files.eric.ed.gov/fulltext/EJ1050588.pdf

★13 Linda Crawford. Lively Learning: Using the Arts to Teach the K-8 Curriculum（Center for Responsive Schools Inc. 2004）. 引用はchapter1 "Accessible and Alive：Six Good Reasons for Using the Arts to Teach Curriculum," pp. 5-14. より。

★14 Lauren M. Stevenson. Richard J. Deasy. Third Space：When Learning Matters（Arts Education Partnership. 2005）.

★15 Merryl Goldberg. Arts Integration: Teaching Subject Matter through the Arts in Multicultural Settings(Routledge, 1992), p. 9.　なお本書では二〇一七年の第五版から翻訳引用している。

★16 蔡國強は火薬の爆発による絵画制作やパフォーマンスで知られる現代アーティストである。福島県いわきとの繋がりが深く、たびたび来日してはパフォーマンスを行っている。詳細は川内有緒『空をゆく巨人』（集英社二〇一八）参照。

★17 Theresa Sotto. "Fireworks and Performance Art How is a firework show planned using science, technology, and art?," The Kennedy Center. Jan. 27. 2023. https://docs.google.com/document/d/1dijz5ook1VTyaGAiOxauzOiVQedG2O7o-l_mAATVLY0/edit

第3章　アーツ・インテグレーションの歴史

アーツ・インテグレーションの三つの画期

統合カリキュラムの考え方は、他の社会的進歩主義教育運動と並行して時折繰り返されてきた。そして、カリキュラムは統合されるべきであるという考え方は、近年、教育者の間で再び人気を集めている。★1

美術教育学者のアーサー・エフランド（Arthur D. Efland）やパメラ・グロスマン（Pamela L. Grossman）らが指摘したように、このアプローチはホリスティック（全体的）な教育である。つまり教科教育による学びの分離や知識の断片化ではなく、学びの統合と認知的向上を促進するものである。★2 さらに、マイケル・パーソンズ（Michael J. Parsons）が主張しているように、最近の社会変化、現代アート界の変化、生活のペースの高速化、テクノロジーとビジュアルコミュニケーションの大幅な成長により、さまざまな情報源からのより多くの視覚情報とその批評が必要とされている。★3 これらの観点から、近年、統合カリキュラムは理にかなっていると考えられているが、芸術を他教科に統合するという考えはSTEAMを理解する上でも欠かせないものだから、ここではまずその歴史を辿ってみることにしよう。

サンドラ・M・ラフリン（Sandra M. Loughlin）とアリダ・アンダーソン（Alida Anderson）は、アメリカにおけるアーツ・インテグレーションの研究と実践の歴史を、アーツ・インテグレーションのルーツ（Historical Roots：1930s-1980s）、これまでのアーツ・インテグレーション（Arts Integration Yesterday：1990s-mid2000s）、現代のアーツ・インテグレーション（Arts Integration Today：mid2000s-now）の三つの画期によって示している。[★4] ひじょうにわかりやすい分析なので、本書ではこの三つの画期に依拠して、アーツ・インテグレーションとSTEAMの関連を振り返ってみよう。

アーツ・インテグレーションのルーツ（一九三〇年代から一九八〇年代）

1　経験としての芸術

アーツ・インテグレーションつまり芸術教育を他の分野の教育に統合するという考え方は、アメリカにおけるカリキュラム改革の動きと密接に関連している。二〇世紀初頭、学校のカリキュラムを一連の異なる教科領域として構成する動向は持続的であったが、同時に、一貫して改革の検討が加えら

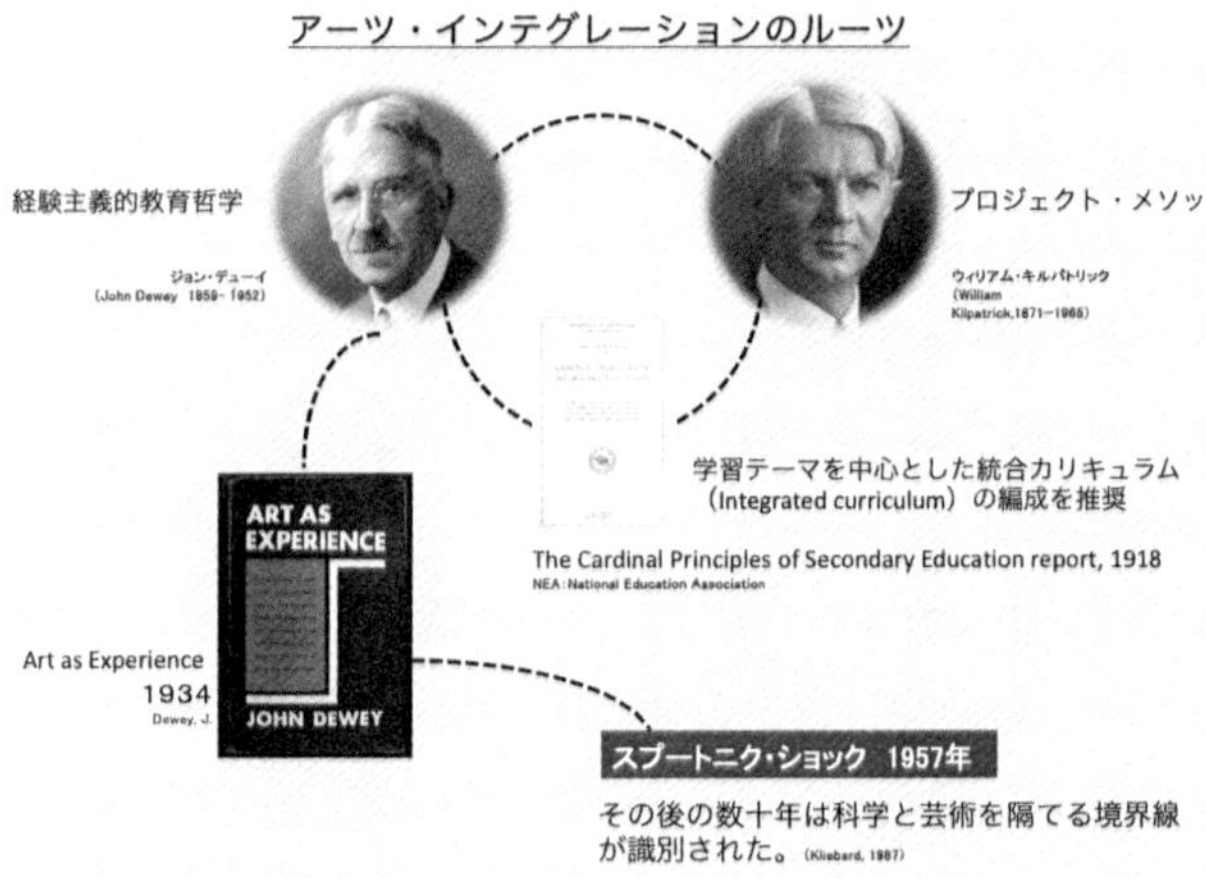

れていた。教育学者ジョン・デューイが経験主義的教育哲学を提唱し、同僚のウィリアム・キルパトリックが後の統合的なアプローチの先駆けとなるプロジェクト・メソッドを開発し、生徒の興味をもとに学習単元やテーマを作成することで学習の関連性を高め、有意義なものにすることを提案した。★5

同時期に公示された全米教育協会(NEA:National Education Association)による「中等教育の基本原則」★6では、クリックシャンク(Kathleen Cruikshank)によれば、「健康」や「公民教育」などの学習テーマを中心にカリキュラムの編成を示すことが推奨され、統合カリキュラムは若者が成人生活に備えるための改善された手段として宣伝されていた。★7

デューイはカリキュラム統合全般、特にアーツ・インテグレーションを公式に提唱した最初の人物の一人だろう。一九三四年の『経験としての芸術』★8を含む著作の中でデューイは、学習は総体的な経験であり、個人が世界を深く意味ある形で理解するためには複数の学問分野の知識を持つことが必要であると論じた。

芸術とは他の言語では言い表せない言語であり、芸術を通じてでなければ不完全で意味を制限されるものの意味を明確にするものであると彼は考えた。また、教育の焦点を教科にではなく生活に当て、経験とりわけ芸術の経験を通して主体的に知識を構成する問題解決型学習の手法を導いた。伝統的な学問分野の狭い恣意的な範囲ではなく、経験が学習を理解し育成するための適切な分析単位であることを示唆した。これらの観点から、デューイは、真の理解を構築するために、主題間の相互関係を強調する教育的アプローチを求め、芸術と美学は学習経験の本質的な側面を構成すると主張した。

デューイの経験主義的教育哲学とキルパトリックのプロジェクト・メソッド、そしてＮＥＡの統合カリキュラム等の動向によって教科統合教育の土台が築かれ、芸術を中心においたデューイの芸術教育哲学によりアーツ・インテグレーションの基盤が築かれたのである。

2 ハード（科学）とソフト（芸術）の対立

『経験としての芸術』が出版された直後から、デューイの理論に基づいて、芸術に特化した統合カリキュラムが展開された。たとえば、レオン・ウィンスロー（Leon L. Winslow）は一九三九年に総合的な学校教育プログラムを発表し、学習者により豊かな教育体験を提供するために、芸術とすべての科目領域を結びつけることを提案している。[★9] リオラ・ブレスラー（Liora Bresle）によると、一九三三年と一九三五年の音楽教育者全国会議年鑑（ＭＥＮＣ）には、「音楽とその他の高等学校科目の相互関係におけ

るプロジェクト」や「音楽と学問の融合」など、学問分野に芸術を吹き込むタイトルが列挙されたという。[★10]

しかし、デューイをはじめとする多くの研究者や教師が芸術教育の重要性を訴え、芸術と非芸術分野との相互関係を強調する努力をしたにもかかわらず、その後の数十年は科学と芸術を隔てる境界線があらわになった。[★11] ハード（科学）とソフト（芸術）の対立とも言われるこの分離は、一九五七年のスプートニクの打ち上げに起因すると指摘されている。

スプートニク・ショックは、アメリカに衝撃を与え、一九五八年の国防教育法を契機として社会科学と芸術を重視しない一方で、数学や科学の教育を推進する政策に繋がった。この政策は、一九七〇年代半ばからの景気後退とそれに続く「危機に立つ国家」（A Nation at Risk : 1983）でさらに強化された。「危機に立つ国家」は、アメリカは世界経済の中で競争力を失っていると主張し、理数分野の教育が重視されたが、その半面、芸術は数十年間にわたって教育の主流から取り残されてしまったのである。

このように一九五〇年代末から一九八〇年代初頭にかけては、一般教育のカリキュラムと実践の中で、芸術の地位が著しく低い時期であったと言わざるをえない。国策であった理数系教育の振興の背後で、芸術教育は停滞を余儀なくされていたのである。

レイラニ・ラティン・デューク（L. L. Duke）によれば、こうした動向と並行し、J・ポール・ゲティ財団は、芸術における包括的カリキュラムが人間の学習に含まれている時にこそ真の教育が行われるという前提の下に、アメリカにおける芸術の質と地位を向上させるために、一九八二年にゲティ芸術教育センター（Getty Center for Education in the Arts）を設立した。一般の人々や学校における芸術に対する認識を向上させるために、センターはより包括的なアプローチ、つまり芸術制作を超えたアプローチを採用する必要があると提案した。★12

3 DBAEの登場

この提案はこれまでの芸術教育への重大な批判を含んでいる。センターが採用した包括的なアプローチは、国語や数学のような芸術のための重要な場を確保することを目的とした分野別芸術教育（DBAE）★13であった。デュークが述べているように、一九四〇年代から五〇年代にかけての芸術教育は、子どもの芸術を美化し、それに至る過程よりも芸術制作の成果に焦点を当て、主に芸術を内側から特徴づけた。

これとは対照的に、DBAEは芸術作品を評価し、子どもの芸術発達と教育の基準を設定する手段として成人の芸術達成のモデルを使用し、芸術とは、芸術家が学んだ知識と戦略（芸術史や美的基準の知識を含む）を活用して、次第に洗練された芸術作品を制作する外から内へのプロセスであると見なした。

DBAEが広く受け入れられたことを、アーツ・インテグレーションの観点から捉えると、異なる芸術形態を学ぶことがいくつかの重要な類似点を持つことを示していた。たとえば、音楽を学ぶには視覚芸術と同様に批評が必要だった。同様に、ダンスや演劇を学ぶには歴史の知識が不可欠であった。

こうしてDBAEは四つの芸術分野間に四つの有意義なつながりを提供し、そこから視野を広げて、芸術と芸術以外の分野との間にどの程度有意義なつながりを持たせることができるか、また持たせるべきかを検討するための舞台を整えたのである。

一九八〇年代初頭は、一般教育のカリキュラムと実践における芸術の地位が著しく低い時期であったが、カリキュラムの統合化への努力やＤＢＡＥが広く受け入れられたこと、ハワード・ガードナー（Howard Gardner）のＭＩ理論[★14]の影響などが相まって、一九九〇年代から二〇〇〇年代初頭にかけて、アーツ・インテグレーションの研究と実践の土台が築かれた。

これまでのアーツ・インテグレーション（一九九〇年代から二〇〇〇年代中頃）

その後これまで述べてきたように、一九八〇年代から九〇年代にかけて、アメリカの鉄鋼産業や自動車産業、半導体産業などが次々と凋落し、危機感を持った全米科学財団（ＮＳＦ：National Science Foundation）は「科学、数学、工学、技術」の頭文字を取って「ＳＭＥＴ」を造語し、科学技術系教育のさらなる推進を図った。二〇〇一年以降ＳＭＥＴはＳＴＥＭに改称されたが、ＰＩＳＡやＴＩＭＳＳ等の国際学力調査の成績向上に十分寄与することができなかった。加えて、イノベーションのための創造的思考力の育成が求められ、のちにＡを加えたＳＴＥＡＭに繋がっていく、という具合に科学技術系分野から捉えたＳＴＥＭとＳＴＥＡＭの誕生の過程は概ねこのように理解されている[★15]。

しかしこれは一面的な理解である。このような時代背景においても、カリキュラムの統合化への取り組みは継続しており、興味深いことに、芸術が危機に瀕していると見なされていた一九九〇年代に、たとえば、一九九三年の音楽教育者全国会議機関誌「二一世紀の芸術教育のビジョン」では、統合は他の分野の意味を高めるものとして提唱されていた。[16] つまり、STEMやSTEAMの登場以前から、しかも理数系分野からではなく、芸術分野からのカリキュラム統合が盛んに論じられていたのである。

DBAEの普及が芸術教育への注目を集める中、一九九四年に「二〇〇〇年の目標：アメリカ教育法」（Goal 2000：Educate America Act）が成立し、芸術が初めて基礎的な学問として定められ、芸術教育のためのナショナル・スタンダードが作成されたことなどと相まって、一九九〇年代から二〇〇〇年代にかけて、芸術教育の研究と実践の機運が高まってきたことも事実である。

先に紹介したように、メリル・ゴールドバーグはこの時期に芸術教育におけるアーツ・インテグレーションの位置付けをまとめ、理論と方法論をまとめた。[★17]「芸術と科学」や「芸術と数学」などの芸術と非芸術分野とを統合した教育の具体的な実践を紹介した彼女の著書は、学校現場におけるアーツ・インテグレーションの実践に大きく寄与した。

ここで注目しておきたいのは、「芸術と科学」や「芸術と数学」というカリキュラム統合がまさに現在のSTEAMの原型ともいえる考え方であることだ。二〇〇〇年代に生まれたSTEMにアートを加える動向とは別に、アートにSTEM分野を統合する動向がそれ以前からすでにあったことの証であるともいえよう。

このような実践の拡充に伴い、芸術教科と非芸術教科を統合する教育でどのような成果が上がるかという関心が持ち上がり、その教育効果を検証する調査研究が数多く実施されることになった。

現代のアーツ・インテグレーション（二〇〇〇年代中頃から現在まで）

二〇一一年のＰＣＡＨ報告書『芸術教育への再投資：創造的な学校を通じてアメリカの未来を勝ち取る』は、まとめとして五つの提言をしているが、その二つ目の提言は、アーツ・インテグレーションの拡大に焦点を当てたものである。ＰＣＡＨは、教師養成と専門能力開発を強化し、利用可能な芸術資金に的を絞り、アーツ・インテグレーションに関するアイデアを共有する仕組みを構築することによって、アーツ・インテグレーションの分野をさらに発展させることを奨励した。

こうした大統領府の見解にシンクロするかのように、連邦政府や全米教育団体、教育学者はアーツ・インテグレーションとＳＴＥＡＭに対する見解を表明してきた。そのいくつかを紹介しよう。

1　マイケル・パーソンズの見解

日本でも翻訳出版されている『絵画の見方』★18の著者マイケル・パーソンズは、二〇〇四年に刊行されたエリオット・アイズナー編集の書籍の中で、二〇〇〇年代初頭の状況を次のように述べている。「私たちは現在、美術教育と教育一般の両方において、統合カリキュラムに対する新たな関心を目の当たりにしています。……それは今日、社会が再び統合カリキュラムに関心を持つように変化したということです。同時に、アートの世界と私たちの一般的なコミュニケーション方法も変化し、アートがカリキュラムの中心となる可能性があると私は信じています」[★19]

関心が再び高まっている理由はいくつかあるが、最も重要なのは、私たちの社会と私たちが直面している課題が急速に変化しているという感覚である、とパーソンズは指摘している。社会の変化に伴って失業率は広がり、課題の解決にはより多くの情報が必要とされている。そうした社会の課題に関連した教育が必要なのであり、さらに、学生はより統合された人格、より高い自己認識、より多くの他者への理解と寛容を必要とされているが、現在のシステムでは十分に達成できていない目標であるとして、カリキュラム統合の必要性を訴えた。

また、美術教育関係者にとっては、現代アート界の変化と社会におけるビジュアル・コミュニケーションの巨大な成長が、アートとカリキュラムの統合を促進する理由であると述べている。「現代アート界の変化」というのはわかりにくいかも知れない。一つには、美しい風景や自分の心に残ったシーンを描くような牧歌的な作品作りではなく、「観る人に解釈を促す思索的なアート」が増えてきたという変化をパーソンズは言いたいのだろう。それは、環境や貧困、多様な価値観とそれに反する社会的分断など現代社会が抱える様々な問題について、「あなたはどう思う？」と問いかけたり、さりげなく気づかせたりするタイプのアート作品だ。

日常的にはこうした問題は、議論のテーマとして取り上げられ、ディスカッションされる。それが常套手段だ。課題は論理的に語られ、一見、民主的に思索されているかの印象を受けるだろう。しかし議論における実際は、知識や情報量の多い論客が優位に立ったり、論理的に聞こえる語りが正答のように見えたりして、一般大衆がその意見に引きずられることも否めない。対等であるべき議論が賢者や話巧者に一方向に誘導される危険性が常にあり、実際、そういうケースは少なくないだろう。学校の授業で行われるクラス討論などはその典型ともいえる。

一方、アート作品の場合は、鑑賞活動を通して観る人に個人的な経験やこだわり、感覚的あるいは感情的な思いを呼び起こす。心の奥に潜む偏見や私情が炙り出されるのだ。思索に偏りはあるかもしれないが、客観的に整った論理的な帰結ではなく、自分のアイデンティティに沿った解釈が生まれ、課題を自分ごととして捉えて対応する姿勢が生まれてくる。アート作品を通して考えることにはそのような優位性があり、現代のアートの存在意義もそこにある。

加えて九〇年代から顕著になった新たな視覚表現メディアの登場と、それに伴うビジュアル・コミュニケーションの教育は、旧来の教科ごとの教育システムでは対応ができず、パーソンズはアート（主に視覚美術）を中心としたカリキュラム統合の必要性を述べているのである。

パーソンズが語るように二一世紀の今日、アーツ・インテグレーションはもとより、カリキュラム統合それ自体が注目されている。その理由はさまざまな視点から指摘することができるが、たとえばミシガン州教育局は二一世紀の学習の在り方を再検討した結果、カリキュラム統合を行うメリットを、七つ挙げている。★20

それは、①一貫性のあるコンセプト開発、②知識の深さ、③個別化の機会、④モチベーションの向上、⑤コミュニティ意識の向上、⑥脳の発達、⑦全般的な達成効果、である。パーソンズの考えを裏付けるかのように、州単位でカリキュラム統合の動きが起こっているのだ。

2　NAEAのSTEAM教育に関する声明文

一九四七年に設立された全米美術教育協会（NAEA：National Art Education Association）は、二万人以上の会員を擁する世界最大規模のビジュアルアート（美術）教育者のための会員制組織だ。NAEAはビジュアルアート（美術）教育を推進して、人間の可能性を実現し、世界的な理解を促進することをミッションとしている。NAEAはビジュアルアートを、ドローイングや絵画、写真などの伝統的な美術と、グラフィックデザインやアニメーションなどのより現代的な美術であると定義している。景観デザインやインテリアデザイン、陶芸、ペーパークラフト、ジュエリー等も含まれる。

二〇〇五年、NAEAはビジュアルアートと他の教科との統合を提案する書物『学際的な美術教育：学問と文化をつなぐ架け橋を築く』を刊行した（上図）[★21]。書物の内容には「芸術と科学の学際的アプローチ」や「科学から芸術へ」という章があり、芸術教科と理数系教科との統合教育も積極的に奨励していた。

そのさなかに、STEAMという新しい枠組みが提起されたのである。すでにアーツ・インテグレーションによる芸術教科と理数系教科との統合教育が進展している中、STEA

Mとどう向き合うかに関して疑問や混乱が生じたのも無理はない。

　こうした事態を受けてNAEAは、二〇一四年三月、STEAM教育に関する「公式声明文」を発表した。

　公式声明文は「STEAM教育とは、科学、技術、工学、芸術、数学のそれぞれの分野における教育と学習（teaching and learning in the fields）を指す」と言う記述から始まる。★22 五つの各分野における教科教育を重視するという姿勢は、評価においての「STEAM教育ではすべてのSTEAM分野を平等に評価する必要がある」とする記述にも一貫している。

NATIONAL ART EDUCATION ASSOCIATION
SHAPING HUMAN POTENTIAL

Position Statement on STEAM Education
[Adopted March 2014; Reviewed and Revised March 2017; Reviewed and Revised March 2022]

STEAM education refers to teaching and learning in the fields of Science, Technology, Engineering, Arts, and Mathematics. Effective STEAM education embraces the National Visual Arts Standards and standards from other content areas. The STEAM approach is the integration of the arts and design principles, concepts, and techniques with STEM instruction and learning. High-quality STEAM instruction is achieved through the use of STEAM curricula and the collaboration of non-arts educators with certified/licensed visual art educators and/or teaching artists, art museums, university art education programs and community-based arts organizations. It includes educational activities across all ages in classrooms, virtual, and community-based settings.

STEAM approaches support the inclusion and involvement of professionals and resources from the community to support STEAM programs. Artists and designers experienced with STEAM are integral to driving workforce innovation in a variety of fields. To be successful in STEAM related career fields, learners must be proficient in visual thinking and creative problem-solving facilitated by a strong visual art education. NAEA believes that STEAM education should be among several approaches to arts learning and should not be considered a replacement for standards-based visual arts education or instruction.

Visual arts content and artistic ways of thinking are fundamental and valuable components of high-quality STEAM education. NAEA believes that:

- STEAM education values all STEAM disciplines equally
- STEAM education is implemented through a wide variety of approaches
- STEAM education encourages creativity and innovation and problem-solving
- STEAM education acknowledges the rigor found in the visual arts

　また、STEAM教育の方法についての文面で、アーツ（ビジュアルアート）とデザインの原則、概念、技術をSTEM教科に統合すること、と定義していることにも注目したい。これは、アーツ・インテグレーションとは、生徒が芸術形式を通して理解を構築し、表現する教授法である、というケネディ・センターの定義にも通じており、NAEAはアーツ・インテグレーションの視点からＳＴＥＡＭ教育を捉えていると読み解くこともできる。

ＳＴＥＡＭ教育を実施する教員については、学校教育や社会教育の場において、非芸術教育者と美術教師（visual art educators）、ティーチング・アーティスト★23や美術館や地域の芸術団体との協力によって実施されると定義している。育成する資質・能力についても（ＳＴＥＭ関連の職業分野で成功するために）学生は、しっかりしたビジュアルアート教育（美術教育）によって促進される視覚的思考と創造的問題解決に熟達していなければならないと明言している。

公式表明文は最後に、ＳＴＥＡＭ教育は芸術学習に対するいくつかのアプローチのうちの一つであるべきであり、ビジュアルアートの教育内容と芸術的な考え方はＳＴＥＡＭ教育の基本的で重要な要素ではあるが、それは美術教育の代替となるものではないと結んでいる。

これは多くの美術教育関係者が抱く懸念、すなわちＳＴＥＡＭによって美術教育がＳＴＥＭ教育に取り込まれ、そのことによって美術教育そのものの成立基盤が揺らぎかねない、という懸念を払拭するためのものではないだろうか。

二〇一八年にシアトルで開催されたＮＡＥＡの全国大会のテーマがArt + Design = STEAMであったことも（上図）、ＳＴＥＡＭのベースがアートとデザインであるという自信と矜持の現れだろう。

3 J．ポール・ゲティ美術館の美術＋科学の学習プラン

ゲティ財団が運営するJ．ポール・ゲティ美術館は教育活動で著名な美術館だ。アーツ・インテグレーションによる教育活動にも早くから取り組み、活動をまとめた『アーツ・アンド・サイエンス』と題されたK－12の教師用のカリキュラム資料も刊行している。★24 同書は近隣の小・中・高等学校の教師と美術館の教育担当の協力によって作られた。

学校の先生がすぐに使えるようにデザインされた書物であり、J．ポール・ゲティ美術館の考え方がよくわかる。では学習プランの一部を紹介しよう。

《実践事例》

この絵はJ．ポール・ゲティ美術館が所蔵する彩飾写本《二人の恋人の物語》より「宮廷のフランス国王」である。写本は羊皮紙にテンペラと金色の絵の具の彩色で飾られたフランス中世（一四六〇～七〇年頃）のもので、作者は不詳。

J．ポール・ゲティ美術館では、この彩飾写本を使っ

て美術と科学のアーツ・インテグレーションによるＳＴＥＡＭの学習プランを公開している。さてどんな授業が可能なのか、想像がつくだろうか。

写本の鑑賞？　写本作りのワークショップ？　いやいやそれでは美術の授業だ。Ｊ．ポール・ゲティ美術館は、ＳＤＧｓ（二〇一五年～）を先取りする現代的な課題をテーマにした美術（ビジュアルアート）と科学を統合した授業プランを作った。Ｋ－２から中学校、高校に至るまでの発達段階ごとの詳細なプランだ。その概要を紹介しよう。

小学校低学年（Ｋ－２）では、まず、学習の導入で生徒の意欲を高め、彩飾写本とその制作方法について説明するために、「マルグリットは本を作る」（上図）を読み聞かせる。一四〇〇年代のパリを舞台に主人公のマルグリットという名の少女が、貴族のための彩飾写本を作る父ジャックの仕事を助ける物語だ。

次に、写本「宮廷のフランス王」の複製を展示するか、コピーを配る。「指導のための質問」も準備されているので、適宜これを使って作品についての討論を導く。「写本挿絵に登場する人物について、どのようなことに気づきますか？」とか「この物語の主人公は誰だと思いますか？　絵の中の何がそう言わせるのですか？」など、生徒に絵について考えさせるための鑑賞（解釈）のための九つの発問から選択する。

教師は生徒の回答を板書する。この本が作られた当時は、自然の中にある原材料を使って、すべて手作業で行わなければならなかったことを説明する。生徒はビデオ「写本ができるまで」を見たり、ゲティのウェブサイトにある展覧会「中世写本の成り立ち」の情報を見たりすることもできる。

次に、生徒に写本の絵を作るのに使われたであろう材料について推測させる。必要に応じて指導しながら、言及された材料を図にする。この時、可能であれば画材店で購入した羊皮紙の見本や顔料に使用される物質（たとえばラピスラズリの石のかけらやプラスチックの小瓶に入ったローアンバーやコチニール、金箔など）を生徒に見せる。

そして最初に読み聞かせた「マルグリットが本を作る」の書籍を展示し、この現代版の本を作るために使われた原材料について推測させる。この原材料リストを、先に生徒が推測した写本の原材料リストの横に並べる。そして、本作りの材料が変化した理由について、生徒に推測させる。ここが授業の一番大切な段階だ。

このあと中世の写本を作るために使われた原材料を一つ選び、その原材料がどのように絵の具、羊皮紙、インクなどに変わったと思うか、二人組で話し合う。生徒は自分たちの推測を書き留める。そして、木の葉や樹皮など、地元の自然原材料を使って本を作らせる。この活動は、アート制作は経済的、原材料的、地理的に制限されうるという概念を強化するものだという美術の知識につながる。

制作のあと授業は、一五世紀の写本に戻る。生徒に、描かれている物語の中で、次に何が起こると思うかを生徒に尋ねる。そして次に何が起こると思うかを、中世の画家がしたように、手描きの絵の具を使って描くことを伝える。これは絵に描かれていない場面を想像する活動で、美術の鑑賞活動には欠かせない活動である。

そしてゲティのウェブサイトにある「絵の具を作る」を使って絵の具を作るよう生徒に指示する。粉末の顔料が手に入らない場合は、粉砕したカラーチョークやインスタントコーヒー、紅茶などで代用してもよい。こうして自分で作った絵の具を使って、生徒たちはフランス国王の身に次に何が起こるかを想像して描くのである。

小学校低学年の授業では、絵の具を作ったり本を作ったりする造形的な活動に重きがあるようだが、絵の具の原料となった物質への関心を持たせたり、それらが今は人工物に代わっていることに気づかせたりして、生徒に科学的な探究心を持たせていることが読み取れる。

この学習プランを中学校で行う場合は次のようになる。

生徒たちは、「宮廷のフランス王」の複製について討論する。現代の本「マルグリットが本を作る」と比較し、中世の彩飾写本を作るために使用された天然原材料を特定する。これらの材料について調べ、写本を作るために使用される原材料を再生可能なものと再生不可能なものに分類する。そして、生徒に発見したことを発表させる。

発表のあと、「現代の本は、中世の本よりも環境にやさしいですか。その理由とそうでない理由は？」と問う。現代と中世との比較は難しい問いかもしれないが、「人工の紙／羊皮紙」「自然の原材料／科学製品（顔料）」という比較から環境と人間の活動のあり方に関心を向けるのは興味深い手法である。

小学生の場合と同様に、中学生も手作りの絵の具を使って手作りの本を作る。その際、再生可能な原材料と再生不可能な原材料をそれぞれ一つずつ説明させる。これは科学的な思考であり、現代的な課題に対する自分の見解の表明でもある。

高校でこのプランを実施する場合は、彩飾写本を作成するために使用された材料を調べ、どれが再生可能な原材料であるかを判断し、自分たちの州で現在発見または生産されている原材料を特定する活動が中心になる（使用された材料が自分の州のものでないことがわかったら、同じ機能を果たす代用品を特定する）。また、これらの原材料のうち、他のどの州で発見または生産されているかを調査したり、自分たちの州の原材料マップを描く活動をする。

美術の活動に関しては、絵の具作りが高度化し、さまざまな顔料を砕き、結合剤と混ぜて絵の具を作る活動になる。絵の具を作るために地域の原材料（たとえば、地域で栽培されているビーツやブルーベリー、ホウレンソウ、卵、あるいは土や燃やした小枝など）を使って、この活動をアレンジすることに生徒を挑戦させたりもする。

このように高校生対象のプランでは、科学的にも美術的にも内容が高度化していることが読み取れる。K－2から中学校、高校に至るまでのそれぞれの発達段階に沿った、実に丁寧で綿密な授業プランが準備されている。

4　教育省による協議会「STEAM：ARTS SUPPORTING STEM」

プロローグで述べたように、二〇二〇年一月に教育省によるSTEAM：ARTS SUPPORTING

STEMと題する協議会が開かれた。司会のパティ・カーティスは冒頭、芸術教育とアーツ・インテグレーションとSTEAM教育の三つの観点から考えることの意義を説いた。教育省のボニー・カーターは、アーツ・インテグレーションの文脈でSTEAM教育を語った。

全米教育委員会のメアリー・デレバは、STEAMのAが芸術教科五分野を指すこと、STEAM学習はそれぞれの分野が等しい重みで組み込まれているときに、すべての分野の交差点で行われると述べ、STEAM教育が各教科の学習内容を担保した上での学際的な学習であることを説明した。

このようにFederal（連邦政府）もNational（五〇州政府・組織）も、アメリカではSTEAMのAの解釈は芸術だ。これは非常に重要なことで、重ねて強調しておく必要がある。歴史や地理などリベラルアーツと称される分野がSTEAMに組み込まれることもあるが、それはあくまでオプションとしてのことであり、芸術抜きのSTEAMを前提にしたものではない。ボタンのかけ違いが思わぬ誤解を招くことがある。アーツ・インテグレーションの視点からSTEAMを捉えると、そこには異なる歴史があることがわかる。解釈の違う世界が広がっているのだ。

5　アーツ・インテグレーションとSTEAMの関係について

このようにアーツ・インテグレーションの歴史を辿ってみると、芸術と科学分野を統合する学習プランが現代のSTEAMの底流にあったことがよくわかる。STEAMがSTEM＋Aであることは疑いがない。しかしその公式はあくまでもSTEAMという頭字語の成立過程に関してのみであり、

A（芸術）をSTEM分野と統合する教育の歴史は、この頭字語が成立するはるか以前からアーツ・インテグレーションの一角として存在していたのである。

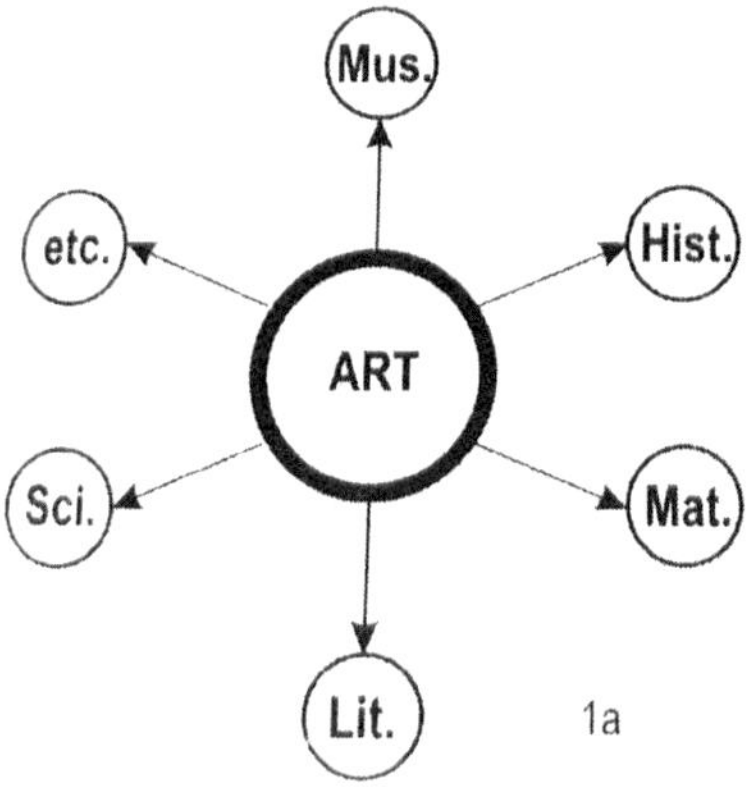

上図をご覧いただきたい。アートを中心にして科学や数学、歴史や文学などを関連づけた図である。これはハンガリーの美術教育者フェレンツ・ラントス（Ferenc Lantos）の一九九四年の著書にある図だが、この図ではアートは視覚芸術を意味しており、音楽や文学はアートの外に置かれている。★25 これが芸術を中核に据えたアーツ・インテグレーションの類型であることは間違いなく、しかもアートに科学等の非芸術分野を繋ぐ教育方法である。アーツ・インテグレーションの研究者や実践者にしてみれば、STEAMは二一世紀になって突然現れた教育方法などではなく、多くの人が開発し実践し、長い間その理解と普及に尽力してきた教育方法の一面を、そのように名付けたに過ぎないのだ。

その思いをリサ・キャタロールが綴っている。彼女は次章でも登場するUCLAの教育学教授であった故ジェームズ・キャタロール（James S. Catterall）の娘であり、長年父の助手を務め、現在は創造性研究センターの上級研究員である。

リサによれば、彼女がまだ一〇代だった頃から、父ジェームズ・キャタロールはアーツ・インテグ

レーションの研究者であり、UCLAで教鞭をとりつつ一九八〇年代から科学や数学、歴史等に関する魅力的なレッスンを作成するために四つの芸術領域（ダンス、演劇、音楽、ビジュアルアート）の活用方法を研究していた。そして「アートの技法を取り入れた科学の教え方を小学校や中学校の教師に教えるために、全国の小中学校にアーティストを送り込むプロジェクトを実施していた時にNELSデータを活用することを思いついた。やがて人々はこの研究をSTEAMと呼ぶようになった」と回顧している。★26

革新的なSTEAMエンジニアリングプログラムの創設者でもあるリサは、STEMとSTEAMの歴史を熟知している。その彼女が父の研究領域であるアーツ・インテグレーションの文脈でSTEAMを語っていることには、重要な意味があると感じられる。彼女のSTEAMについての見解は完全に共有されているわけではないが、アーツ・インテグレーション関係者にとってSTEAMは、STEMにA（アーツ）を加えたものとしてではなく、芸術と非芸術分野を繋ぐアーツ・インテグレーションの一つの形態として、言い換えればA（アーツ）にSTEMを加えたものとして見なされうる事に留意する必要がある。

STEM＋A＝STEAMという考え方が引き起こす弊害についてもリサは厳しく指摘している。前書きで紹介したように、与えられたオプションだけでコーディングして、生徒個々の違いはあっても、非常によく似たものを作るようなSTEAMキット教材が市販されていることに対して憤りを示しているのだ。クラス全員が本質的に同じものを作るような活動はＳＴＥＡＭではなく、創造性は育たない。生徒のアイデンティティを構築するために全く役に立たないと。

テーマについて思索し、洞察し、モチーフを探り、試作を試み、試行錯誤しながらオリジナルで創造的な主題を構築していくという芸術特有のプロセスをベースにして、そこにＳＴＥＭの要素を付与するのがアーツ・インテグレーションの一つの形態としてのＳＴＥＡＭ（アーツ＋ＳＴＥＭ）である。

リサが指摘したように、鮮やかな色や形で構成された制作物という、芸術の「表面的」な要素だけをＳＴＥＭに加えたものをＳＴＥＡＭと称する残念な状況こそ、ＳＴＥＭ＋Ａ＝ＳＴＥＡＭという一面的で偏った考え方が生み出した弊害ではないだろうか。

ＳＴＥＭ＋Ａ＝ＳＴＥＡＭというＳＴＥＭの視点から見た歴史と、Ａ（アーツ）＋ＳＴＥＭ＝ＳＴＥＡＭというアーツ・インテグレーションの視点から見た歴史を対比して、一つにまとめたものが次のページの図である。

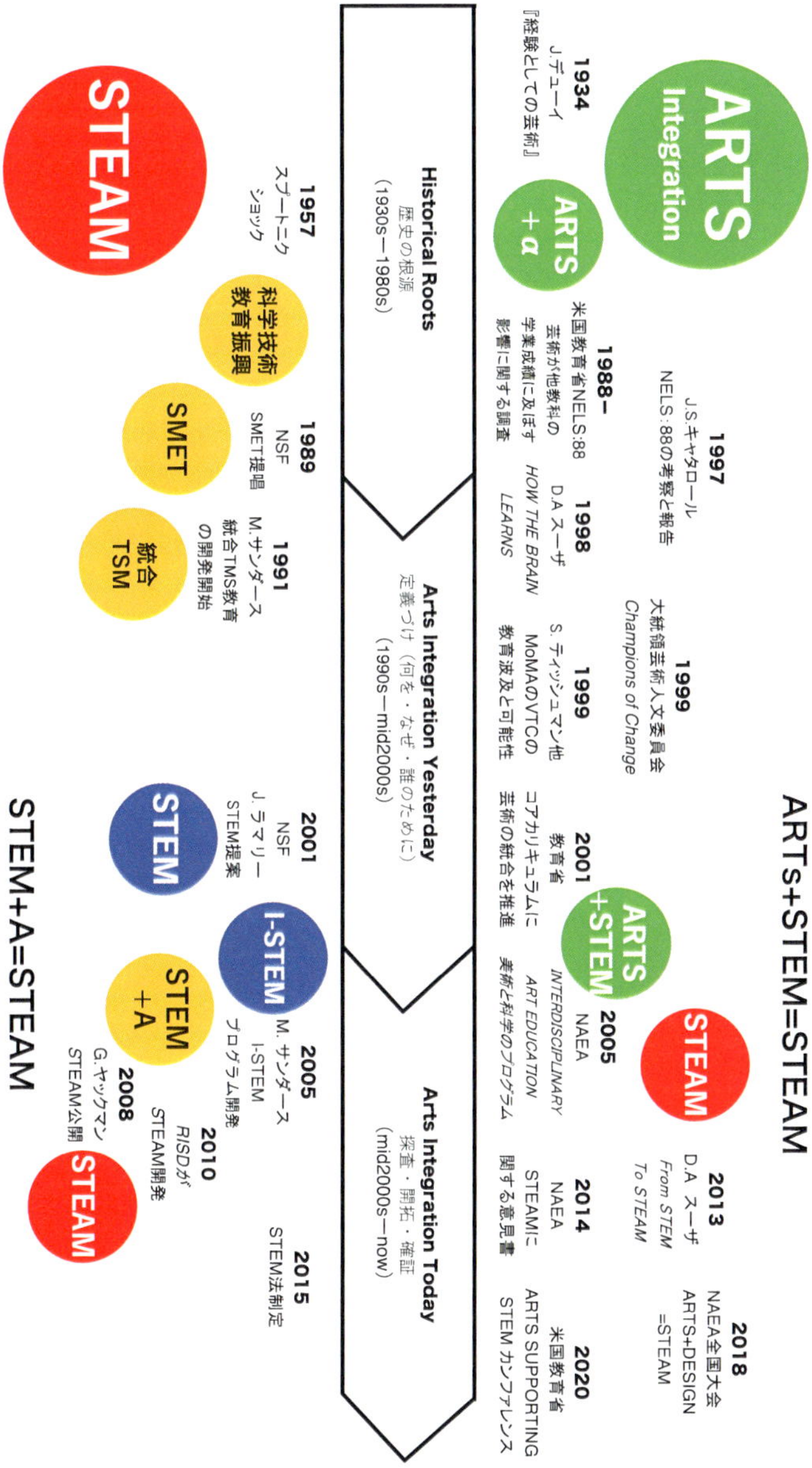
ARTs+STEM=STEAM
ARTS Integration
1934
J.デューイ
『経験としての芸術』
ARTS +α
1988–
米国教育省NELS:88
芸術が他教科の
学業成績に及ぼす
影響に関する調査
1997
J.S.キャタロール
NELS：88の考察と報告
1998
D.A スーザ
HOW THE BRAIN
LEARNS
1999
大統領芸術人文委員会
Champions of Change
1999
S. ティッシュマン他
MoMAのVTCの
教育波及と可能性
2001
教育省
コアカリキュラムに
芸術の統合を推進
ARTS +STEM
2005
NAEA
INTERDISCIPLINARY
ART EDUCATION
美術と科学のプログラム
STEAM
2013
D.A スーザ
From STEM
To STEAM
2014
NAEA
STEAMに
関する意見書
2018
NAEA全国大会
ARTS+DESIGN
=STEAM
2020
米国教育省
ARTS SUPPORTING
STEM カンファレンス
Historical Roots
歴史の根源
(1930s—1980s)
Arts Integration Yesterday
定義づけ（何を・なぜ・誰のために）
(1990s—mid2000s)
Arts Integration Today
探査・開拓・確証
(mid2000s—now)
STEAM
1957
スプートニク
ショック
科学技術
教育振興
1989
NSF
SMET提唱
SMET
1991
M.サンダース
統合TMS教育
の開発開始
統合
TSM
2001
NSF
J.ラマリー
STEM提案
STEM
I-STEM
2005
M.サンダース
I-STEM
プログラム開発
STEM
+A
2008
G.ヤックマン
STEAM公開
2010
RISDが
STEAM開発
STEAM
2015
STEM法制定
STEM+A=STEAM

《注および引用文献》

★1 Michael J. Parsons, "Art and integrated curriculum," in E. Eisner & M. Day（Eds.）. Handbook of research and policy in art education.（Lawrence Erlbaum Associates. 2004）, pp. 775-794.

★2 Arthur D. Efland, "Art and Cognition: Integrating the Visual Arts in the Curriculum,"（Teachers College Pr. 2002）.

★3 Michael J. Parsons, "Art and integrated curriculum," pp. 775-794.

★4 Alida Anderson, ed., "Arts Integration and Special Education,"（Routledge. 2014）.

★5 William H. Kilpatrick, The Project Method: The Use Of The Purposeful Act In The Educative Process,（Columbia University's Teachers College Record, Vol. XIX, No. 4. 1918/paperback Kessinger Publishing,September 10, 2010）.

★6 National Education Association, "Cardinal Principles of Secondary Education: A Report of the Commission on the Reorganization of Secondary Education,"（Bulletin, No. 35 1918）.（Forgotten Books 2018 再版）.

★7 Kathleen Cruikshank, "Integrated curriculum and the academic disciplines: The NCTE correlated curriculum of 1936," in Barry M. Franklin, ed., Curriculum and consequences: Herbert M. Kliebard and the promise of schooling（Teachers College Press. 2000）. クリックシャンクの論文はpp. 178-196.

★8 Jhon Dewey, Art as Experience（George Allen & Unwin, 1934）. 翻訳は、河村望訳、『経験としての芸術』、人間の科学社、二〇〇三年、特に144－181頁。

★9 Leon L. Winslow, The Integrated School Art Program（McGraw-Hill Book, 1939）. 2021再版。

★10 Liora Bresler, "The Subservient, Co-Equal, Affective, and Social Integration Styles and Their Implications for the arts," Arts Education Policy Review,（Jun. 1995）.

★11 Herbert M. Kliebard, The Struggle for the American Curriculum 1893-1958,（Routledge. 1987）、特にpp. 229-266.

★12 L. L. Duke, "The Getty Center for Education in the Arts and Discipline-Based Art Education," Art Education, Vol. 41, No. 2, Discipline-Based Art Education,（NAEA Mar. 1988）: pp. 7-12.

★13 DBAE（Discipline-Based Arts Education）とは、制作、美術史、美術批評、美学という４つの関連分野を含む包括的なカリキュラムアプローチである。

★14 ハーバード大学教育大学院のハワード・ガードナーが提唱した理論で、人には８つの異なる知性（多重知性）があるとする。多重知能理論ともいう。

★15 Krista Francis, C. Burke, M. Shanahan, "A Horizon of Possibilities: A Definition of STEM Education"（STEM2014 in Vancouver, Jul. 12 2014）口頭発表。

★16 Liora Bresler, "The Subservient, Co-Equal, Affective, and Social Integration Styles and Their Implications for the arts," Arts Education Policy Review 96（5）（June 1995）: pp. 31-37. https://www.researchgate.net/publication/23756416_The_Subservient_CoEqual_Affective_and_Social_Integration_Styles_and_their_Implications_for_the_Arts

★17 Merryl Goldberg, Arts Integration（Routledge, 1992）.

★18 マイケル・J．パーソンズ、訳：尾崎彰宏・加藤雅之、『絵画の見方―美的経験の認知発達』、法政大学出版局、一九九六年。原著はHow we Understand Art: A Cognitive Developmental Account of Aesthetic Experience（Cambridge University Press. 1987）。

★19 Michael J. Parsons, "Art and integrated curriculum," pp. 775-794.

★20 Michigan Department of Education Office of Education Improvement and Innovation, "Curriculum Integration Research: Re-examining Outcomes and Possibilities for the 21st Century Classroom." https://www.michigan.gov.2014.https://www.michigan.gov/-/media/Project/Websites/mde/Year/2017/04/20/Integration_Research_document_ADA_v2-2017.pdf?rev=a59fa29f3b384cb0bee9133a8972976b

★21 Mary Strokrocki, ed., Interdisciplinary Art Education: Building Bridges to Connect Disciplines and Cultures(National Art Education Association. 2005). 特にpp. 77-89, pp. 170-182.

★22 NAEA, "Position Statement on STEAM Education," NAEA. Adopted Mar. 2014; Reviewed and Revised Mar. 2017; Reviewed and Revised Mar. 2022. https://www.arteducators.org/advocacy-policy/articles/552-naea-position-statement-on-steam-education

★23 ティーチング・アーティストとは、「芸術を教えるだけでなく、芸術を通して人を教育することを、仕事の一部としている人」を指す。（エリック・ブース著、久保田慶一監訳、大島路子・大類朋美訳、『ティーチング・アーティスト音楽の世界に導く職業』、水曜社、二〇一六年より）アメリカではおそらく一九八〇年前後からアーティストが教育現場に関わることが注目されるようになった。

★24 Elizabeth S. G. Nicholson. Ed., Art & Science: A CURRICULUM FOR K-12 TEACHERS FROM THE J. PAUL GETTY MUSEUM（J. Paul Getty Museum 2013）. 図版も同書より。
★25 Ferenc Lantosの著書kepékben a világ（1994）p. 14に記載された図で、前出のＮＡＥＡが出した『学際的な美術教育：学問と文化をつなぐ架け橋を築く』（2005）p. 63で紹介されている。
★26 Lisa G. Catterall, "A Brief History of STEM and STEAM from an Inadvertent Insider," The STEAM Journal, Vol. 3 Issue1（2017）.

第4章　アートは創造性を高めるのか？

グローバル競争の時代を勝ち残るためにSTEM教育を導入したものの、十分な成果を上げることができなかった。そこで、その反省から学習意欲や創造性を高めるためにアートを加え、STEAMとした。確かにアートには創造力が必要であるし、第2部第1章で紹介したように科学とアートの相乗効果の実例も多く知られている。またアメリカには、アートを基盤にした学際的なカリキュラム、すなわちアーツ・インテグレーションの長い歴史もある。しかし、アートを学ぶことが創造性の育成に役立つという統計的なエビデンスはあるのだろうか。

この章では、アートの教育効果に関する調査結果から、アートが他の分野の教育に与える影響とは何かについて考えてみよう

NELS：88　芸術教育と学業成績との関係に関する調査報告

教育省の全米教育統計センター（NCES：National Center for Education Statistics）は、生徒のアートの学習と他分野における学業成績との関係について、一九八八年から全国的な調査を実施した。NELS：88（National Education Longitudinal Study of 1988）と呼ばれるこの調査（上図左）は、全米の約一〇〇〇の多様な学校の生徒約二万五〇〇〇人を対象としたものであり、一九八七～一九八八年に八年生（日本の中学二年生）から始められたものである。同研究は、五回のデータ収集後、被験者が二六歳に達した二〇〇〇年に終了した。

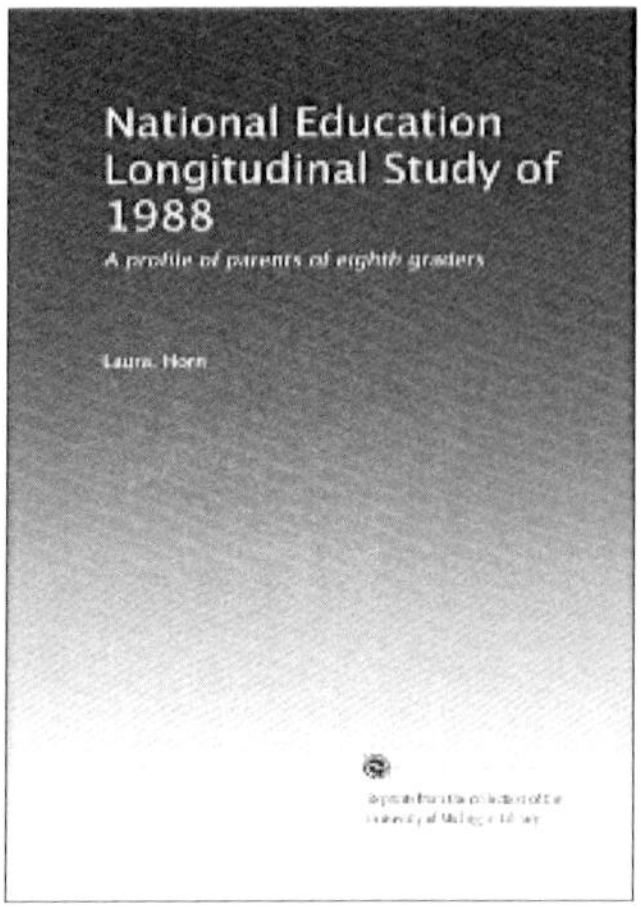

アートが教育に及ぼす認知的影響に関する研究で国際的に著名なジェームズ・キャタロールがNELS：88のビッグデータを分析した。彼はNELS：88のほかにNLSY97やELS：2002、ECLS-Kなどのデータとその分析をまとめた『芸術と学業成績：危険にさらされている青少年期』を著している（上図右）★1。

その分析結果からは、全体として、芸術（音楽、合唱、演劇、ビジュアルアート）の学習経験が高いグループの生徒は、学業成績、標準テストのスコア、地域活動への参加に関する態度等すべての尺度で、芸術学習経験の低いグループの生徒よりも優れており、特に、ＳＥＳ（socioeconomic status：社会経済的地位）の最も低い学生の芸術学習経験と学業成績の間には、特徴的な正の関係が確認された。★2

一例として調査開始当時八年生だった生徒が大学に進学し、大学での学業成績が「ほぼＡ」であった割合を見てみよう。『芸術と学業成績』に掲載の図1は、ＳＥＳの低い層の生徒のうち、芸術に深く関わった経験のある者は、そうでない生徒よりも二倍近くの良好な学業成績を示している。市民ボランティアやコミュニティボランティアをした若者の割合（図2）や政治運動に参加した若者の割合（図3）を見ても、こちらはＳＥＳの低い層はもとより、その高低に関わらず、芸術をよく学んだ学生のほうが参加率が高いことがわかる。

他の調査データからも、定量的な結果、たとえば、標準テストの点数、学業成績、中退率な

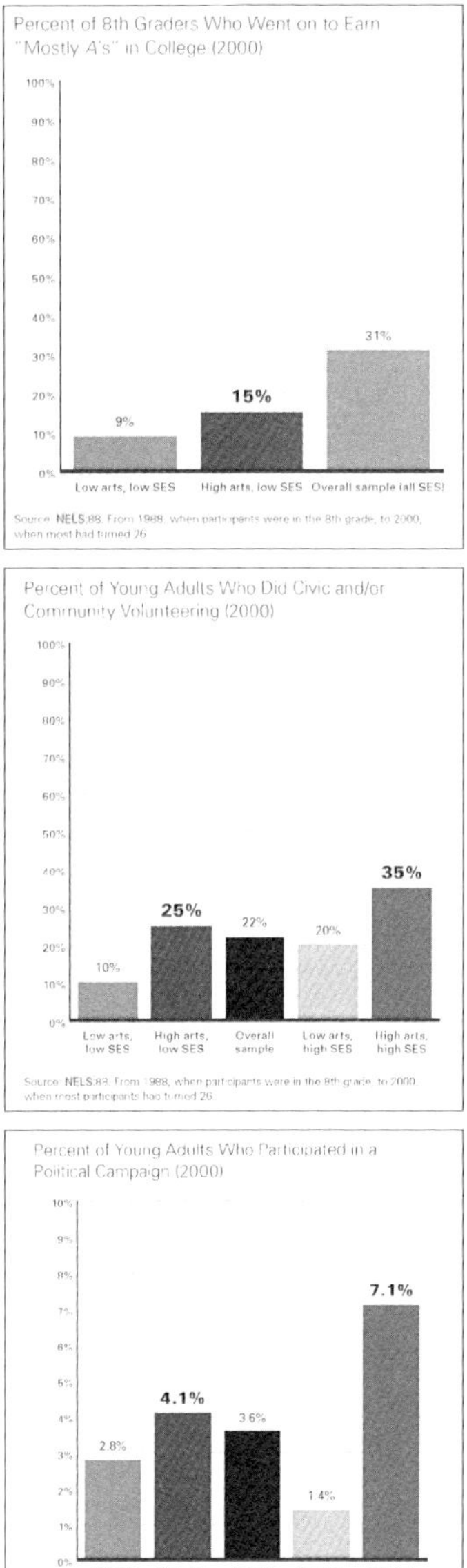

上から図1（p.16より）　図2（p.20より）　図3（p.21より）

どは、経済的に恵まれた生徒の方が、社会的・経済的地位の低い生徒よりも、学校でより多くの芸術体験を積む確率が高いことがわかっている。しかし、マイノリティや低所得者層を含め、芸術との関与度が高い生徒は、関与度が少ない生徒よりも学校での成績が良く、在学期間も長かった。

バンドやオーケストラに参加している低所得層の生徒は、数学の評価で他の生徒を上回り、演劇に参加している低所得層の生徒は、ほとんど参加していない生徒に比べて、読解力が高く、自己概念も前向きであった。

社会経済的地位の低い一〇代および若年成人で、芸術に深く関わった経験のある者は、芸術にあまり関わっていないSESの低い若年者よりも良好な学業成績を示す。彼らはより良い成績を取り、より高い大学進学率と達成率を示している。

幼稚園から小学校までに芸術活動をたくさん経験した八年生は、同じ期間にあまり経験しなかった生徒よりも、理科と作文のテストスコアが高かった。

ジェームズ・キャタロールは、NELS：88の調査結果から、より早い時期の芸術学習と全体的な学業上の成功および親社会的な成果の間には、強い結びつきが持続していることを発見している。

芸術活動に参加した生徒の成績の優位性は他の生徒と比較して、時間の経過とともに高まっている。最も顕著なのは、芸術活動を行っている低所得層の生徒は、行っていない同世代の生徒よりも、大学に進学して好成績を収め、キャリアを築き、地域社会でボランティア活動を行い、投票によって政治プロセスに参加している可能性が高いことである。

キャタロールが追跡調査しているさまざまな種類の比較では、芸術活動を行っている低所得層の学生は、平均的な高所得層の学生と同じような成績を収める傾向があることもわかった。

さらにキャタロールの研究は、コンピテンシーの育成に関わる芸術の役割が、英語の学習などに孤立感や排除を感じている生徒にとって、特に重要である可能性を示唆している。教育研究において、グループ間でこれほど大きな差がある縦断的比較に遭遇することは稀であるため、この調査結果は説得力がある。

彼は二〇一一年にUCLAを退職した後、ロサンゼルスとロンドンに創造性研究センターを設立した。二〇一七年八月二三日、キャタロールは心臓発作と重度の脳卒中のためサンタモニカで死去した。六九歳だった。

学習の転移に関して、芸術の学習と他教科の学習との相関関係が認められたことは、必ずしも因果関係の成立を意味するわけではないが、芸術の教育効果を否定するものではない。芸術の学習は他分野の教育に大きな影響を及ぼす。社会的な活動、政治への関心など社会人としての基礎の育成に効果がある。芸術が教育に及ぼす認知的影響は大きいことが確認された。

もちろんこれらの結果と考察は創造性に関する直接的な言及というわけではない。芸術の学習が創造性の育成に寄与しているという「数値化された」エビデンスは何もない。しかしながら芸術活動を行う過程で発揮される思考や創意工夫、新しい表現の仕方、素材の組み合わせや身体の動きの斬新な試みなどは創造的な活動にほかならない。創造的な活動を繰り返し継続的に続けることが結果として、創造性の向上に寄与することにつながるのではないだろうか。

大統領芸術人文委員会による調査報告

大統領芸術人文委員会（ＰＣＡＨ：President's Committee on the Arts and the Humanities）と芸術教育パートナーシップ（ＡＥＰ：The Arts Education Partnership）による報告書『変革のチャンピオン』（Champions of Change）もまた、芸術との関わりが他分野の学習のより高いレベルの達成を可能にする比類のない機会を提供していることを明らかにしている。★3 一九九九年の報告書では、生徒がさまざまな芸術体験をしたときに、芸術以外の分野での学習と成績が向上したことを示す七つの主要な研究がまとめられている。

1. 芸術への関与と人間形成：音楽と舞台芸術における一般的参加と集中的参加
ジェームス・Ｓ・キャタール、リチャード・シャプロー、ジョン・イワナガ
2. 想像的な現実：放課後の芸術学習
シャーリー・ブライス・ヒースとアデルマ・ローチ
3. 芸術の中で、そして芸術を通して学ぶ：カリキュラムの影響

CHAMPIONS OF CHANGE

THE SECRETARY OF EDUCATION
Washington, D.C. 20202

The ultimate challenge for American education is to place all children on pathways toward success in school and in life. Through engagement with the arts, young people can better begin lifelong journeys of developing their capabilities and contributing to the world around them. The arts teach young people how to learn by giving them the first step: the desire to learn. *Champions of Change: The Impact of the Arts on Learning* also shows that the arts can play a vital role in learning how to learn, an essential ability for fostering achievement and growth throughout their lives.

American education is changing, and changing for the better. Who teaches, what is taught, where teaching takes place, and how teaching occurs are evolving dramatically in communities across America. And a key factor in changing American education for the better is to increase high quality arts learning in the lives of young Americans.

Why is American education in such flux? In simplest terms, the reason is because America is in transition. We are a more diverse society facing daunting demands from global social and technological innovation. The American economy is shifting from a manufacturing driven engine to a services driven enterprise. If young Americans are to succeed and to contribute to what Federal Reserve Chairman Alan Greenspan describes as our "economy of ideas," they will need an education that develops imaginative, flexible and tough-minded thinking. The arts powerfully nurture the ability to think in this manner.

Champions of Change: The Impact of the Arts on Learning provides new and important findings on actual learning experiences involving the arts. The report which follows presents these research findings, complete with ground breaking quantitative and qualitative data and analysis, as articulated by leading American educational researchers. These researchers investigated the content, process, and results of learning in and through the arts. Perhaps what makes their findings so significant is that they all address ways that our nation's educational goals may be realized though enhanced arts learning. As the researchers discovered, learning in the arts can not only impact how young people learn to think, but also how they feel and behave.

The American public is demanding more than ever from our schools, and rightly so. Parents and other caregivers want to equip young people for professionally and personally rewarding careers, and they recognize that to do so we must give them greatly enriched experiences. As these researchers have confirmed, young people can be better prepared for the 21st century through quality learning experiences in and through the arts.

Dick Riley
Richard Riley
Secretary, Department of Education

教育省長官リチャード・ライリー（Riley, R. W.）の前文

アメリカの教育をより良い方向に変えるための重要な要素は、芸術の学習を増やすことです。

製造業中心だったアメリカ社会は変革の過渡期にあります。想像力に富み、柔軟で強靭な思考を育む教育が必要とされますが、芸術の教育によって、このような能力を強く育てることができます。

また、若者が芸術を通して質の高い学習経験を積むことによって、21世紀に向けてより良い準備ができることを確信しています。


ジュディス・バートン、ロバート・ホロウィッツ、ハル・アベレス

4. シカゴ芸術教育パートナーシップ：サマリー評価

ジェームス・S・キャタロール、リン・ウォルドーフ

5. 都市部の青少年のための芸術的才能の育成：約束と挑戦

バリー・オレック、スーザン・ボーム、ヘザー・マッカートニー

6. 立って自分を広げる：シェイクスピアと企業研究に関する論文

スティーブ・ザイデル

7. なぜ教育において芸術が重要なのか：または子供たちはオペラを作るときに何を学ぶのか

デニー・パーマーウルフ

報告書には当時の教育省長官であったリチャード・ライリー（R. Wiley）が前文を寄せている（上図）。

前文には、アメリカの教育をより良い方向に変えるための重要な要素は、芸術学習を増やすことであると記されている。製造業中心だったアメリカ社会が変革の過渡期にあるとし、想像力に富み、柔軟で強靱な思考を育む教育が必要とされるが、芸術の教育によって、このような能力を強く育てることができる。また、若者が芸術を通して質の高い学習経験を積むことで、二一世紀に向けてより良い準備ができることを確信している、と芸術教育の推進を強調している。

一九九九年の時期において、アメリカは産業構造の抜本的な変革を目指し、そのための教育の改革を目指しており、その鍵となるのが芸術教育であるとライリーは指摘したのだった。芸術教育が創造性と思考力を育みイノベーションをもたらして産業社会の改革に寄与するとともに、新しい社会に生きる市民としての素養を高めるというメッセージを、大統領府の報告書において教育省長官が発したことの意義は大きい。

下図はここまでの流れを整理した図である。

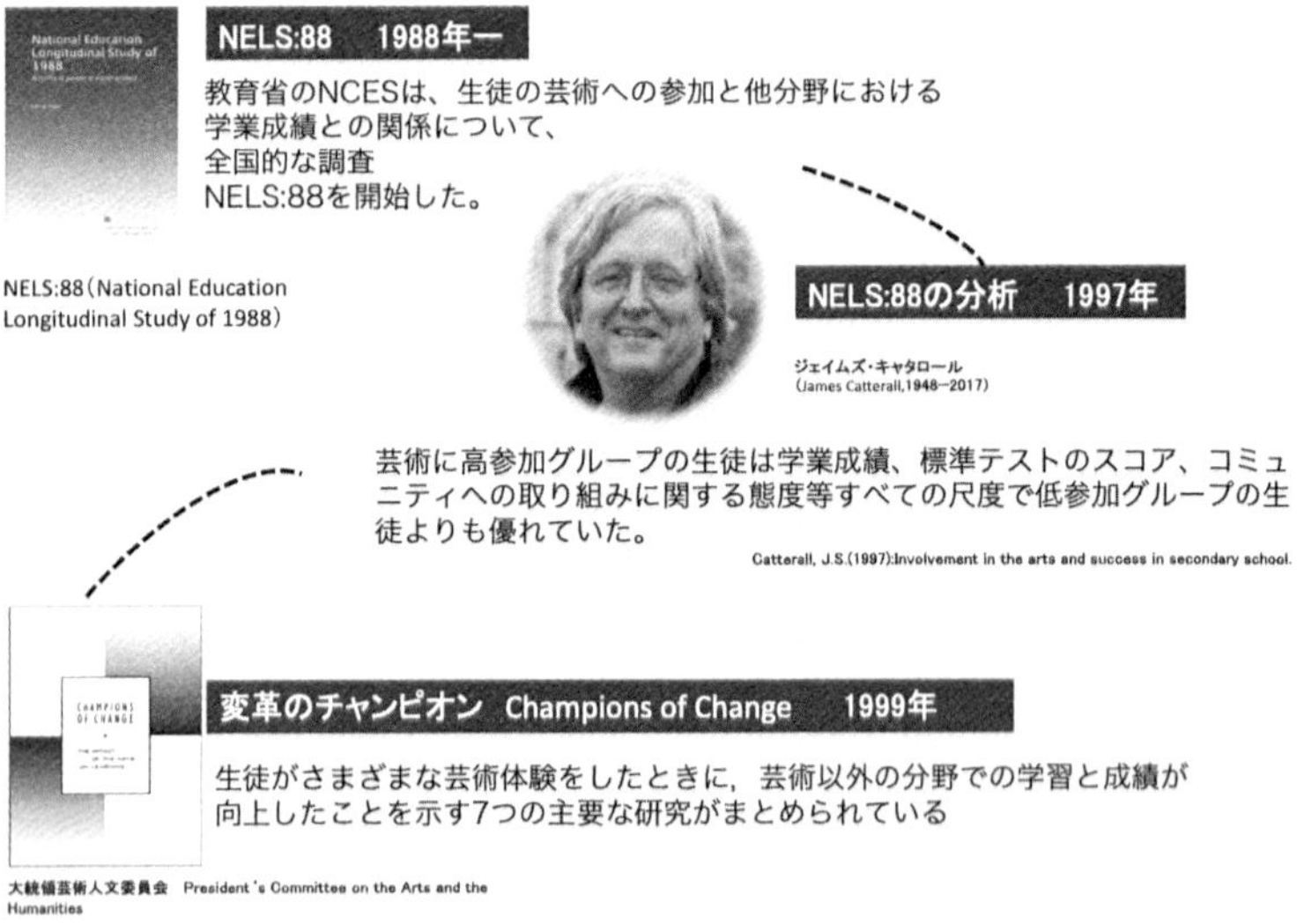
NELS:88　1988年ー
教育省のNCESは、生徒の芸術への参加と他分野における
学業成績との関係について、
全国的な調査
NELS:88を開始した。
NELS:88（National Education
Longitudinal Study of 1988）
NELS:88の分析　1997年
ジェイムズ・キャタロール
（James Catterall,1948−2017）
芸術に高参加グループの生徒は学業成績、標準テストのスコア、コミュニティへの取り組みに関する態度等すべての尺度で低参加グループの生徒よりも優れていた。
Catterall, J.S.(1997):Involvement in the arts and success in secondary school.
変革のチャンピオン　Champions of Change　1999年
生徒がさまざまな芸術体験をしたときに，芸術以外の分野での学習と成績が
向上したことを示す7つの主要な研究がまとめられている
大統領芸術人文委員会　President 's Committee on the Arts and the
Humanities

芸術教育パートナーシップはその後、『クリティカルリンク：芸術における学習と生徒の学問的・社会的発達』（上図）[★4]を発表し、いくつかのメタ分析を含む62の個別の研究を報告した。その多くは、視覚芸術やダンス、演劇や音楽などの芸術から、他の分野の学習へのスキルの移行を見出した。また他の研究は、芸術への関与から、心の習慣や自己動機づけ、寛容や共感、積極的な仲間との交流を含む社会的スキルなどに関する肯定的な結果を報告している。

たとえば、放課後プログラムが全国的な取り組みになるずっと前に、著名な人類学者のシャーリー・ブライス・ヒース（Shirley Brice Heath）は低所得地域の学校外の青少年組織を調査した。彼女の研究によると、週に九時間以上芸術の活動を行った学生は、学業成績が高い可能性が四倍高く、出席率が高い可能性が三倍高かった。[★5] ヒースの発見は、特に芸術教育を研究していたわけではなく、別の目的の調査から得られた予期せぬ結果であったため、信憑性が高い。

同じように、教育研究者のミルブリー・マクラフリン（Milbrey McLaughlin）は、低所得地域の青少年の生活について縦断的な調査を行ったところ、芸術プログラムに参加した青少年は学業成績が高く、学級委員に選ばれたり、数学フェアやサイエンスフェア[★6]に参加する可能性が高いことを発見した。リサーチをまとめた著書のタイトル『コミュニティの重要性：青少年組織が青少年にとっていかに重要か』[★7]からもわかるように、彼女もまた芸術教育そのものについて調べていたわけではない。

その後の全米芸術基金(Catterall, Dumais, Hampden Thompson.)と大統領芸術人文委員会（ＰＣＡＨ）によって発表された研究では、あらゆる分野においての高度な学位取得など、芸術への取り組みと学業成績の間に有意な関係があることが明らかになった。

『芸術教育への再投資：創造的な学校を通じてアメリカの未来を勝ち取る』（上図）としてまとめられた報告書にはiPhoneの発明者やグーグルの開発者を例示しながら、知識と創造性の組み合わせによって、私たちのコミュニケーションや社交、ビジネスの方法が変わったと書かれている。今日そして将来にわたって成功するためには、アメリカの子供たちは独創的で機知に富み、想像力に富んでいる必要がある。その創造性を育む最善の方法は、芸術教育である、とまとめている。[★8]

このようにアートが学業成績や社会的スキルなどの向上に関与することは認められたが、創造性に関してはその限りではない。前出のライリー長官の言葉にあるように「（芸術の教育によって）想像力に富み、柔軟で強靱な思考を育む」と期待されてはいても、それを証明することには困難がつきまとう。そもそも創造性それ自体が学業成績や中退率などのように定量的に調査できるものではなく、数値化して統計処理することが困難であるため、調査しにくいという事情も大きい。

なお、大統領芸術人文委員会は、このののちにトランプ政権下で起こった委員全員の一斉辞任や、大統領令の更新拒否により機能停止状態となっていたが、ようやく二〇二二年九月三〇日になって、バイデン大統領によって再設立する大統領令が出された。

ハーバード・プロジェクト・ゼロによる調査報告

ハーバード大学教育大学院の調査研究組織プロジェクト・ゼロは、ビジュアルアートを見て話し合うことで学生の思考スキルを育成するように設計されたプログラムであるニューヨーク近代美術館の視覚的思考カリキュラム（ＶＴＣ）に関して、美術の文脈で学んだ思考スキルが美術以外の文脈に転移したという可能性の検討を行い、美術と科学の両方の文脈における認識に関するデータを収集・解析して有意性を調査した。結果として美術を学んだ学生は、美術作品を解釈するために身に付けた推論の能力を、科学の領域における非芸術的イメージの解釈に応用することができたことが報告されている。★9

以上のように、教育省や大統領芸術人文委員会による調査報告、また大学が行った調査報告等によって、アーツ・インテグレーションによる芸術の教育が他の分野の教育に良い影響をもたらすとともに、社会的スキルや二一世紀に求められる資質の育成に結びつくことが示されたのである。

デイヴィッド・スーザによる総括的見解

脳科学者のデイヴィッド・スーザ（David A. Sousa）は、教育研究者や認知科学者による数多くの研究結果から、芸術の教育への多大な効果を主張し、その信念と発見をアーツ・インテグレーションに結びつけた。スーザは科学には芸術が必要であると次のように主張する。

一般的に芸術は軽んじられ、科学に比べて予算も少なく、技術や科学の単一分野には、すべての芸術分野を合わせたものよりも多くの公的資金や民間資金が投入されている。しかし、科学者や数学者は、芸術が彼らの成功に不可欠であることを知っており、芸術から借りた技術を科学的な道具として使っている。たとえば、正確に事物を観察する能力、空間的に考える能力（頭の中で物体を回転させるとどのように見えるか）、キネステティックに知覚する能力（物体がどのように動くか）等。これらの能力は通常、理科のカリキュラムの一部としては教えられないが、演劇、絵画などでは十分に教えられている。ゆえに科学には芸術が必要であると主張したのである。

またスーザは、教育研究者や認知科学者による数多くの研究結果によれば、芸術体験は学業や社会的スキルの向上に効果をもたらすだけでなく、批判的思考力、基礎的から高度なリテラシー、計算能力の発達にも役立つことが示されている、と述べている。芸術は単に表現的で感情的なだけではなく、深い認知的なものである。パターン認識、観察されたものや想像されたものの精神的な表現、象徴的、寓意的、比喩的な表現、世界を注意深く観察することなど、芸術はこれらの本質的な思考ツールを開発するものであるとまとめている。

ＳＴＥＡＭについて論究する際、ＳＴＥＭに芸術を加える意義について、芸術の特性としての想像力の活用や創造性の涵養、体験的で探究的な学習過程などをＳＴＥＭ系教科の学習の促進に結びつけるという主張を散見するが、スーザの主張はそうした考え方の先駆けといえよう。しかも、研究から得られた興味深い重要な発見の一つは、最も強力な効果が、コア・カリキュラムの科目と芸術を統合したプログラム、つまりアーツ・インテグレーションに見られるということである。アーツ・インテグレーションにより、カリキュラムはより信頼性が高く、実践的で、プロジェクトベースになり、生徒はより主体的に感情的に協同的に学び、教室は学びの共同体に変わる。教師同士の共同作業も増え、芸術の教師は、アーツ・インテグレーションの中心として働き、すべての科目の学習は芸術を通して達成できるようになることを主張したのである。

のちにスーザはAを芸術と捉えた"From STEM to STEAM: Using Brain-Compatible Strategies to Integrate the Arts"★10をトーマス・ピレッキ（Thomas J. Pilecki）と共に著す（上図）。同書は大きな反響を呼び、STEMやSTEAMの研究者、教師の参照や引用も多くみられるが、副題にあるIntegrate the Artsがアーツ・インテグレーションの文脈を指している点への言及がほとんどみられないことは残念に思う。この点を見誤ることなく、スーザの思想を解釈する必要があることを指摘しておきたい。

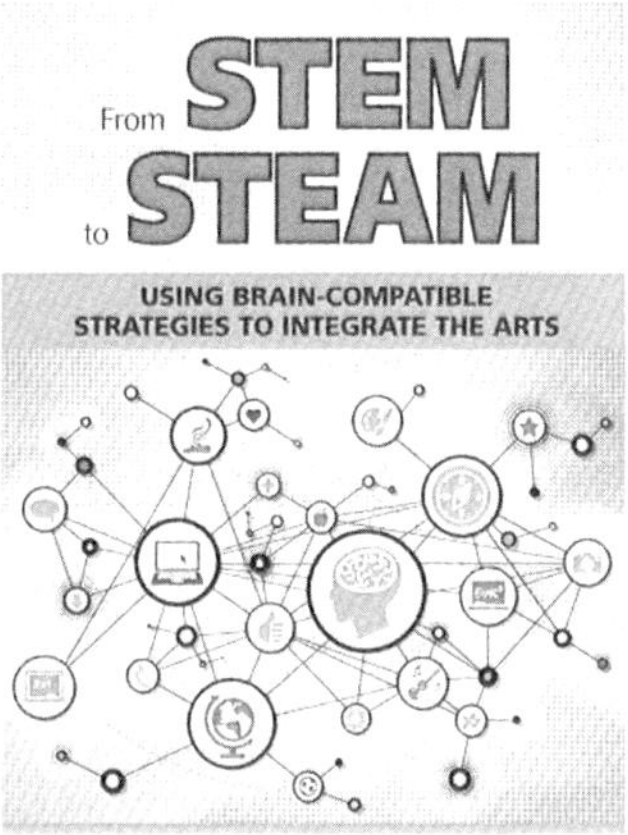

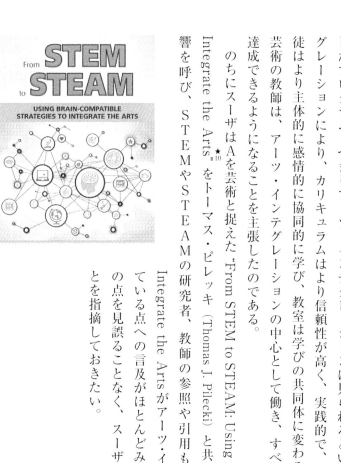

《注および引用文献》

★1 James S. Catterall, Susan A. Dumais, Gillian Hampden-Thompson, The Arts and Achievement in At-Risk Youth: Findings from Four Longitudinal Studies（National Endowment for the Arts, 2012）.

★2 James S. Catterall, "Involvement in the arts and success in secondary school," Americans for the Arts Monographs, Vol. 1, No. 9（1997）.

★3 Edward B. Fiske, ed., Champions of Change: The Impact of the Arts on Learning. Creative Education（arts education partnership, the president's committee on the arts and the humanities, 1999）.

★4 Richard J. Deasy, ed., Critical Links: Learning in the Arts and Student Academic and Social Development（The Arts Education Partnership, 2002）.

★5 Shirley Brice Heath, Elisabeth Soep, "Youth Development and the Arts in Non-school Hours," GIA Newsletter Vol. 9, No. 1（Spring 1998）.

★6 サイエンスフェアとは、世界各国から高校生が科学に関する研究を発表し、世界一を決める大会のこと。

★7 Milbrey McLaughlin, Community Counts: How Youth Organizations Matter for Youth Development（Public Education Network, 2000）.

★8 President's Committee on the Arts and THE Humanities, Reinvesting in Arts Education Winning America's Future Through Creative Schools,（President's Committee on the Arts and the Humanities, 2011）.

★9 Shari Tishman, Dorothy MacGillivray, Patricia Palmer, Investigating the educational impact and potential of the Museum of Modern Art's Visual Thinking Curriculum: Final report（Cambridge´ MA: Harvard Project Zero, Nov. 1999）.

★10 AEMDD, Exploring the Arts: Arts In Education Model Development and Dissemination Program（Branch Associates Inc., 2003）.

第3部　STEAMのムーブメントと現在

教育の学際化とアーツ・インテグレーションの歴史、そして科学とアートの親和性への関心などを背景として生まれてきたSTEAM。STEMにAが加わった造語という表層に惑わされずに、STEAMの理念の本質を理解することが大切である。

第3部では、連邦政府や州政府のSTEAM政策、RISDやケネディセンターが現在行っているSTEAMの実践を紹介する。

第Ⅰ章　ＲＩＳＤの功績

ジョン・ケイメンがＳＴＥＡＭを提案した

アメリカのＳＴＥＡＭ教育の進展にＲＩＳＤが果たした役割はとても大きい。ＲＩＳＤについては、ジョン・マエダが学長を務めた大学という意味合いで、日本でもＳＴＥＭやＳＴＥＡＭの関係者の間でその存在が知られるようになっているが、ＲＩＳＤの貢献はその程度のものではない。

ＲＩＳＤはＳＴＥＭ分野とアート・デザイン分野に共通する横断的な能力を育成し、学生の創造性と社会的エンパワーメントを促進することを目的としてＳＴＥＡＭ教育政策の開発をおこなってきた。

そのポイントとして、第一にアートとデザインをＳＴＥＭ分野と並ぶ中核分野として認識すること、第二に芸術教育を提供するための公平性と資源の問題に取り組むこと、第三にＳＴＥＡＭ教育モデルの成果を明らかにする研究を呼びかけること、そして第四に学際的な教育を実施する上での教師の専門的な能力開発とそのための資金提供を挙げている。

ＲＩＳＤは、二〇〇八年の経済危機を背景に、アメリカの経済競争力を確保する手段として当時焦点が当てられていたＳＴＥＭに「Ａ」を加えてＳＴＥＡＭとすることで、創造性を主張する教育理念・方法を開発した。ではなぜ、ＲＩＳＤはＳＴＥＡＭの開発とその推進に踏み切ったのか。

その発端となった理事会の様子をジョン・ケイメン（Jon Kamen）が「創造性は教育に欠けている要素だ」と題して、ワイヤード誌英国版で報じている（上図）★1。当時学長だったジョン・マエダは理事会に対し、不況の真只中、連邦政府はＳＴＥＭ分野に注力しているので、政府のレーダーでアートとデザインの学校である本校が注目されることは期待できないと説明した。そしてこう述べた。

二〇〇六年の一般教書演説で、ジョージ・Ｗ・ブッシュ大統領は将来のハイテク分野の仕事に向けて次世代を準備する必要があると主張し、そのためにＳＴＥＭ教育を促進する法律を制定することを約束した直後のことだ。彼らの意図は良かったのだが、我が国の愚かな官僚たちは大きなチャンスを逃した。彼らは創造的思考という重要な要素を省略してしまったのだ。

私たちが達成したいことを生み出すにはＳＴＥＭ分野の教育が必要であることは確かだが、それを構築するには常に創造的なマインドが必要である。創造性は、教育において長年欠けている要素だ。前回の不況以来、企業はそれを必死に求めてきた。創造的思考はイノベーションにつながり、イノベーションは成功につながる。確かに、ＳＴＥＭ分野の教育は必要だが、問題を解決したり、可能性を想起したりするための最初の創造的な刺激がなければ、何も達成されない。

マエダがホワイトボードに書いたその頭字語を見ながらケイメンはこう思った。誰がＳＴＥＭのような退屈なものに参加したり、追究したりしたいと思うのだろうと。どうりで我々は25位（国際テストでの数学の成績）だったわけだ。

ケイメンは無邪気にこう言った。「幹（ＳＴＥＭ）に創造性と創造的思考を表す芸術の「Ａ」をくっ付けて、蒸気（ＳＴＥＡＭ）にしよう」。

ケイメンはこう述懐する。「それは、どんな愚か者でも（私のような者でも）すぐにわかる、はるかに優れた、より感動的な略語だった。蒸気エンジンは、困難な丘を越えることができるかもしれないのだ」と。

つまりＲＩＳＤでＳＴＥＡＭを提案したのはジョン・ケイメンだったということだ。このＳＴＥＡＭのアイデアは、学生の興味と創造的な主体としての自分の存在を世界に示したいという彼らの願望を反映したものでもあった。

ＲＩＳＤの教職員と学生、およびＳＴＥＡＭ運動のその他の支援者（幼稚園から高等学校までの教師、業界リーダー、芸術教育の擁護者、政策立案者）は、学生の学習の多様性を認めることによって彼らの学習意欲を高め、彼らの創造性を強化するとともに、ＳＴＥＭ分野とアート・デザイン分野に共通する横断的な能力を育てる教育モデルを開発しようとした。

歴史的には、テクノロジーの発見がイノベーションにつながったが、もはやムーアの法則は終焉を迎えている。[★2]時代を先取り、RISDはテクノロジーの人間化と創造的な応用が、製品やシステムの開発と同様に重要であると提案した。新しい知識の生成とその応用の架け橋となる連携分野としてのアートとデザインは、イノベーションと経済競争力に貢献すると考えたのである。

RISDのSTEAMは、創造性を育成するためのハイコンセプトでかつ低コストの取り組みとして始まった。RISDを卒業した学生たちは伝統的なアート分野を仕事にしたり、またはアートを非伝統的な分野に応用する有意義な仕事に就いている。RISDの指導者は、国家レベルでアートとデザインの教育の価値を実証することが、学生に提供される幅広い教育機会に影響を与え、ますます複雑化する世界に備えるのに役立つだろうと考えた。

STEAM政策の戦略的立案

二〇一四年一月から二〇二一年一〇月までの七年一〇ヶ月間、RISDのエグゼクティブ・ディレクターとして政府・企業関係を担当したバベット・アリナ（Babette Allina）は、STEAM教育政策を促進するためにRISDで策定された戦略を公式に表明している。[★3]アリナの声に耳を傾けてみよう。

教育、研究、産業それぞれの分野における創造性の重要性を主張するRISDの取り組みは、これらの分野におけるアメリカの政策にSTEAMの考えかたを組み入れる戦略を立てることから始まった。この戦略は、推進力を生み出す手段としてだけでなく、実践者の持続可能なネットワークを構築する手段として、教育実践者と支持者らのコミュニティを段階的に構築するように設計されていた。

ＲＩＳＤが実施したＳＴＥＡＭ政策の戦略的な立案は次のようなものだ。それは、関係者を結集し彼らの意思決定を通じて政策を実現するという戦略だった。最初の戦略は、学生を研究員として起用し組織化し、彼らを政府関係局として構成することだった。学生たちは地域社会と政府への対応を開始した。彼らはＳＴＥＡＭ政策をどのようにしてＲＩＳＤで広げるかに知恵を絞った。役に立ったのはＲＩＳＤで学んだスタジオワークの方法論と、スタジオで培われた柔軟な思考力だった。彼らは議会での公開フォーラム、さらにはＳＸＳＷ ＥＤＵ[★4]などの集会にも参加した。そして自分たちをＤＣコミックスの「ジャスティス・リーグ」に準えて、ＪＬと呼んだ。

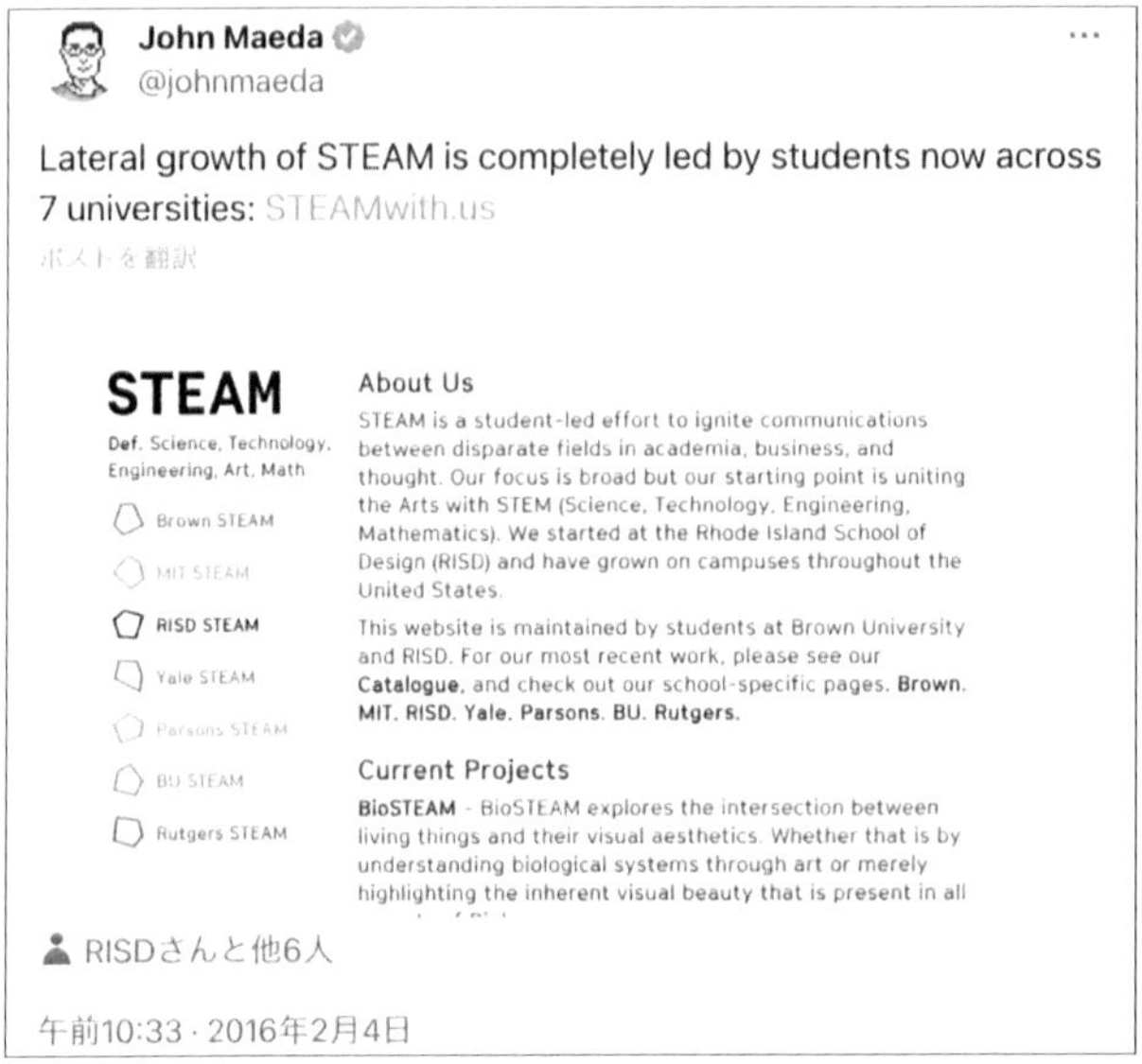

二〇一二年に彼らはＳＴＥＡＭクラブを結成し、その後すぐにブラウン大学の学生と協力してブラウン大学にもＳＴＥＡＭクラブを設立した。この動きは広がり、ボストン大学やハーバード大学、ＭＩＴ、ラトガース大学、エール大学を加えて七校がクラブを設立した。のちにジョン・マエダも自身のＸ（当時はツイッター）に「ＳＴＥＡＭの横への広がりは、現在七大学の学生が完全に主導権を握っている」とポ

ストしている。

同時期（2011）に、ＳＴＥＡＭ政策の戦略的立案として、ＲＩＳＤは政策の立案を地方レベルから始めた。ロードアイランド州科学技術諮問委員会（ＳＴＡＣ）と協議し、ＳＴＥＭにアートとデザインを統合するというアイデアを、州の科学技術計画にデザインを追加するという形で開始したのだ。

二〇一一年、ＲＩＳＤはアートと科学教育の接点における創造性を理解するための二日間のワークショップ「ＳＴＥＭからＳＴＥＡＭへの橋渡し：アート／科学教育学の新しいフレームワークの開発」を主催した。全米科学財団の後援によるこの取り組みは、教育者と政策立案者がアートとサイエンスのギャップを埋める方法を探るものであった。具体的には、アートと科学に特有の教育的アプローチを統合して教育と学習のための新しい戦略を生み出し、ＳＴＥＭをＳＴＥＡＭに変え、その過程での知的で創造的な可能性を促進することを目的としたものだった。詳細はボストン大学のブライアン・スミス（Brian K Smith）によって全米科学財団に報告された。★5
ＲＩＳＤは二〇一二年と一三年に再びＳＸＳＷ ＥＤＵに参加し、ＳＴＥＡＭの推進に努めた。二〇一三年、このパネルセッションは「ＳＴＥＭからＳＴＥＡＭへ：教育から経済へのフルサークル」と題され、セサミ・ワークショップの教育研究担当上級副社長だったローズマリー・トルグリオ（Rosemarie Truglio）が参加した。この時の出会いはのちにセサミ・ストリートのＳＴＥＡＭカリキュラムの作成につながっていく。

この間、ＲＩＳＤの学生でありＲＩＳＤ ＳＴＥＡＭクラブの創設者であるサラ・ピーズ（Sarah Pease）が編集したＡＲＣＡＤＥマガジンのＳＴＥＡＭ特集号をはじめ、多数の記事やプレゼンテーション、インタビュー、出版物のコンテンツがＲＩＳＤによって作成されている。また政府関係局の学生たちは「ＳＴＥＭからＳＴＥＡＭへ」のウェブサイトを構築したり、ＳＴＥＡＭを推進する産業について調査し、ＳＴＥＡＭ教育に関心を持ちそうな人々や、下院選挙区内の独創的な教育モデルを示す地域マップを作成した。このマッピングは、議会のブリーフィングやプレゼンテーションのツールとして役立った。

連邦議会を動かす

1　ＳＴＥＡＭ法案を提出し、ＳＴＥＡＭ議員団を結成した経緯

ＳＴＥＡＭ政策の立案のためにＲＩＳＤが取ったコミュニティ構築の最大の戦略は、連邦議会の議員を組織化することだった。

産業界からの創造的産業を求める声と、ＳＴＥＡＭ実践者の草の根ネットワークは政界を動かし、ロードアイランド州選出の民主党ジェームズ・ランジュバン（James R. Langevin）下院議員はＳＴＥＭからＳＴＥＡＭの動きを連邦議会に持ち込んだ。ランジュバンは、ＲＩＳＤが共催した議会報告会で初めてH. Res. 1702（第111議会）を提出し、ＳＴＥＭ分野を対象とした連邦プログラムにアートとデザインを追加することが、アメリカのイノベーションと経済成長を促進するという下院の見解を表明し

たのである。この見解は議会で継続的にH. Res. 319（第112議会）、H. Res. 51（第113議会）、H. Res. 247（第114議会）と提出され、二〇一九年のH. R. 3321「STEM to STEAM Act of 2019」に結実する。

二〇一一年九月、ＲＩＳＤはランジュバン議員の協力を得て、プロビデンスのロードアイランド財団でロードアイランドの教育およびビジネス・コミュニティのメンバーを対象とした二回目のワークショップを開催した。プロビデンス・ジャーナルは「ＲＩＳＤのＳＴＥＡＭへの取り組みを示す」という記事を掲載し「芸術とデザインは重要である」と報じた。

その後まもなく、スザンヌ・ボナミチ下院議員（Suzanne bonamici　民主党・オレゴン州）は、地元オレゴン州に本社を置くナイキのような創造的産業や地域の学校に、ＳＴＥＡＭを提供するチャンスが来ていることに気づいた。ＲＩＳＤは、ボナミチとランジュバン、そしてデビット・シシリーヌ（David N. Cicilline）議員と協力して、データを調査および調整し、ＳＴＥＡＭのアイデアを伝える手助けをした。ＲＩＳＤのジョン・マエダ学長と後任のロザンヌ・サマーソン（Rosanne Somerson）学長は、数多くの公開フォーラムで芸術・デザイン教育のスポークスマンを務めた。同時にＲＩＳＤは、省庁間の諮問委員会の設置を提案する認可文案を起草した。

二〇一二年、ＲＩＳＤは芸術とデザインを専攻する学生を政府機関や非政府組織でインターンさせるための資金援助に成功し、アーティストやデザイナーが専門分野を超えて協力し、問題を解決する能力を実証した。

このプログラムはマハラムＳＴＥＡＭフェロー（Maharam STEAM Fellows）と呼ばれ、二〇二四年現在も続いており、学生たちは人種差別や環境問題、貧困やジェンダーなどの現代社会が直面している課題に対して、芸術とデザインを通して重要な洞察を明らかにしている。活動の詳細はＲＩＳＤの専用サイトで確認することができる。★6

2　STEAM議員団とその政治的背景

二〇一三年二月一四日、ＲＩＳＤが主催した会合で、民主党のスザンヌ・ボナミチ下院議員（オレゴン州）と共和党のアーロン・ショック下院議員（Aaron Schock イリノイ州）は、二人を共同議長とする超党派のＳＴＥＡＭ議員団の結成を発表した。★7

ＲＩＳＤのジョン・マエダ学長は次のような祝辞を述べている。

「前世紀の科学やテクノロジーが経済を変えたのと同じように、アートとデザインも二一世紀の経済を変革する準備ができていると信じています。ＳＴＥＭにアートとデザインを加えてＳＴＥＡＭを構築することで、アメリカの競争力を維持できるでしょう。私はＳＴＥＭ教育が生み出す進歩をこの目で見てきました。しかし、私はＳＴＥＭの限界も目の当たりにしました。イノベーションは、アーティストやデザイナーによる問題解決、リスクテイク、創造性にかかっています。芸術と科学は、かつては密接に結びついていましたが、別々よりも一緒にするとより効果的です。ボナミチ下院議員とショック下院議員がアートとデザインの重要性を認識し、この議員団の結成を主導していることを大変うれしく思います」

議員団設立の原動力となったのは、ジェームズ・ランジュバン下院議員だ。彼は以前、議員団設立とＳＴＥＡＭ推進を求める下院決議案（H. R. 51）を提出していた。

議員団の目的をボナミチは「私たちの国の未来の世代への芸術と科学（およびそれらの交差点）の両方の利点を認識するために、ＳＴＥＡＭ教育の重要性に対する意識を高め、ＳＴＥＡＭプログラムを提唱するための新しい戦略を模索するために活動することです」と述べている。

議員団は説明会を主催し、席上「iPodが登場する前にもデジタル音楽デバイスはありましたが、世界の音楽の聴き方を変えるには、Apple の創造的なデザインとインターフェース開発が必要でした」とボナミチは語った。「創造的で批判的な思考がイノベーションにつながる。アートをＳＴＥＭカリキュラムに統合することで、将来のリーダーやイノベーターの創造性が刺激されるでしょう」

また、ショックは「次世代の労働者の育成について語るとき、雇用主が雇用を決定する際に求める最も重要な資質の一つが、創造的な感性と創造的思考です」と述べた。「芸術教育はテストの得点を高め、中退率を下げることが研究で示されています。芸術教育は学力の差を縮め、読解力と言語発達に不可欠な学力を向上させ、生徒の学習意欲を高めるのに役立ちます」

ＳＴＥＡＭ議員団の設立当初は一一人の議員が署名していたが、半年以内に五〇人以上の下院議員がメンバーとなり、そのうちの何人かはＳＴＥＭ議員団やアート議員団のメンバーでもあった。二〇二一年三月時点でＳＴＥＡＭ議員団はスザンヌ・ボナミチとエリーゼ・セファニク下院議員（Elise Sefanik 共和党・ニューヨーク州）が共同議長を務めており、七七名の議員が名を連ねている（次ページ）。

ＳＴＥＡＭ議員団の設立のあと、デビッド・シシリーヌ下院議員が民主党の重鎮で当時は下院議長だったナンシー・ペロシ（Nancy Patricia Pelos）をＲＩＳＤに招聘した。目的は、ロードアイランド州のＳＴＥＡＭについて知ってもらい、連邦政府がこの取り組みをどのように支援し推進できるかについて意見交換をすることだった。

経済界では、アメリカの競争力と雇用の喪失について懸念があった。ＳＴＥＡＭは知的資本として期待を持たれ始めていた。ＲＩＳＤは、活動二年目を迎えたＳＴＥＡＭ議員団と協力して業界説明会を主催することでこれに応えた。ボーイング社やロッキード・マーチン社、インテルの代表者らは、ＳＴＥＡＭ教育の考え方を支持する理由として、創造的な才能と知的資本の必要性を挙げた。

Current as of March 2021

ARIZONA

Raul Grijalva

ARKANSAS

French Hill

CALIFORNIA

Julia Brownley
Tony Cárdenas
Jared Huffman
Barbara Lee
Ted Lieu
Zoe Lofgren
Alan Lowenthal
Doris Matsui
Scott Peters
Adam Schiff
Jackie Speier
Mark Takano

CONNECTICUT

Jim Himes

DISTRICT OF COLUMBIA

Eleanor Holmes Norton

FLORIDA

Kathy Castor
Lois Frankel

GEORGIA

Sanford Bishop
Hank Johnson
David Scott

ILLINOIS

Cheri Bustos
Danny Davis
Rodney Davis

Daniel Lipinski
Mike Quigley
Janice Schakowsky

INDIANA

Andre Carson
Jackie Walorski

KENTUCKY

John Yarmuth

MAINE

Chellie Pingree

MARYLAND

Jamie Raskin

MASSACHUSETTS

Bill Keating
Joe Kennedy
Stephen Lynch
James McGovern
Richard Neal

MICHIGAN

Debbie Dingell
Brenda Lawrence
Fred Upton

MINNESOTA

Betty McCollum

MISSISSIPPI

Bennie G. Thompson

NEVADA

Dina Titus

NEW HAMPSHIRE

Ann McLane Kuster

NEW JERSEY

Josh Gottheimer
Donald Norcross
Bill Pascrell
Jeff Van Drew

NEW MEXICO

Ben Ray Luján

NEW YORK

Brian Higgins
Hakeem Jeffries
Carolyn Maloney
Sean Patrick Maloney
Jerrold Nadler
José Serrano
Elise Stefanik*
Paul Tonko

NORTH CAROLINA

Alma Adams
G.K. Butterfield
David Price

OHIO

Tim Ryan

OREGON

Earl Blumenauer
Suzanne Bonamici*
Peter DeFazio

PENNSYLVANIA

Matthew Cartwright
Scott Perry

RHODE ISLAND

David Cicilline
James Langevin

TENNESSEE

Steve Cohen

TEXAS

Lloyd Doggett

VIRGINIA

Gerry Connolly
Bobby Scott

WASHINGTON

Suzan DelBene
Derek Kilmer
Adam Smith

WEST VIRGINIA

David McKinley

WISCONSIN

Mark Pocan

3　STEAM議員団の中心議員

ここでSTEAM議員団の中心となった議員について説明しておこう。

州の北西部を構成するオレゴン州第一議会選挙区選出の民主党下院議員スザンヌ・ボナミチは、二〇一二年に就任して以来現職を続けている。それ以前の彼女は、オレゴン大学ジャーナリズム学部で文学士号を取得したのち、一九八三年にオレゴン大学法科大学院からJD（法務博士：専門職）を取得し、レーン郡法務援助サービスで働いていた。

彼女はピアノ教師の娘であり、その生育環境の中で、アートがSTEMを強化し、その逆もまた同様であることを感じて育ったのだろう。[★8]

「STEMにAを追加すると、どのように実践が強化されるのでしょうか？」

デジタルジャーナリズム「The 100 Companies」の記者の質問にボナミチは次のように答えている。

「私は、アートが人々を豊かにして結びつけ、創造性を刺激し、コミュニティを変革する能力を強く信じています。さらに、アートを含む総合的な教育により、創造性と分析スキルが育ちます。また、美術や音楽、その他の創造的な手段が指導に含まれると、生徒が学習にもっと熱心に取り組むようになることがわかります。アートをSTEM教育に統合することは、より批判的思考を刺激し、我が国の革新性と起業家精神を維持するために必要です[★9]」

ボナミチとアーロン・ショックは共著記事の中で次のように述べている。

「私たちは、ＳＴＥＡＭ議員団の共同議長として、広義のアートとデザインをＳＴＥＭに統合することを提唱しています。私たちは二人ともピアノ教師の子供であり、アートが生徒や地域社会にポジティブな影響を与えることを目の当たりにしており、経済発展における創造性と革新の重要性を理解しています。…（略）…情報説明会、情報発信、政策提言活動を通じて、ＳＴＥＡＭの認知度を高め、アーツ・インテグレーション政策を連邦レベルに引き上げることを目標としています」★10

二〇一四年、ＲＩＳＤのロザンヌ・サマーソン学長はＳＴＥＡＭ教育の支持者間のつながりを強化するために、国会議事堂で業界説明会を共催するなどＳＴＥＡＭ議員団の取り組みを強化した。

二〇一六年、ＳＴＥＡＭ議員団はその努力の一つの成果をあげた。スザンヌ・ボナミチは、連邦教育法ＥＳＥＡを再認可し現在のＥＳＳＡを制定する際に、ＳＴＥＭにアートを統合する旨の文言の導入に成功した。詳細は次章で説明するが、下院・上院合同会議委員会が長年議論してきた『すべての生徒の成功に関する法律（ＥＳＳＡ）』の最終改正を行なっていた二〇一五年末、ボナミチ下院議員はアートをＳＴＥＭ教育に統合する修正案を提出した。彼女はこれまで何度かこの修正案を提案していたが成果はなかった。しかし、最終的にこの修正案は全会一致で採択されたのだ。次はその修正案である。

（vi）ＳＴＥＭへの参加を増やし、ＳＴＥＭに関連する能力の習得を向上させ、調和のとれた教育を促進するために、**芸術を含めつつ、他の教科をＳＴＥＭ教科のプログラムに統合する。**

二〇一九年、スザンヌ・ボナミチ議員とエリーゼ・ステファニク議員は、アートとデザインを統合することで創造性と革新を促進するための法案、「ＳＴＥＡＭ教育法構築法案」HR3308を第一一六回議会（2019-2020）に提出した。同日、ジェームス・ランジュバン議員からも「ＳＴＥＭからＳＴＥＡＭへ法案」HR3321が提出された。

連邦政府のＳＴＥＭプログラムにアートやデザインを含める法案の提出は、ＳＴＥＡＭ運動が求める立法上の成功を象徴している。ＲＩＳＤはまた、ＳＴＥＡＭ議員団の新人メンバーの研修や州ごとの政策の変化、ロードアイランド州、ワシントン州、メリーランド州等の州レベルでの立法活動をサポートした。

4　ロードアイランド州のＳＴＥＡＭ事情

東海岸のロードアイランド州と西海岸のオレゴン州はどちらもＳＴＥＡＭ運動のリーダー的存在であり、どちらの州でも問題が明確に定義され、協力的で支援的な議員によって強く受け入れられ、大学が重要な役割を果たしてきた。両州においてＳＴＥＡＭが支持されていることは明らかだが、その経緯は大きく異なっている。

ロードアイランド州における中心人物はもちろんジョン・マエダだ。次世代が直面する問題には創造的な解決策が必要であることは多くの人が認めるところだが、ＳＴＥＭだけでは解決できないとマエダは訴えた。彼は、論理的で直線的な思考と同時に意外性のある拡散的な（アーティストのような）

思考の必要性を訴えたのである。科学者であり、アーティストであり、デザイナーでもある彼の発言には説得力があった。

ノースイースタン大学の文化芸術政策研究所共同所長のアン・ギャリガン（Ann M. Galligan）は、マエダがＳＴＥＡＭを広める上で成功したもう一つの重要な要素は、彼がアートを従来の情緒的・趣味的な世界から脱却させたことと、Ａにデザインを含めたことであると指摘する。このことは、彼が明らかにアートの創造的産業モデルを受け入れていることを反映していると彼女はいう。[★11]

アートセクターが一九四〇年から二〇〇〇年にかけて急激に成長した主な理由の一つは、ハイテクノロジーの導入と、アメリカの労働力におけるデザイナーの急激な増加である。デザインという概念は、多くの人々にとってアートほど曖昧ではなく、デザインの技術的要素はＳＴＥＭの枠組みにうまく適合する。

マエダはまた、地元や国内、そして国際的な場での関係構築にも精力的だった。彼はＳＴＥＭからＳＴＥＡＭへのムーブメントを支える「顔」となった。彼は議会で演説し、世界的な会議や会合でＳＴＥＡＭについて発表している。ＳＴＥＭからＳＴＥＡＭへの運動はマエダの献身で勢いを得たように思える。

マエダがＲＩＳＤに残した遺産の一つは、ＳＴＥＡＭに熱中し、ブラウン大学の人文科学系の友人たちと手を組んで強力なＳＴＥＡＭ連合を作り上げた学生たちである。ＲＩＳＤ ＳＴＥＡＭとＢＲＯＷＮ ＳＴＥＡＭの学生連合（ＳＴＥＡＭ show）は、毎週のようにイベントや共同プロジェクトを実施した。

現在、ロードアイランド州教育省は、一一月をＳＴＥＡＭ月間としており、その目的を「科学、技術、工学、アート＋デザイン、数学の学習の重要性を強調し、ロードアイランド州の学校が提供するＳＴＥＡＭの機会を奨励すること」としている。また、ＳＴＥＡＭ教育者賞を設け、革新的で魅力的な授業で生徒の好奇心と創造性を刺激する優れた教育者を表彰している。

さらに、毎年ＳＴＥＡＭロゴデザインコンテストを開催しており、二〇二三年度はプロビデンスのメトロポリタン高校四年生、テオドール・ジャニガの作品が選ばれた（上図）。

5　オレゴン州のＳＴＥＡＭ事情

オレゴン州はもともとＳＴＥＭ教育が盛んな州だった。ＳＴＥＭ教育は幼稚園から高校まで、また大学レベルでも強力な広がりを持っていた。たとえば、オレゴン州立大学では、教育学部内に生涯ＳＴＥＭ学習研究センターを設置しているなどの教育的基盤があった。

二〇一三年四月九日、オレゴン州立大学の生涯ＳＴＥＭ学習研究センターは、ＳＴＥＭ学習に関する全学セミナーとして、「ＳＴＥＡＭの議論：ＳＴＥＭ教育へのアートの統合（The Argument for STEAM: Integrating the Arts into STEM Education）」というイベントを開催した。その時の宣伝用ウェブサイトには次のように書かれていた。

「ＳＴＥＭは科学、技術、工学、数学の統合を意味し、学際的な新科目としてよく使われる。でも、私たちは何かを見逃していないだろうか？　アートはＳＴＥＭ学習の経験に何を加えることができるのだろうか？　創造性はどのようにしてイノベーションを高めることができるのだろうか？　ＳＴＥＭからアートの「Ａ」を持つＳＴＥＡＭへの動きに乗り出そう」★12

このパネルディスカッションにはスーザン・ボナミチ下院議員事務所のオレゴン州立大学卒業生ライアン・マンやアン・ギャリガンが参加していた。

以来オレゴン州のＫ－12レベルでは、元教育者であるボナミチ下院議員の努力もあって、ＳＴＥＡＭが教育課題になっている。オレゴン州のＳＴＥＡＭ運動の目標は、読み書きと数学のしっかりとした基礎と、生徒を仕事の世界につなげるために必要なスキル、知識、社会資本の両方を生徒に提供することである。推進者たちはＳＴＥＡＭ教育が提供するスキルや能力には、コンピュータスキル、基礎数学、問題解決能力、批判的思考力、空間認識力、さらには忍耐力や協調性、創造性などの個人的スキルが含まれると主張している。

ＳＴＥＡＭ政策の歴史のまとめ

これまでのところのＳＴＥＭからＳＴＥＡＭへの政策転換の歴史を時系列に表したのが次のページの図である。図の左側は州政府と関係団体の動きであり、右側は連邦政府の動きを表している。ＳＴ

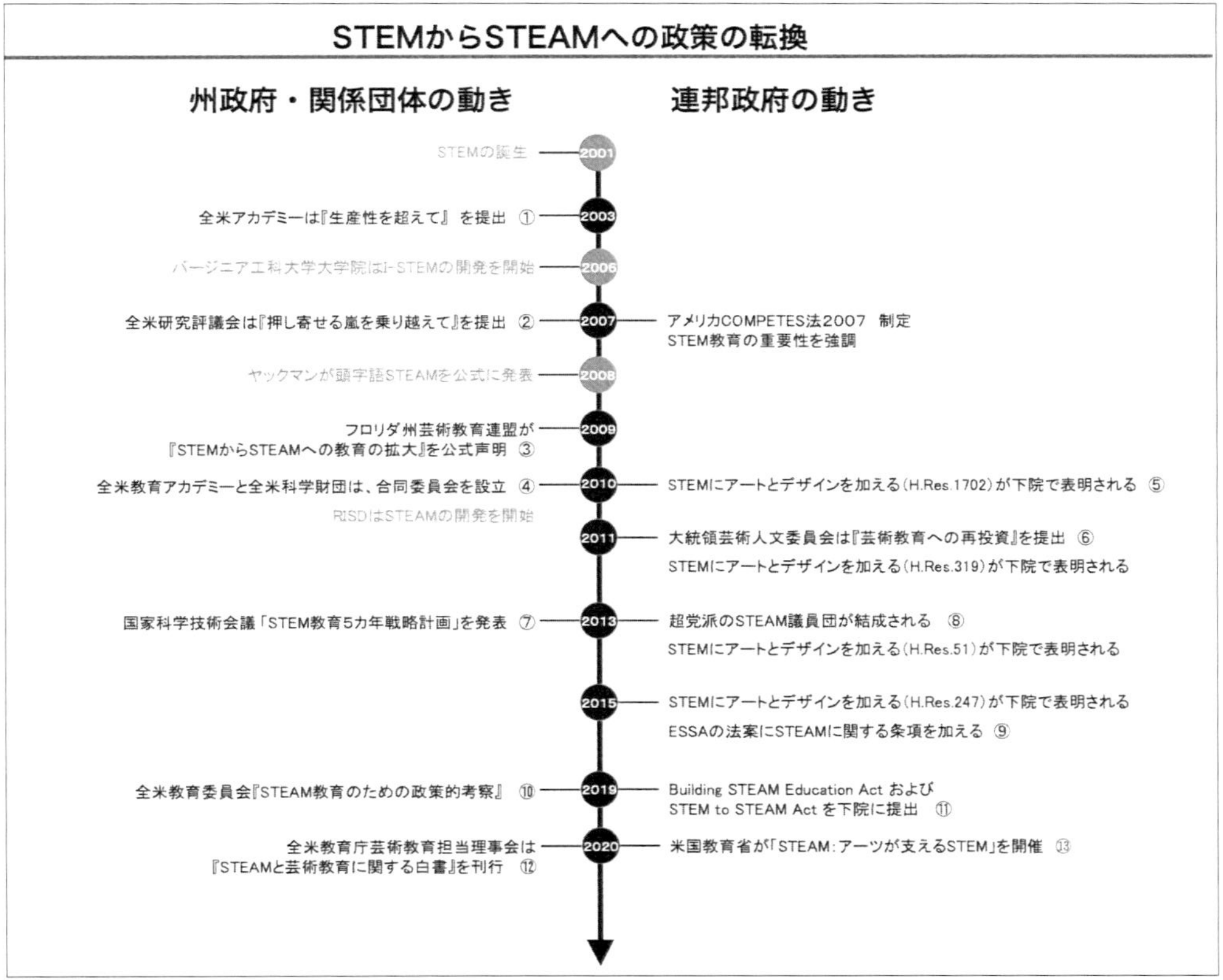
STEMからSTEAMへの政策の転換
州政府・関係団体の動き
連邦政府の動き
2001
STEMの誕生
2003
全米アカデミーは『生産性を超えて』を提出 ①
2006
バージニア工科大学大学院はI-STEMの開発を開始
2007
全米研究評議会は『押し寄せる嵐を乗り越えて』を提出 ②
アメリカCOMPETES法2007 制定
STEM教育の重要性を強調
2008
ヤックマンが頭字語STEAMを公式に発表
2009
フロリダ州芸術教育連盟が
『STEMからSTEAMへの教育の拡大』を公式声明 ③
2010
全米教育アカデミーと全米科学財団は、合同委員会を設立 ④
RISDはSTEAMの開発を開始
STEMにアートとデザインを加える（H.Res.1702）が下院で表明される ⑤
2011
大統領芸術人文委員会は『芸術教育への再投資』を提出 ⑥
STEMにアートとデザインを加える（H.Res.319）が下院で表明される
2013
国家科学技術会議「STEM教育5カ年戦略計画」を発表 ⑦
超党派のSTEAM議員団が結成される ⑧
STEMにアートとデザインを加える（H.Res.51）が下院で表明される
2015
STEMにアートとデザインを加える（H.Res.247）が下院で表明される
ESSAの法案にSTEAMに関する条項を加える ⑨
2019
全米教育委員会『STEAM教育のための政策的考察』 ⑩
Building STEAM Education Act および
STEM to STEAM Act を下院に提出 ⑪
2020
全米教育庁芸術教育担当理事会は
『STEAMと芸術教育に関する白書』を刊行 ⑫
米国教育省が「STEAM：アーツが支えるSTEM」を開催 ⑬

EMやSTEAMに関する連邦や州の教育政策およびそれらに影響を与えた報告書は多数あるが、この図では特に影響力の大きかったものに絞っている。ではSTEMからSTEAMへの政策転換の歴史を辿ってみよう。なお、以下の文中の①②等は図中の番号を指している。

NSFによってSTEM教育の提唱が始まった直後の二〇〇三年、アート、デザイン、テクノロジーの交差点に関する研究報告書『生産性を超えて―情報、テクノロジー、イノベーション、創造性』（上図）★[13]①が発表された。全米アカデミーが発表したこの報告書は、生産性を向上させ、イノベーションを加速させる方法として、ITとアートやデザインの学際的コラボレーションによる創造的実践（ITCP：IT and creative practices）を探求したものである。

副題にイノベーションや創造性という単語が見えるように、『生産性を超えて』はイノベーションや創造性を視点として、コンピュータ・サイエンスの研究開発にアートとデザインが与える影響とその重要性を論じている。これを言い換えれば、生産性の向上に直結するSTEM政策に対してその限界を論じたものであり、イノベーションや創造性育成のためには科学とアートやデザインの学際的な活動が必要であるということだ。この主張は、このあとに生まれるSTEAMの考え方を先導するものである、と捉えることができる。

二〇〇七年、国家の繁栄や安全保障に懸念を抱くアメリカ上院議員らは、特に科学技術分野において、グローバリゼーションがアメリカの経済競争力に与える影響を研究の俎上に載せるよう要請した。

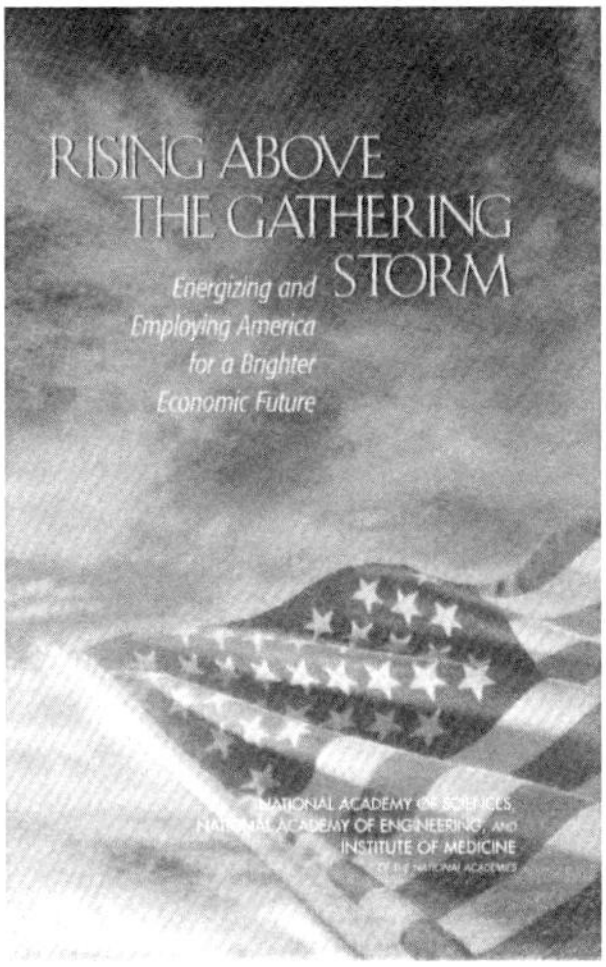

その結論として、「クリーンで安価な信頼性の高いエネルギーに対する国民のニーズ」から生じるＳＴＥＭ雇用創出に重点が置かれた。

アメリカ調査研究評議会（全米研究評議会とも。ＮＲＣ：National Research Council）の調査結果は、『押し寄せる嵐を乗り越えて：明るい経済の未来のためにアメリカを元気にし、雇用する』（上図）[★14]②と題された報告書にまとめられた。この報告書では二一世紀のアメリカの繁栄の主要な要素の説明に続いて、その繁栄にとって科学と技術がどのように重要であるかを解説している。またこれには、幼稚園から高校までのＳＴＥＭ教育と学術研究への投資を増やすための推奨事項が含まれていた。

同年の連邦政府によるアメリカ競争法（America COMPETES Act of 2007）では、イノベーションを豊かな未来を確保するための鍵とみなし、アメリカの教育におけるＳＴＥＭ教科の重要性が強調された。この前年ごろからバージニア工科大学の大学改革に伴い、大学院でマーク・サンダースらがＩ－ＳＴＥＭ教育プログラムの開発と実践を始めている。

二〇〇九年にはフロリダ州全体の芸術教育を担うフロリダ州芸術教育連盟（ＦＡＡＥ：Florida Alliance

for Arts Education）が『ＳＴＥＭからＳＴＥＡＭへの教育の拡大』③★15を公式に表明した。

『フロリダの未来へのロードマップ』改訂のために開催された地域フォーラムでは、パネリストや一般市民から、高い退学率への懸念や、二一世紀の経済社会で活躍できる創造的で革新的な労働者になるための準備の必要性が語られ、また芸術教育の重視を求める声が繰り返し聞かれた。フロリダ州教育省のデータは、芸術科目を多く履修している生徒ほど、どの教育分野においても学業成績が良く、退学率が低いことが明らかにしている。フロリダ州はニューヨーク州やオハイオ州と並んでＳＴＥＡＭ教育の先進的な州であるが、ゲインズビルのイーストサイドのデュバル小学校が、生徒の学習を向上させるために、算数や科学技術に芸術を取り入れることによって、わずか一年で学力水準がＦランクからＡランクに昇格した事例をあげ、芸術をコア教科と位置付けたのである。

同年八月、アルネ・ダンカン教育省長官は、学校と教育コミュニティの指導者に宛てた書簡の中で、芸術は中核的な教科であり、すべての子供の教育の一部であるべきだと述べている。そしてＳＴＥＭカリキュラムに焦点を絞ると、芸術など他の領域が疎かになると懸念を示し、バランスの取れたカリキュラムを目指すべきであると通達した。

こうした動向の中、二〇一〇年の第一一一回下院議会にジェームズ・ランジュバン議員からＳＴＥＭにアートとデザインを加える決議案が提案されたのである⑤。科学、技術、工学、数学（ＳＴＥＭ）分野を対象とした連邦プログラムにアートとデザインを追加することが、アメリカのイノベーションと経済成長を促進するという下院の考えを表明した。連邦議会における議員の活動にはＲＩＳＤが大きく関わっていることについては、これまで述べてきた通りである。

同年、全米教育アカデミー（ＮＥＡ）と全米科学財団（ＮＳＦ）は、合同委員会④を設立し、「相乗効果を特定し、構成員間の協力関係を促進し、探究や協力、資金提供の機会や生涯学習そして革新という全米科学財団と全米芸術基金（National Endowment for the Arts）の相互に関心のある一連の実行可能な分野を開発すること」が示された。翌年まとめられた委員会の成果には、科学・技術・工学・芸術・数学の組織的な教育方法としてＳＴＥＡＭを最良の教育方法とし、幼稚園から高校、大学、生涯学習における芸術の統合を意味するＳＴＥＡＭという頭字語の用法を推奨すると明記されている[★16]。

二〇一一年、大統領芸術人文委員会の報告書『芸術教育への再投資』が発表される⑥。創造性を育む最善の方法は、芸術教育であると記述された報告書は、芸術を外したＳＴＥＭ教育の不備を暗に指摘したと見ることもできよう。

これらは過去一〇年間のアートと科学のコラボレーションに関する資料であり、ＳＴＥＡＭ推進者にとって重要なリソースである。これらの研究は、他の多くの研究と同様に、ＳＴＥＭ教育と研究の強化または革新に関する政策議論につながった。

二〇一三年五月には、一一省庁からなる国家科学技術会議（ＮＳＴＣ：National Science and Technology Council）のＳＴＥＭ教育委員会によって「ＳＴＥＭ教育五カ年戦略計画（Federal STEM Education 5-year Strategic Plan）」が発表された⑦。この計画は、大統領科学技術諮問委員会（ＰＣＡＳＴ：President's Council of Advisors on Science and Technology）が提出した二つの大統領への提言リポートに基づいている。二〇一〇年の『準備と刺激：アメリカの未来のためのＫ－12教育におけるＳＴＥＭ』[★17]と二〇一二年の『卓越への取り組み：科学、技術、工学、数学の学位を持つ大学卒業生を一〇〇万人増やす』[★18]である。

ＳＴＥＭ教育五カ年戦略計画にはＳＴＥＭ教育への連邦政府の投資優先順位が示されていた。また留意事項として、Ｋ‐12教育から大学・大学院教育までの改善についても示されており、ＳＴＥＭ教育関連施策に対する優先的予算配分の指針となった。

二〇一三年以降、ＳＴＥＡＭ議員団の結成⑧やランジュバン議員による四度にわたるＳＴＥＭにアートとデザインを加える下院決議案の提出、改正された連邦教育法ＥＳＳＡに芸術教科をＳＴＥＭ教科のプログラムに統合する条項を加えたりと⑨、ＳＴＥＭからＳＴＥＡＭへの動きは加速する。

そして二〇一九年、スザンヌ・ボナミチとエリーゼ・セファニクそしてジェームス・ランジュバンから、アートとデザインを統合することで創造性と革新を促進するための法案である「ＳＴＥＡＭ教育法構築法案」と「ＳＴＥＭからＳＴＥＡＭへ法案」が提出された⑪。

この年には全米教育委員会から『ＳＴＥＡＭ教育のための政策的考察』が提出されている⑩。

二〇二〇年には、全米教育庁芸術教育担当理事会が『ＳＴＥＡＭと芸術教育に関する白書』を提出している⑫。白書では芸術の教育上の働きとその必要性を説くと同時に、すべてのＳＴＥＡＭ教科領域でスタンダードに基づいた学習を確実に行うこととし、科学や芸術の各教科の教育を保証するカリキュラムの設計を求めている。

そしてＳＴＥＭからＳＴＥＡＭへの動きが決定的になったのは、二〇二〇年、アメリカ教育省による「ＳＴＥＡＭ：アーツが支えるＳＴＥＭ」（STEAM：ARTS SUPPORTING STEM）と題する協議会が開催されたことである⑬。州の教育省レベルの類似の集会はこれまでも見られたが、連邦政府教育省がＳＴＥＡＭに関する集会を開催したことに大きな意義がある。

アメリカのＳＴＥＡＭ政策にはこのような歴史的な経緯と背景がある。ＳＴＥＡＭ教育とは、生徒の学習を意欲づけ、イノベーションに結びつく創造力等の能力と現代社会の複雑な諸問題に主体的に向き合う資質を育成するものである。その実現のための、アート（とデザイン）をベースにしたＳＴＥＭ教科との統合教育（インテグレーション）を推進する政策の行方を今後も注視していたい。

《注および引用文献》

★1 Jon Kamen, "Creativity is the missing ingredient in education," WIRED magazine（AUG 27, 2013）: pp. 77-78.

★2 インテルの共同創業者ゴードン・ムーアが一九六五年に「Electronics」誌で発表した半導体技術の進歩とコストについての経験則で、「チップあたりのトランジスタの数は一年ごとに二倍になる」という法則。その技術やコストが限界に近づいていることから、二〇一〇年前後からムーアの法則の終焉が指摘された。
P. Bright, "Moore's law really is dead this time," arstechnica.（Feb. 11 2016）: https://arstechnica.com/information-technology/2016/02/moores-law-really-is-dead-this-time/

★3 Babette Allina, The development of STEAM educational policy to promote student creativity and social empowerment（Arts Education Policy Review 119（2）, Routledge, 2017）: pp. 77-87.

★4 サウス・バイ・サウスウエストと読む。毎年テキサス州オースティンで開催される教育と学習の未来を考える4日間の数十万人規模のイベント。メディアやスタートアップ、映画、ゲーム、カルチャーと多方面なトピックに加え、二〇二三年はオープンAIのグレッグ・ブロックマンが基調提案するなど、話題が尽きない。

★5 詳細はボストン大学のBrian K. Smith, "Bridging STEM to STEAM: Developing New Frameworks for Art-Science Pedagogy" を参照のこと。

★6 https://risdmaharamfellows.com/ に詳しい。

★7　STEM議員団はすでに二〇〇〇年に設立されている。

★8　“STEAM ON THE HILL: A CONVERSATION WITH REP. SUZANNE BONAMICI,” Suzanne Bonamici official site, Nov. 12, 2019, https://bonamici.house.gov/media/in-the-news/steam-hill-conversation-rep-suzanne-bonamici

★9　“STEAM on the Hill: A Conversation with Rep. Suzanne Bonamici,” The Engineering 100, Nov. 12, 2019, https://theengineering100.com/rep-bonamici-steam/

★10　Suzanne Bonamici, Aaron Schock, “STEAM on Capitol Hill,” The STEAM Journal, Vol. 1 Issue 2 (Feb. 2014).

★11　創造的産業とは、芸術や映画、デザインや広告などの生産物の生産に関わる産業を指す。ギャリガンの引用は、A. Galligan, “Creativity, education, culture, and the workforce,” Washington, DC: Center for Arts and Culture, (2001) より。https://archive.org/details/ERIC_ED478965/mode/2upで閲覧可能。

★12　生涯STEM学習研究センターについては、https://serc.carleton.edu/StemEdCenters/profiles/73995.html　参照。

★13　National Research Council of the National Academies, Beyond Productivity: Information, Technology, Innovation and Creativity (National Academies Press, 2003).

★14　William J. Mitchell, Alan S. Inouye, and Marjory S. Blumenthal, Eds., Rising Above the Gathering Storm: Resing Above the Gathering Storm: Energizing and Employing America for a Brighter Economy Future (THE NATIONAL ACADEMIES PRESS, 2007).

★15　Florida Department of Education, “Expanding Education from STEM to STEAM Preparing Florida's Students to Thrive in the 21st Century,” Florida Department of Education (2009): https://faae.org/ .

★16　D. Fox Harrell, Sneha Veeragoudar Harrell, “Strategies for Arts + Science + Technology Research: Executive Report on a Joint Meeting of the National Science Foundation and the National Endowment for the Arts,” Massachusetts Institute of Technology, 2011: https://groups.csail.mit.edu

★17　President's Council of Advisors on Science and Technology, PREPARE AND INSPIRE: K-12 EDUCATION IN SCIENCE, TECHNOLOGY, ENGINEERING, AND MATH (STEM) FOR AMERICA'S FUTURE, (Executive Office of the President, Sep. 2010).

★18　President's Council of Advisors on Science and Technology, ENGAGE TO EXCEL: PRODUCING ONE MILLION ADDITIONAL COLLEGE GRADUATES WITH DEGREES IN SCIENCE, TECHNOLOGY, ENGINEERING, AND MATHEMATICS (Executive Office of the President, Feb. 2012).

第2章　連邦と州政府、そして教育機関が定めるＳＴＥＡＭ

連邦教育法とＳＴＥＡＭ教育

日本の学校教育が学習指導要領に基づいており、その基盤には教育基本法や学校教育法があるように、アメリカの学校教育も州政府にその権限があるとはいえ、それぞれの州のスタンダードも連邦のナショナル・スタンダードを参照しており、そしてその基盤には連邦教育法がある。現在の新しい連邦教育法は、州や郡がＳＴＥＭ教育やＳＴＥＡＭ教育を支援する機会を提供することを促している。だから、アメリカにおけるＳＴＥＭ教育やＳＴＥＡＭ教育を考えるときには、連邦教育法でどのように記述されているかを分析し、その法規的基盤を理解しておく必要がある。また連邦教育法は州予算への資金配分を規定していることから、予算的裏付けという側面からも重要な法律と言える。

この章ではまず連邦政府の考え方として、ＳＴＥＭ教育やＳＴＥＡＭ教育と連邦教育法の関連について、「Every Student Succeeds Act」★1（以下、ＥＳＳＡ）と「Strengthening Career and Technical Education for the 21st Century Act」（以下、「Perkins V パーキンスV」）、そしてSTEM教育法に焦点を当てて考察する。

1　連邦教育法ESSAの構造

アメリカでは、州や郡がSTEM教育を推進する必要性がESSAによって法制化されている。こうした法的基盤の存在は日本とは大きな違いである。二〇一五年一二月一〇日にバラク・オバマ大統領によって署名され成立したESSAは連邦教育法であり、初等中等教育法（ESEA：Elementary and Secondary Education Act）の再承認法である。一九六五年制定のESEAは、経済的・社会的に不利な状況にある児童・生徒の教育の質と機会の向上のため、州に与えられる連邦補助金制度を定めたものだった。ブッシュ政権の二〇〇二年、NCLB法（No Child Left Behind Act of 2001）として大きく改正されたが、それを超党派で再改正したのがESSAである。

ESSAは、州や郡がSTEM教育を推進する必要性を明文化している。STEAMという言葉そのものはESSAにはない。しかし、第四一〇七条a-3（C）の（vi）にある「芸術教科等を統合してSTEM教科の教育を推進する」という文面はSTEAM教育に言及されていると読み取れる。

日本の国立国会図書館調査及び立法考査局では、ESSAを「全児童・生徒学業達成法」と邦訳しているように、★2 ESSAは特別な財政支援が必要な地域や対象者（移民、先住民等）に関わる条項を含み、K-12の主として公教育に連邦政府の資金を提供し、その予算措置について規定する法律である。

このような性格の法律であるESSAにおけるSTEMとSTEAM教育に関連する条文の記述を分析し、STEAM教育の予算措置に関わる連邦法での捉え方を検討してみよう。

ESSAは九つのタイトル（編）から構成されている。全体は次のように構成されている。

TITLE I	IMPROVING BASIC PROGRAMS OPERATED BY STATE AND LOCAL EDUCATIONAL AGENCIES
TITLE II	PREPARING, TRAINING, AND RECRUITING HIGH-QUALITY TEACHERS, PRINCIPALS, OR OTHER SCHOOL LEADERS
TITLE III	LANGUAGE INSTRUCTION FOR ENGLISH LEARNERS AND IMMIGRANT STUDENTS
TITLE IV	21ST CENTURY SCHOOLS
TITLE V	STATE INNOVATION AND LOCAL FLEXIBILITY
TITLE VI	INDIAN, NATIVE HAWAIIAN, AND ALASKA NATIVE EDUCATION
TITLE VII	IMPACT AID
TITLE VIII	GENERAL PROVISIONS
TITLE IX	EDUCATION FOR THE HOMELESS AND OTHER LAWS

第1編	州および地方の教育機関が運営する基本的なプログラムの改善
第2編	質の高い教師、校長、その他の学校の指導者の育成、研修、採用
第3編	英語学習者と移民学生のための言語指導
第4編	21世紀の学校
第5編	州のイノベーションと地域の柔軟性
第6編	インディアン、ネイティブ・ハワイアン、アラスカ・ネイティブ教育
第7編	インパクトエイド
第8編	一般規定
第9編	ホームレスのための教育とその他の法律

ESSAの第四編（TITLE IV）は「二一世紀の学校（21st CENTURY SCHOOLS)」と名付けられている。ESSAにおけるSTEM及びSTEAM教育の捉え方を明らかにするため、第四編に含まれている第四一〇七条（SEC. 4107）「調和の取れた教育機会を支援するため

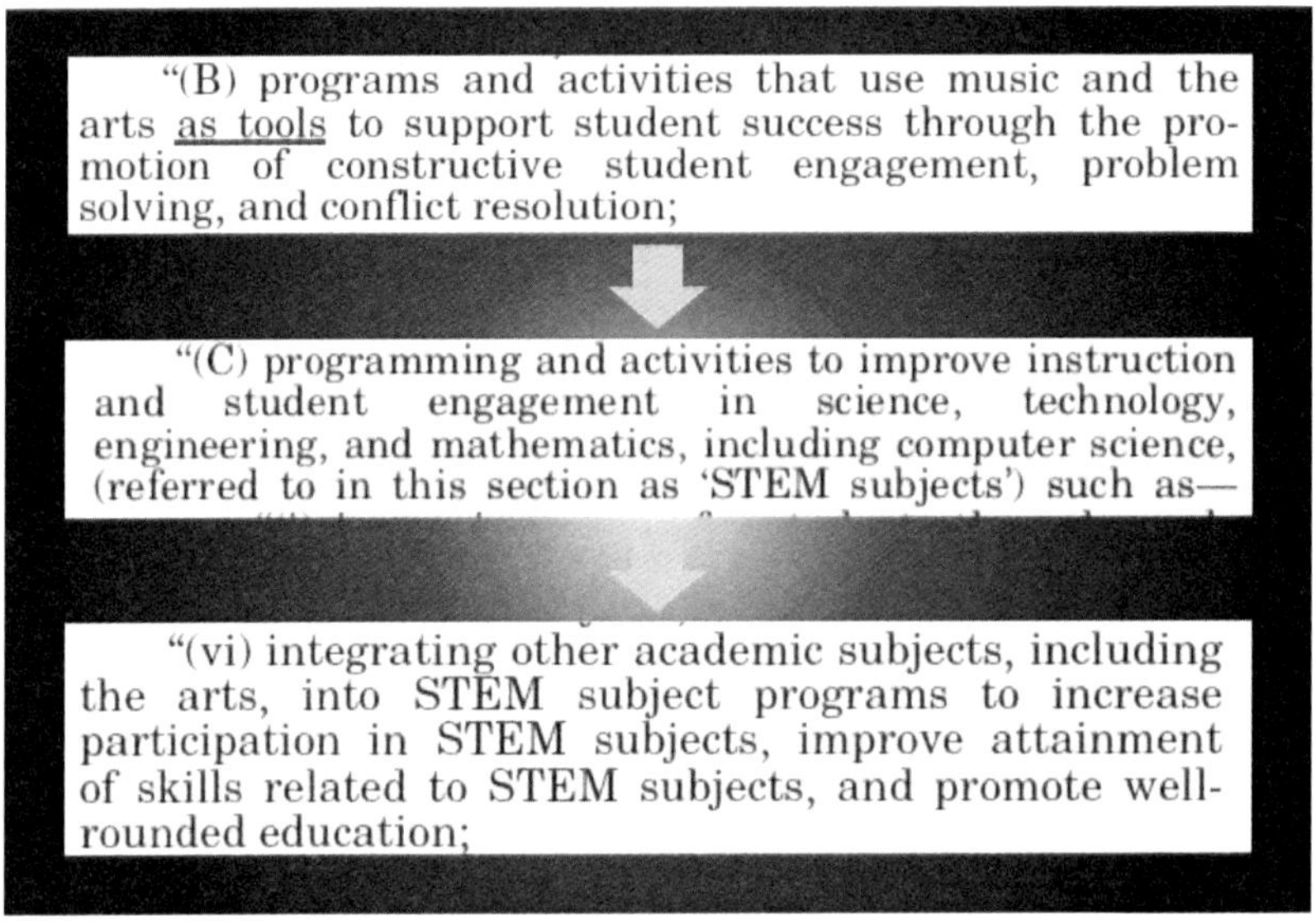
"(B) programs and activities that use music and the arts <u>as tools</u> to support student success through the promotion of constructive student engagement, problem solving, and conflict resolution;

"(C) programming and activities to improve instruction and student engagement in science, technology, engineering, and mathematics, including computer science, (referred to in this section as 'STEM subjects') such as—

"(vi) integrating other academic subjects, including the arts, into STEM subject programs to increase participation in STEM subjects, improve attainment of skills related to STEM subjects, and promote well-rounded education;

の活動（Activities to support well-rounded educational opportunities)」に着目してみよう。

2　第四一〇七条の構造

第四一〇七条は、地方教育機関や類する機関の組織が、調和の取れた教育機会を支援する活動の開発および実施に予算を執行することを規定しており、a-3では（A）から（J）までの一連の項目でその具体的活動が示されている。[★3]

そのa-3の（B）では、生徒の積極的な参加と問題解決の促進を通して生徒の成功を支援するツールとして、音楽と芸術を使用するプログラムと活動への予算執行が示されている。それに続くa-3（C）の冒頭では、「コンピュータ・サイエンスを含む科学、技術、工学及び数学」をSTEM教科と表記するとし、その教育及び生徒の関与を改善するための計画及び活動が示されている。この条文ではSTEM教育の定義とその推進が示されている。前ページの図は条文の要点を抜粋したものである。

そして、a-3（C）の（vi）では、「STEM教科への学習参加者を増やし、STEM教科に関連する能力の習得を向上させ、調和の取れた教育（well-rounded education）を推進するために、芸術（arts）★4を含めつつ、他の教科をSTEM教科のプログラムに統合する」と結んでいる。

この条文を俯瞰すると、まずa-3（B）において、学習意欲を高め問題解決を促進し、生徒の成功を支援するツールとしての芸術教科の活用を説き、続く（C）でSTEM教科の定義とSTEM教育の推進の必要性について言及し、その（C）の（vi）においてSTEM教科の能力の習得を向上させるために**芸術教科をSTEM教科のプログラムに統合する**という構造になっている。

このようにESSA第四一〇七条では、STEAMという頭字語そのものは使われてはいないものの、a-3（C）の（vi）における、芸術教科等を統合してSTEM教科の教育を推進するという文脈はSTEAM教育の一類型と見ることができ、STEAM教育はESSAによって予算措置が裏付けられていると言うことができる。

3　第四一〇七条の分析

ESSA第四一〇七条のa-3-C-viを詳細に検討するとSTEAMの統合原理に関する考え方が読み取れる。a-3-C-viにはSTEM教科に「芸術を含めつつ、他の教科」を統合することとある。芸術だけでなく「他の教科」を加えているのは、STEM以外の分野であるリベラルアーツ分野等の教科との統合の可能性ということだろう。
しかしここで大切なことは、「芸術を含めつつ」と独立した文節で明記されていることに尽きる。

4 STEMをSTEAMに変えた四分間

連邦教育法ESSA第四一〇七条に、STEM教科に「芸術を含めつつ」の文言は当初からあったわけではない。いかにしてこの文言は加えられたのか。その舞台裏をケイト・マクラナハン（Kate O. McClanahan）がポストしているので紹介しよう。[★5]

舞台は二〇一五年一一月一九日の議会討論に戻る。議会STEAM議員団のボナミチ議員は、初等中等教育法を認可するための最終会議報告の審議に修正案を提出した。この委員会は、K-12連邦教育法の下院通過版と上院通過版の違いを調整し、最終版の法案に合意するためのもので、立法プロセスの最終段階の最終会合であった。

一一月のこの会議に至るまでの過去数年間、ボナミチ議員はSTEMをSTEAMにすることの利点を提唱してきた。彼女が活動を始めたころは、議会STEAM議員団すら存在しなかったが、この当時すでに八〇人近いメンバーがおり、その数は増え続けている。彼女が議会STEAM議員団を共同設立することによって初めて、STEAMを支援・奨励する明確な連邦政策を指し示すことができるようになったのだ。

修正案についてジョン・クライン下院議長（共和党、ミネソタ州）が発言し、「STEMプログラム

"(I) programs and activities that support educational programs that integrate multiple disciplines, such as programs that combine arts and mathematics; or

への参加を増やすことが重要だ」と考えを述べた。その後、下院委員会は投票を行い、修正案は第一段階を通過した。

次は上院の番だ。ラマー・アレクサンダー上院議長（共和党、テネシー州）がこの修正案を「有益な修正案」と語り、説明した。彼はこの修正案は何かを強制するものではないと繰り返した。「州や教師そして地域の学区が、芸術をＳＴＥＭプログラムに関連づけることが重要だと考えていることの表れ」であると支持を表明した。パティ・マレー上院議員（民主党）は「芸術と他の学問分野を統合することが重要である」という見解を示し、支持を表明した。

これを受けて上院会議出席者は投票し、修正案が上院を通過した。それから長い沈黙が続いた。そして会議全体委員長として議長を務めたクライン委員長から「修正案は…採択される！」という宣言が発せられたのだった。

ボナミチ議員の修正案では、法案の包括的なセクション内の二箇所に文章が追加された。一つは「充実した教育機会」を支援する活動についてであり、当初、議会は九つの適格なプログラムと活動をリストアップしていた。そこにボナミチ議員の提案で「芸術と数学を組み合わせたプログラムなど、複数の分野を統合した教育プログラムを支援するプログラムと活動」が新たに追加された（上図、ＥＳＳＡ第４１０７条ａ－３－Ｉ）。これはまさにＳＴＥＡＭとして知られている教育プログラムだ。

そして彼女の修正案のもう一つは、ＳＴＥＭの指導と生徒の取り組みを改善する方法としての、「STEMへの参加を増やし、STEM関連スキルの達成度を向上させ、総合的な教育を促進するために、芸術を含めつつ、他の教科をSTEMプログラムに統合する」（ESSA第4107条a-3-C-vi）という記述である。これもまた、STEAMの学習活動を示している。

ジョン・クライン下院議長、ボビー・スコット下院議員（民主党、バージニア州）、ラマー・アレクサンダー上院議長、パティ・マレー上院議員の四人の主要人物全員が、この修正案を事前に知っていたことは間違いない。そして、修正案は何かを義務付けるものではなかった。実際、ボナミチ議員の説明を聞いていると、彼女は「許容される活動のリストを拡大するもので、選択肢を与えるもので、制限するものではない」と強調している。

議事を進行するジョン・クライン議員（写真右）

付け加えると、この時、議会STEAM議員団運営委員会及びESSAの第四編（TITLE Ⅳ）運営委員会の委員を務めたパティ・カーティスは、五年後に、プロローグで紹介したアメリカ教育省による「STEAM：アーツが支えるSTEM」協議会の司会を務めることになる人物である。

5　ESSAとパーキンスⅤを通じたSTEAM教育の機会

次にパーキンスⅤ法とSTEAM教育の関連について考えて

みよう。パーキンスV法とは二〇一八年に署名され成立した「二一世紀のためのキャリアおよび技術教育強化法」のことである。二一世紀法とも呼ばれるパーキンスV法の目的は、州やその他の助成金団体に資金を提供し、若者や成人が働くための準備をする高等学校のキャリア教育・技術教育（CTE）プログラムを改善することである。

ディアン・シャフハウザー（Dian Schaffhauser）は、州および学区がESSAおよびパーキンスV基金を活用して STEAM教育をサポートする仕組みについて次のように分析している。★6

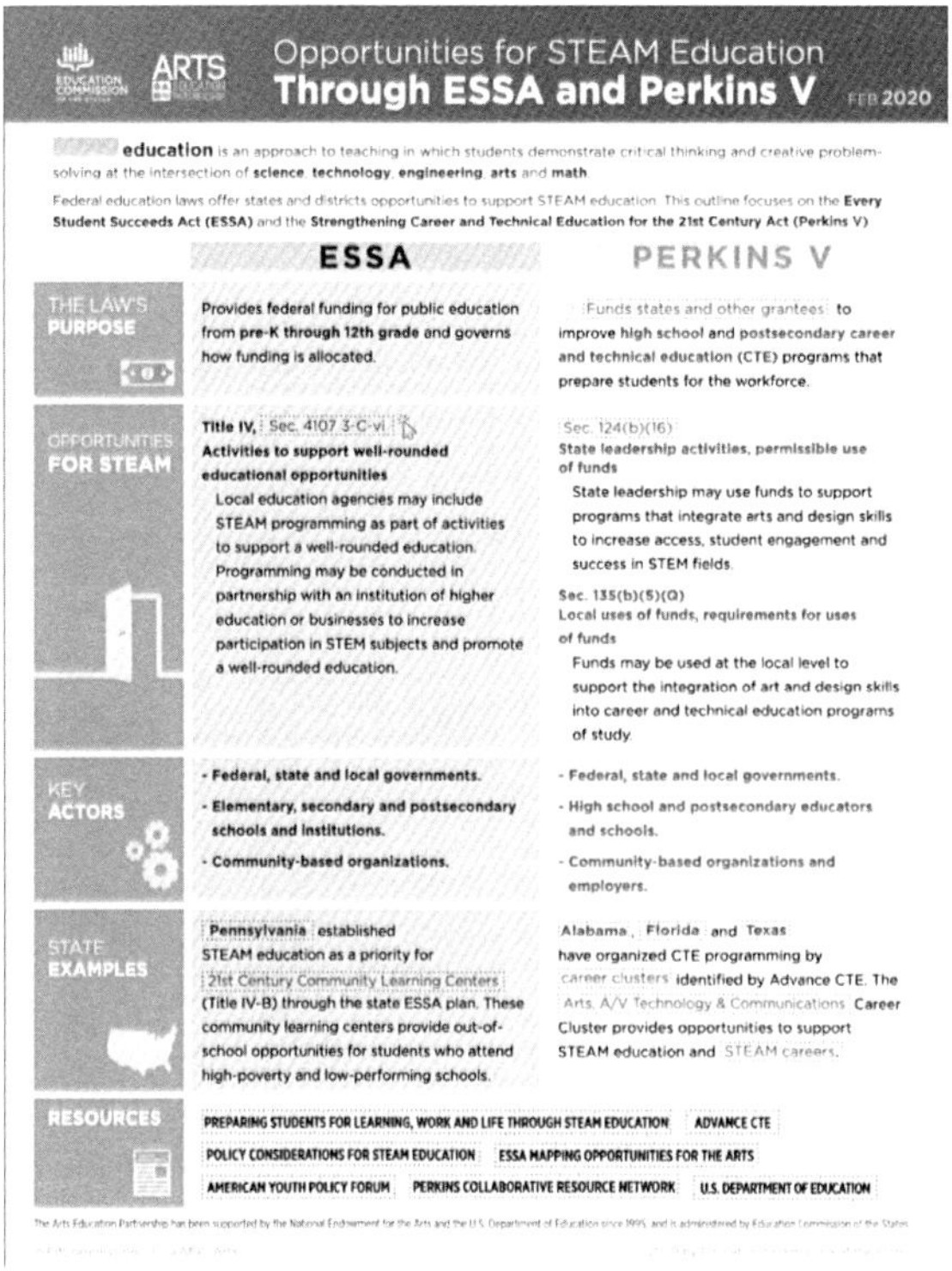

全米教育委員会の政策概要「ESSAとパーキンスVを通じたSTEAM教育の機会」（上図）の冒頭で説明されているように、STEAM教育とは、生徒が科学、技術、工学、芸術、数学の交差点で批判的思考と創造的な問題解決スキルを実証する指導アプローチである。

地方の教育機関は、「統合することによってバランスのとれた教育を支援する活動の一部としてＳＴＥＡＭプログラミングを組み込むことができる」。芸術を含む他の学術科目をＳＴＥＭ科目プログラムに組み込み、ＳＴＥＭ科目への学習参加を増やし、スキルの習得を向上させ、バランスのとれた教育を促進する。

一例として挙げられているペンシルベニア州では、貧困率が高く成績が低い学校コミュニティにおいて、子どもたちが放課後に学業を充実させる機会を得ることができるコミュニティ学習センターの創設に資金を提供することで合意し、そこでのＳＴＥＡＭ教育を優先事項としている。

パーキンスＶ法については、二つのセクションが関連している。一つは第一二四条（２）in subsection（b）‐C‐16で、州の指導者が「ＳＴＥＭ（科学、技術、工学、数学）におけるアクセス、学生の参加、成功を促進するプログラムや活動の支援」に資金を使用できると記載されている。また、体験学習の支援や、特に女子学生、マイノリティの学生など阻害されているグループの学生のための支援と並んで芸術とデザインの能力の統合の支援に資金を使用することができると記述されている。

そしてもう一つのセクションである第一三五条（b）（５）（Ｑ）には、資金使途の要件として、資金は「芸術とデザインの能力をキャリア教育と技術教育の学習プログラムに統合することを支援する」ために使用できると定められている。

全米教育委員会は、テキサス州をその一例として挙げており、同州ではキャリアクラスターごとにＣＴＥプログラムを組織しており、これにはＳＴＥＡＭをサポートする機会も含まれている。

このようにＥＳＳＡが示したＳＴＥＡＭ教育の推進はパーキンスＶ法によって予算的側面から補強されている、という構造になっている。

ＳＴＥＭ教育法からＳＴＥＡＭ教育を考える

１　カルガリー大学の発表

カナダ・カルガリー大学のヴェルクルンド教育学校チーム（以下、カルガリー大学チーム）は、バンクーバーで行われたＳＴＥＭ大会（2014.7.12〜15）で「可能性の地平線　ＳＴＥＭ教育の定義」[★7]と題する発表を行なった。これは、国際技術・工学教育者協会（ＩＴＥＥＡ）の報告書等で指摘されている、ＳＴＥＭの概念の多様性と実践の錯綜を整理する研究界の動向に沿った発表である。

カルガリー大学チームは、発表の中でＳＴＥＭ教育を三分類して定義づけている。次頁の図は彼らが実際に使ったパワーポイント資料である。示された三つの定義のうち①は「個別の専門分野と専門分野間の調整」と題されている。「統計学が生物学の授業で必要なときに数学の授業で教える」ようなＳＴＥＭ教育が具体例として示されている。

生物学の内容や数学の内容は従来通りの教科教育として行うのであるが、教科それぞれのカリキュラムを調整することで、効果的に学習を進めることに目的がある。つまり、生物学の学習のために数学の学習を関連付けるもので、その目的は生物学の教科学習の促進にあるということだ。

②は「生徒は異なる科目で同じ課題を考えています。つまり、原理結合です」と説明されているよ

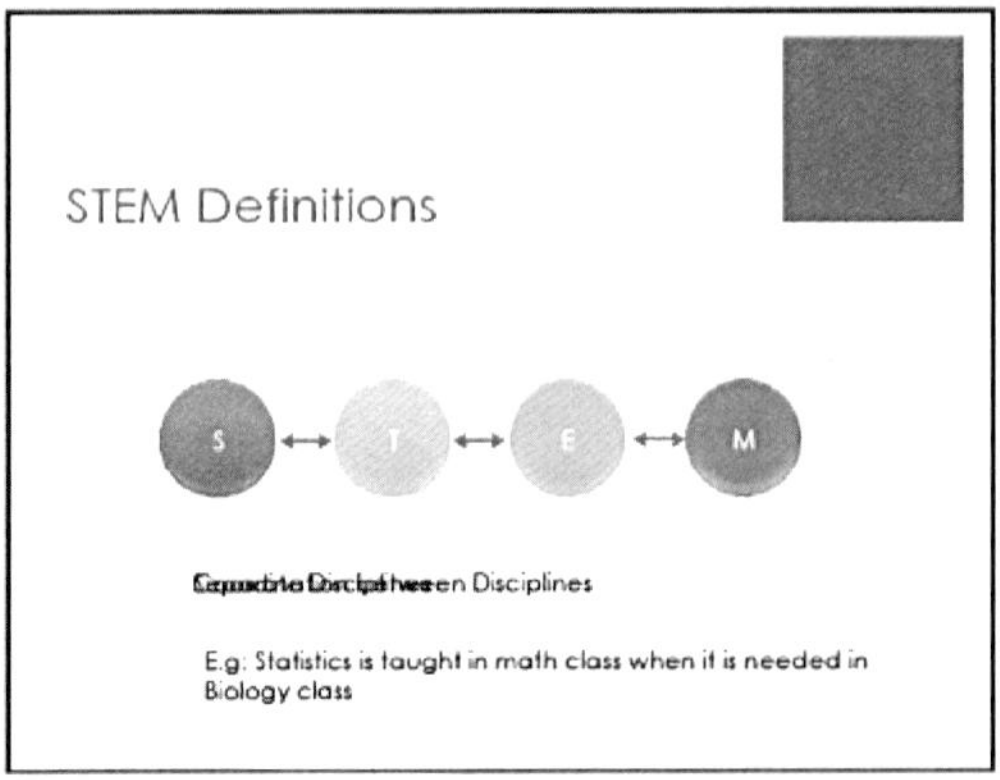

①個別の専門分野
専門分野間の調整

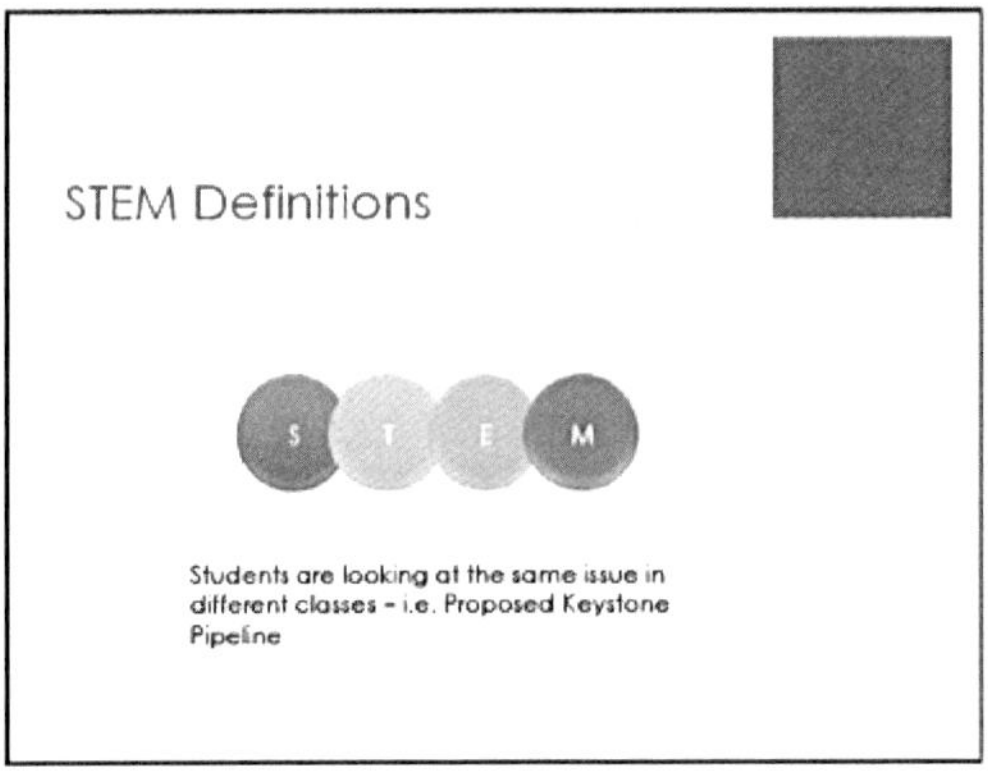

②生徒は異なる科目
で同じ課題を考える。

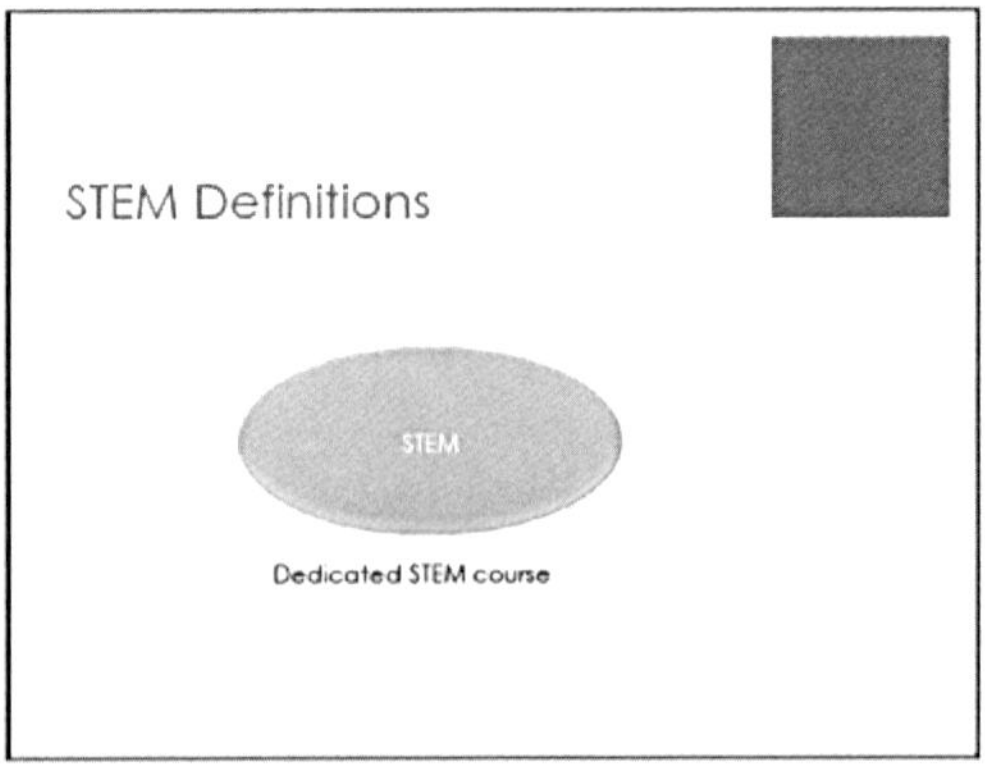

③STEM専用コース

うに、一つの課題について複数の科目で学習するようなＳＴＥＭ教育である。これは具体的にいうとたとえば、てこの原理を理科で実験を通して学ぶとともに、数学の時間に、てこの原理が用いられる様々な場面について計算をするような学習プランを意味している。

①は主たる教科の学習課題とそれを補助する教科の課題は違っており、②は同じ課題で複数の教科ごとに学習する学習形態であって、どちらも教科の学習が基盤となっている。それに対して、③は「ＳＴＥＭ専門コース」と説明されており、教科の学習に目的があるのではなく、一つのテーマについて探究し、解決することに目的がある。教科それぞれの内容を学習する場面よりも、これまでの学習で身につけた知識や技能、考え方などを活用する場面が中心になる学習形態である。たとえて言えば日本の「総合的な学習（探究）の時間」がこれに近いだろう。

2　ＳＴＥＭ教育法について

このカルガリー大学チームの発表の翌二〇一五年、アメリカ連邦政府はＳＴＥＭ教育法[★8]を制定し、全米科学財団、エネルギー省、航空宇宙局、海洋大気局、国立標準技術研究所及び環境保護庁等におけるインフォーマルなＳＴＥＭ教育に助成金を交付する対象を明確にした。興味深いのは、カルガリー大学と同じようにＳＴＥＭ教育を三つに分類していることだ。

助成対象は、「単一のＳＴＥＭ分野の教育（single STEM discipline）」、「複数のＳＴＥＭ分野の教育（multiple STEM disciplines）」、「統合的なＳＴＥＭの取組（integrative STEM initiatives）」と定められた。

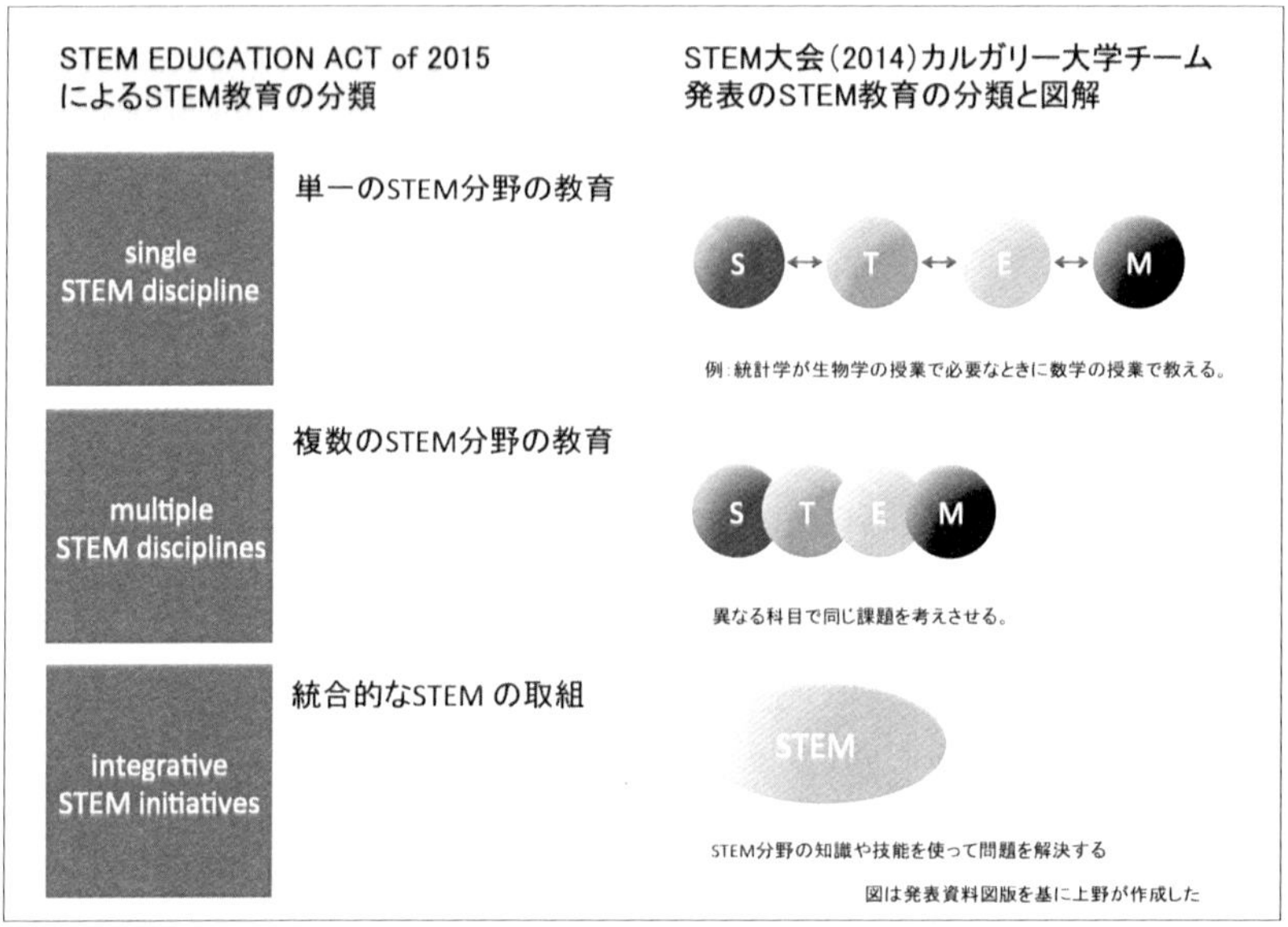
STEM EDUCATION ACT of 2015
によるSTEM教育の分類
STEM大会（2014）カルガリー大学チーム
発表のSTEM教育の分類と図解
single
STEM discipline
単一のSTEM分野の教育
S ↔ T ↔ E ↔ M
例：統計学が生物学の授業で必要なときに数学の授業で教える。
multiple
STEM disciplines
複数のSTEM分野の教育
S T E M
異なる科目で同じ課題を考えさせる。
integrative
STEM initiatives
統合的なSTEM の取組
STEM
STEM分野の知識や技能を使って問題を解決する
図は発表資料図版を基に上野が作成した

現状、ＳＴＥＭ教育には様々な解釈や実践スタイルがあるが、ＳＴＥＭ教育法はそれを追認する形で助成対象を定めている。

とりわけ「単一のＳＴＥＭ分野の教育」は特徴的で、全米科学財団がＳＴＥＭの頭字語を作った当時のＳ、Ｔ、Ｅ、Ｍ各教科が分離した教科教育を意味している。理科や技術など個別の教科に対する実践や研究を対象とする助成であり、従来の理数系への振興助成と変わらない。

ＳＴＥＭ教育法は、全米科学財団等においてＳＴＥＭ教育活動を実施する目的のために、ＳＴＥＭ教育という用語を、コンピュータ科学を含めて科学、技術、工学及び数学の「**教科における教育**（education in the subjects）」を意味する、と定義している。ここが重要な点だ。

日本には「総合的な学習の時間」（高等学校では「総合的な探求の時間」）という教育課程上の学習時間枠があり、ＳＴＥＡＭ教育をそこで行うという考え方もあるが、それは「教科における教育」ではない。アメリカのインフォーマルなＳＴＥＭ教育は、インフォーマル（学校外）でありながら教科の教育と捉えられている一方、日本では学校教育でありながら教科外の扱いで考えられているのは興味深いところだ。

ＳＴＥＭ教育法をカルガリー大学チームの分類と比較してみよう。前頁の図は比較のために作成したものである。カルガリー大学チームの分類ではＳＴＥＭの四分野を関連性の観点から捉えている。そのため「個別の専門分野」でも複数の教科間の関連性を定義に含めているが、ＳＴＥＭ教育法では「単一のＳＴＥＭ分野の教育」は明確に「単一（single）」と定義しているように、分野間の関連性や統合を前提としていないことが大きな特徴である。

アメリカ教育省の定義

ＳＴＥＡＭついて各教育機関はそれぞれ独自の定義を下している。

プロローグでボニー・カーターが説明したように、教育省は、ＡＥＮＰ（Arts in Education National Program）[★9]を基盤にＳＴＥＡＭ教育を考えているとし、芸術教科のスタンダードとＳＴＥＭ教科のスタンダードを整合した学習と定義し、生徒はデザイン能力に結びついた創造的な思索者になることができると述べている。ＡＥＮＰとは、芸術教育を促進することによってすべての学生の学問的な経験を豊かにするという目的での教育助成プログラムで、具体的には次のような内容である。

小学校および中学校のコア・カリキュラムに芸術を統合し、強化し、当該学年における芸術指導を強化する。そして芸術の創造、実行、対応のスキルを含めて生徒の学業成績を向上させるというもので、ＳＴＥＡＭはその一類型で、アーツ・インテグレーションに基づいた教育方法を指す。

全米教育庁芸術教育担当理事会や全米教育委員会の定義

全米教育庁芸術教育担当理事会（ＳＥＡＤＡＥ：State Education Agency Directors of Arts Education）は、芸術五教科の教育を担当する州教育機関の担当者で構成されている。芸術教育政策の具体的な立案・実施を担当する彼らは、ＳＴＥＡＭ教育についてどのような見解を持っているのだろうか。

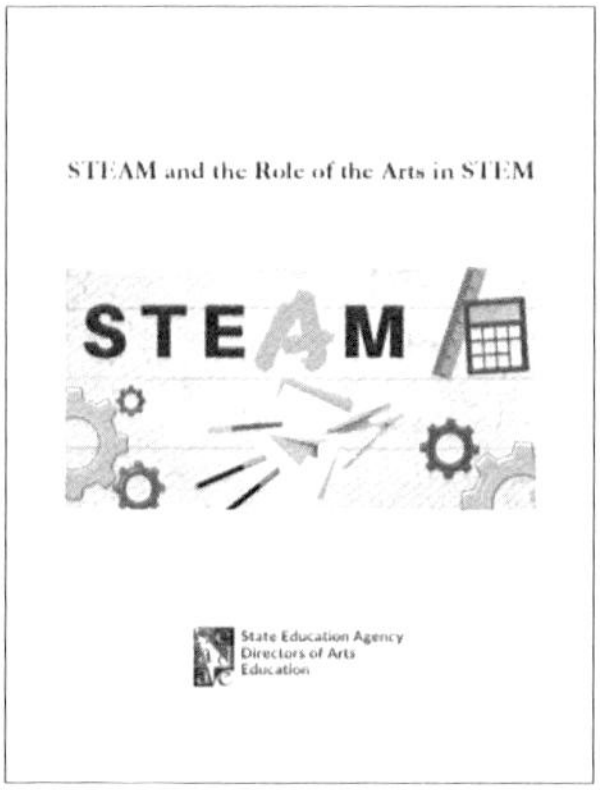

ＳＥＡＤＡＥは二〇二〇年に『ＳＴＥＡＭと芸術教育に関する白書』を刊行した（上図）。この白書によればＳＴＥＡＭは科学、技術、工学、芸術（原文表記はthe arts）、数学のそれぞれのスタンダードとプロセス、および実践を確実に整い合わせることを通じて学習者が実社会での仕事に従事することを可能にする、教師のための意図的で協働的な教育法と定義されている。★10

そして、「ＳＴＥＡＭとして定義されている教育モデルでは、指導は明確なスタンダードと相当程度の学際性に基づく」としている。またＳＴＥＡＭの原則として、「創造的なワークフローを導き、すべてのＳＴＥＡＭ教科領域でスタンダードに基づいた学習を確実に行うＳＴＥＡＭカリキュラムの設計を組み立てる」ことを述べている。

白書では芸術の機能として次のように記されている。

・創造する、発表する、上演する、制作する、反応する、結びつけるという芸術的なプロセスは、芸術教育の基本であるだけでなく、すべての領域で生徒の成功のための基本でもある…（略）…これらの芸術的なプロセスは、学習者のやる気や関心、関与を高め、生徒のつながりを作り、知識を伝達する能力を高める。[11]

・芸術はＳＴＥＡＭ教育において不可欠な役割を果たし、ＳＴＥＡＭカリキュラムの推進力となり得る。芸術がＳＴＥＡＭ教育に真に含まれている場合、文化的関連性、social-emotional learning[12]、労働力開発、そしてまだ解決されていない問題など、教育における将来に向けた課題に意図的に取り組むことができる。[13]

・ＳＴＥＡＭにおける芸術の現実世界での役割として、芸術は、すべてのコンテンツ分野と言語の共通性を共有し、世界についてのより豊かで創造的なレベルのコミュニケーションを喚起する。[14]

・芸術は、ユニークなhabits of mind[15]を学習にもたらし、現実世界の問題解決に向けて創造、制作、対応をより深く刺激する。[16]

・芸術は、学生が自分自身と他人について学ぶユニークな方法を提供し、特定し、発見し、現実世界の問題とその必要な解決策を発見する機会を開く。[17]

このように白書では芸術の教育上の働きとその必要性を説き、ＳＴＥＡＭのＡは芸術教科であることを明確にしている。そして、教育課程上はすべてのＳＴＥＡＭ教科領域でスタンダードに基づいた学習を確実に行うこととし、科学や芸術の各教科の教育を保証するカリキュラムの設計を求めている。教育省とＳＥＡＤＡＥの定義は比較的似ており、ＳＴＥＭ教科と芸術教科におけるスタンダードや学習プロセスを密接に関連付けた教育というあたりは共通している。

全米教育委員会では、プロローグでメアリー・デレバが説明したように、ＳＴＥＡＭをＳＴＥＭ教育と芸術教育がアーツ・インテグレーションの原理に沿って統合された教育と定義している。アーツ・インテグレーションの原理に沿ってとあるように、全米教育委員会では芸術教育が主導するという意味合いが濃い定義となっている。

定義の重点の置き所がやや違うが、それぞれに共通しているのは、ＳＴＥＡＭ各教科のスタンダードと学習プロセスを大切にし、ＳＴＥＡＭ教育を通じてＳＴＥＭ教科と芸術教科のそれぞれの知識・技能の習得および活用が目指されているところである。

ＥＳＳＡの条文が芸術教科を加える理由としてＳＴＥＭ各教科への学習参加者を増やし、ＳＴＥＭ各教科に関連する能力の習得を向上させるとしている点や、加える芸術教科側のスタンダードと学習プロセスには言及していない点などから、ややもするとＳＴＥＭ教科の学習のために芸術教科等を加えると読まれたりすることもある。文面の表層からだけで理解するのではなく、本章のＳＴＥＭをＳＴＥＡＭに変えた四分間の項で説明したように、その趣旨を理解することが大切である。

NAEAの定義

第2部第3章で触れたようにNAEA（全米美術教育協会）は二〇一四年三月に「STEAM教育に関する公式声明文」を発表している。この公式声明文は二〇一七年三月に改訂、二〇二二年三月に見直され、再度改訂された。以下、全文を紹介する。

「STEAM教育とは、科学、技術、工学、美術、数学の各分野における教育と学習を指す。**効果的なSTEAM教育には、全米ビジュアルアート・スタンダードと他の分野のスタンダードが取り入れられている。**STEAMアプローチとは、美術やデザインの原理、概念、技術をSTEMの指導と学習に統合するものである。質の高いSTEAM指導は、STEAMカリキュラムを使用すること、及び、美術教育者でない人たちと、ビジュアルアート教育者とティーチング・アーティストの資格・免許を持つ人たちや美術館や大学の美術教育プログラム、地域に根ざした芸術団体との協力を通じて実現される。これには、教室やバーチャル、地域ベースの環境における、あらゆる年齢層にわたる教育活動が含まれる。

STEAMアプローチは、STEAMプログラムをサポートするために、コミュニティからの専門家やリソースの参加をサポートする。STEAMの経験を積んだアーティストやデザイナーは、さまざまな分野で労働力のイノベーションを推進するのに不可欠である。

ＳＴＥＡＭ関連の職業分野で成功するためには、学習者がしっかりとしたビジュアルアート教育によって促進される視覚的思考と創造的な問題解決に熟達していなければならない。

ＮＡＥＡは、ＳＴＥＡＭ教育は芸術教育へのいくつかのアプローチの一つであるべきであり、スタンダードに基づいたビジュアルアート教育の代わりとみなされるべきではないと考えている。ビジュアルアートの内容と芸術的な考え方は、質の高いＳＴＥＡＭ教育の基本的かつ貴重な要素である。ＮＡＥＡは次のように考える。

・ＳＴＥＡＭ教育は、すべてのＳＴＥＡＭ分野を平等に評価する。
・ＳＴＥＡＭ教育は、多様なアプローチで実施される。
・ＳＴＥＡＭ教育は、創造性とイノベーション、問題解決力を促進する。
・ＳＴＥＡＭ教育は、ビジュアルアーツに見られる厳格さを認識する。

最新の改訂では、「効果的なＳＴＥＡＭ教育には、全米ビジュアルアート・スタンダードと他の分野のスタンダードが取り入れられている」の一文が新しく加えられた。これは二〇二〇年に開催されたアメリカ教育省による「ＳＴＥＡＭ：アーツが支えるＳＴＥＭ」において、初等中等教育局のボニー・カーターが行なった「芸術分野のスタンダードとＳＴＥＭ分野のスタンダードを整え合わせることが重要」という指摘に呼応しているかのように思える。

また、ＳＴＥＡＭが実施される環境として、教室と地域に加えて新たにバーチャルが記されているが、これは二〇二〇年以降の新型コロナウィルス流行による学習環境の激変に対応したものだろう。

そのほか二〇二二年の改訂では、当初「STEM関連の職業分野で成功するため」とあった箇所も「STEAM関連の職業分野で成功するため」と改められている。STEAM教育の将来的な目的としての職業分野がSTEMからSTEAMに変わったわけだが、これは重要な改訂である。なぜなら「STEM関連の職業分野で成功するため」という文面では、芸術を加えることがまるで科学技術系の仕事のためであるかのような印象を与えかねないからだ。芸術を加えることは、それが芸術分野の職業で成功することも目的になる、ということを文面で改めて明確にしたのが現在の改訂版なのである。

NSFの「STEMをSTEAMに」

STEMの頭字語を生み出したNSF（全米科学

2020年：STEMを提唱したNSFはSTEAMについて
6 NSF research projects that turn STEM into STEAM
National Science Foundation
NSF（米国国立科学財団）の資金提供を受けた研究者は、専門分野にアートを追加（adding art）することで、従来の境界を打ち破り、STEMをSTEAMに変換しています。
By Andrea Stathopoulos, PhD　July 31, 2020
When science meets art: 6 NSF research projects that turn STEM into STEAM
Assistant Professor of Chemistry, Haverford College Lou Charkoudian
ハーバーフォード大学では、生化学のコースの学部生は、さまざまな菌株をペトリ皿に塗って「バイオアート」を作る方法を実習します。
カラフルな細菌株で「塗装」されたペトリ皿のコレクション
写真提供者：Caleb Eckert

財団）はＳＴＥＡＭをどのように考えているのだろうか。公式の宣言こそないが、二〇二〇年、「ＳＴＥＭをＳＴＥＡＭに（Turn STEM into STEAM）」という調査研究を開始した。「（助成を受けた）研究者は、専門分野にアートを追加することで、従来の境界を打ち破り、ＳＴＥＭをＳＴＥＡＭに変換している」とその公式サイトで紹介されている。[★18]

そもそもＳＴＥＭを発案提唱した組織自体が、アートを追加することでＳＴＥＡＭに変換、とサイトに掲載している現状に、大きな注意を払うべきではないだろうか。ここでのアートが視覚芸術などの芸術を指すものであり、リベラルアーツでないことは言うまでもない（前ページの図）。

これまで見てきたように、ＥＳＳＡの条文や連邦議会での議論、全米教育委員会やＮＡＥＡの見解、『ＳＴＥＡＭと芸術教育に関する白書』そして全米科学財団の「ＳＴＥＭからＳＴＥＡＭに」など、すべてを通して、ＳＴＥＡＭはＳＴＥＭに芸術を意味するArtを加えたものであると認識されている。同時に、ＳＴＥＡＭは教科の教育であり、各教科のスタンダードに依拠しているという認識も共通している。これらはＳＴＥＡＭの原理といってもよい。原理は揺らがない。

Ａを広い範囲（Liberal Arts）と定義した日本における審議過程で、中教審総会を含む五つの委員会（中央教育審議会総会、初等中等教育分科会、教育課程部会、新しい時代の初等中等教育の在り方特別部会、新しい時代の高等学校教育のあり方ワーキング・グループ）の議事録を見る限り、この章で検討したようなアメリカの公的機関によるＳＴＥＡＭ教育の見解と政策等に関する議論は、一切なかったことを付記しておく。[★19]

《注および引用文献》

★1 PUBLIC LAW 114-95-DEC. 10. 2015 114th Congress "EVERY STUDENT SUCCEEDS ACT".

★2 井樋三枝子、「アメリカ初等中等教育に関する新法の成立」（『外国の立法：立法情報・翻訳・解説』月刊版、266-2）、国立国会図書館、二〇一六年。

★3 "EVERY STUDENT SUCCEEDS ACT," PUBLIC LAW 114-95-DEC. 10, 2015, pp. 176-177. https://www.govinfo.gov/content/pkg/BILLS-114s1177enr/pdf/BILLS-114s1177enr.pdf

★4 ここでのartsは「subjects（教科）を加える」文脈の中で記述されているので、K－12の学校教育における芸術五教科を指していると考えられる。

★5 Kate O. McClanahan, "The Four Minutes That Changed STEM to STEAM," Americans for the Arts, Apr. 01, 2016, https://blog.americansforthearts.org/2019/05/15/the-four-minutes-that-changed-stem-to-steam

★6 以下、米国教育省サイトのパーキンスVのページ"Strengthening Career and Technical Education for the 21st Century Act"、及び次の論文を参照した。Dian Schaffhauser, "How ESSA and Perkins V Can Support STEAM" THE Journal（2020）: https://thejournal.com/articles/2020/03/04/how-essa-and-perkins-v-can-support-steam.aspx#: ～ :text=According%20to%20the%20Commission%2C%20on,subjects%2C%20including%20the%20arts%2C%20into

★7 Krista Francis, Carol-Ann Burke, Marie-Claire Shanahan, "A Horizon of Possibilities: A Definition of STEM Education," STEM 2014 Conference（The University of Columbia Vancouver）, (Jul. 12, 2014).

★8 CONGRESSIONAL RECORD, Vol. 161.（2015）, loc.cit.

★9 参照　https://oese.ed.gov/offices/office-of-discretionary-grants-support-services/well-rounded-education-programs/arts-in-education-national-program/

★10 SEADAE, ed., "STEAM and the Role of the Arts in STEM,"（SEADAE, 2020）.

★11 SEADAE, ed., "STEAM and the Role of the Arts in STEM,"（SEADAE, 2020）, p. 15.

★12 社会性と情動の教育、自尊感情や対人関係能力の育成を目的とした教育アプローチ。

★13 SEADAE, ed., "STEAM and the Role of the Arts in STEM,"（SEADAE, 2020）, p. 14.

★14 SEADAE, ed., "STEAM and the Role of the Arts in STEM," (SEADAE, 2020), p. 15.

★15 粘り強く考える、柔軟に考える等の16の思考の習慣。

★16 SEADAE, ed., "STEAM and the Role of the Arts in STEM," (SEADAE, 2020), p. 15.

★17 SEADAE, ed., "STEAM and the Role of the Arts in STEM," (SEADAE, 2020), p. 15.

★18 Andrea Stathopoulos, "When science meets art: 6 NSF research projects that turn STEM into STEAM" An official website of the United States government, July 31, 2020. https://beta.nsf.gov/science-matters/when-science-meets-art-6-nsf-research-projects

★19 審議の詳細については上野、「芸術統合学習としてのＳＴＥＡＭ教育の考察（２）」を参照。

第3章　ＳＴＥＡＭの現在

現在のＲＩＳＤのＳＴＥＡＭ

現在のＲＩＤＳはＳＴＥＡＭの活動をどのように行なっているのだろうか。教務課のホームページではＳＴＥＡＭの目的は以下のように書かれている。★1

・アーツとデザインをＳＴＥＭの中心に据える。
・Ｋ‐20教育におけるアーツやデザインを統合した教育実践を奨励する。
・イノベーションを推進するために芸術家やデザイナーを雇用するように雇用主に影響を与える。

アーツとデザインをＳＴＥＭの中心に据えたＳＴＥＡＭを推進するという、ジョン・マエダ学長時代以来の方針は全くぶれていない。また、Ｋ‐20教育におけるアーツ・インテグレーションの推進や、企業のイノベーションの推進に向けた卒業生の雇用促進にも精力的であることが読み取れる。

ＲＩＳＤのＳＴＥＡＭ教育を象徴する仕組みが二重学位プログラムである。現在、ＲＩＳＤはブラウン大学との二重学位プログラム（五年間で両大学の学位を取得するプログラム）を実施している。二重学位プログラムは、隣接するブラウン大学とＲＩＳＤの二つの世界クラスの大学の補完的な強みを活用する仕組みで、ブラウン大学の学術的領域とＲＩＳＤの芸術的領域の多様な領域を発展させ、統合する機会を学生に提供している。

その共同探究のためのスペースとして、ネイチャー・ラボやカラー・ラボ、ムービング・ラボなどがある。これらの場所ではあらゆる分野の学生が共同研究のさまざまな機器を利用している。

たとえばムービング・ラボは動きに関する創造的な研究のスペースである。アニメーション教育に対するＲＩＳＤの独自のアプローチから生まれた学際的な文脈で動きを探求する場所だ。学習は実験研究やアクティブ・ラーニング、創造的な対話を通して行われ、アニメーション制作における運動の表現的特性だけでなく、運動の社会的、文化的、生態学的特性を探求する。

動きはあらゆる芸術形式に関係しており、制作や知識への多くのアプローチの中心となるものであり、それは私たちが表現し、探究し、会話し、探求するための基本的な言語である。動きは、時間と場所、人々のふるまいと社会的相互作用、そして複雑な人間関係の概念を表現している。したがって、動きの芸術と研究は、歴史や感情、生態系を理解するのに役立つという考えである。

ネイチャー・ラボは「形、空間、色、質感、デザイン、構造といった自然の美しさの驚異に学生の目を向ける」ことを目的として、エドナ・ローレンス（Edna W. Lawrence）によって二〇世紀初頭に設立された研究所である。本物の自然標本との直接の出会いを提供すると同時に、バイオデザイン、生態学、気候変動についての創造的な探求を促進している。高機能顕微鏡や高速カメラ、その他の高度なイメージング・システムにより、学生はさまざまな方法で生物や非生物の標本にアクセスでき、芸術研究と科学研究の間の無数のつながりを調べることができる。

《実践事例》RISDのSTEAM教育

ブラウン大学とRISDの二重学位プログラムで行われた椅子のデザインの授業を紹介しよう。椅子をデザインする際は、構造と素材を研究する必要がある。そのためにはSTEMの領域とりわけ技術や工学、数学の視点からのアプローチが必要になる。そのSTEMにA（ここではデザイン思考）を加えたSTEAMによる授業を、ネイチャー・ラボでは行っている。一つの例を挙げよう。[★2]授業は椅子の構造になる金属と、プラスチックや布地などの柔軟な座面素材との関係を探求する一連の小さな実験から始まった。

学生の一人、マシュー・リム（Matte Lim）は金属と柔軟な素材、表面と形状、ユーザー（座る人）とオブジェクト（椅子）の間の関係を探求した。その結果、ユーザーが座って初めて座面が現れるラウンジ・チェア「SINK」を考え出した。

座面のない椅子！　彼は、椅子についての日常ほとんど考えたことのない概念について考えることができたのだ。一部のテストユーザーは、椅子に沈み込む前に恐怖を表明した。何しろ座面が沈んでいくのだから。しかし、それはすぐに快適さに変わり、驚きに変わった。

リムは、身体が抱擁の中に沈み込み、四方八方から包まれる経験について考えるようになった。同時に、最小限の素材で最高の体験を提供するというアイデアが生まれ始めた。

活性化された機能の概念、つまり、椅子という意味（機能）が現れるためにユーザーとオブジェクトが相互に依存する条件が存在するという概念は、リムにとって非常に魅力的なものになった。人が座らなければ座面は平面であり続けるので椅子としての意味がないのだ。

こうした概念、というよりも哲学的ともいえる思想は、座面角度や椅子の強度の計算、全体や部分の設計などの技術や工学、数学の視点からのアプローチからは生まれてこない。

また、椅子のフォルムや色を工夫する側面からも生まれようがない。ＳＴＥＡＭという科学技術とアートの両面からのアプローチを通してこそ、この概念は生まれたといえるのではないだろうか。

最初のスケッチ（上図）に基づいて、バインダー・クリップを使用してフレームに生地をクランプすることによってプロトタイプのテストが行われた。特に座席の角度やサイズ、快適さに関して多くの知見が得られた。

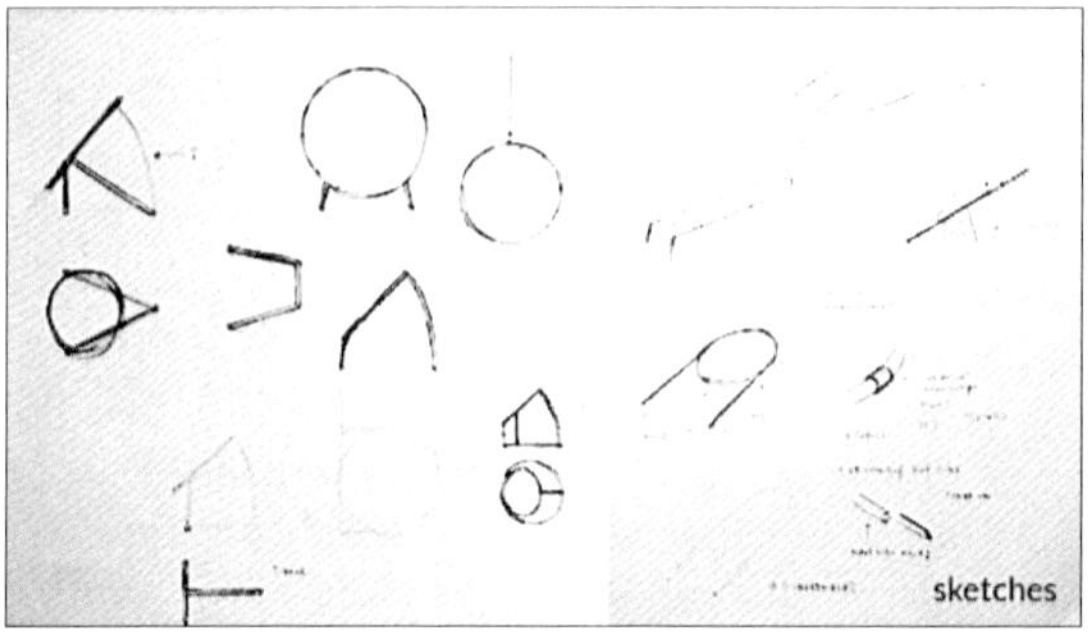

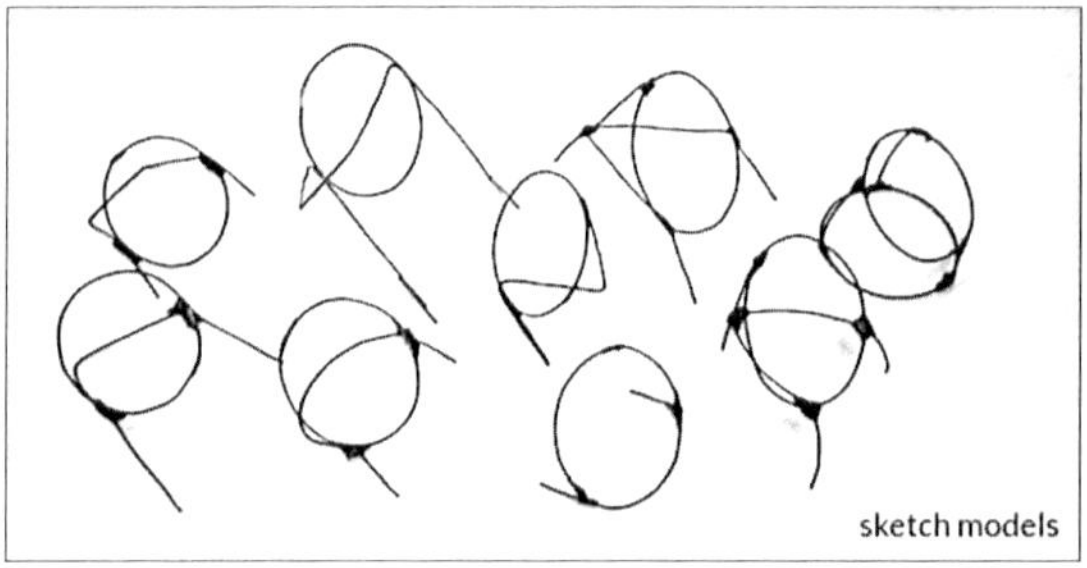

この項の図版はすべてマット・リムのBehanceより　©Matte Lim

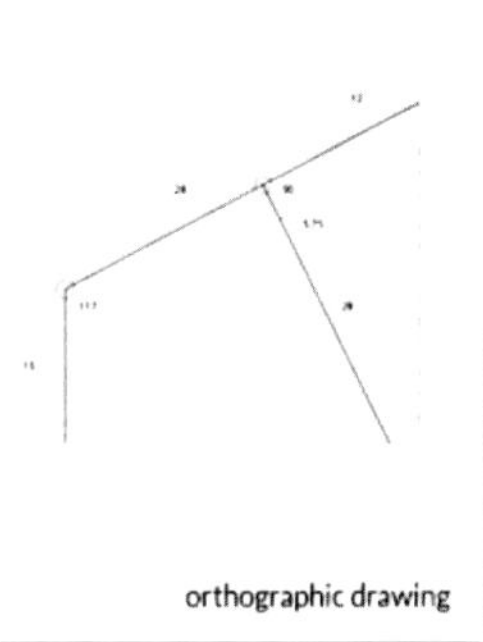

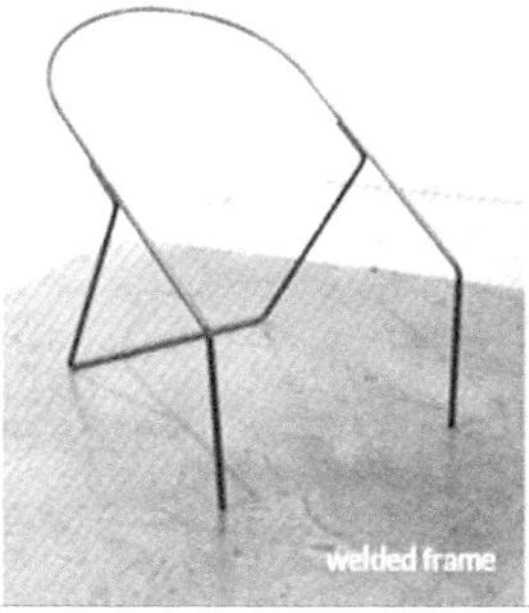

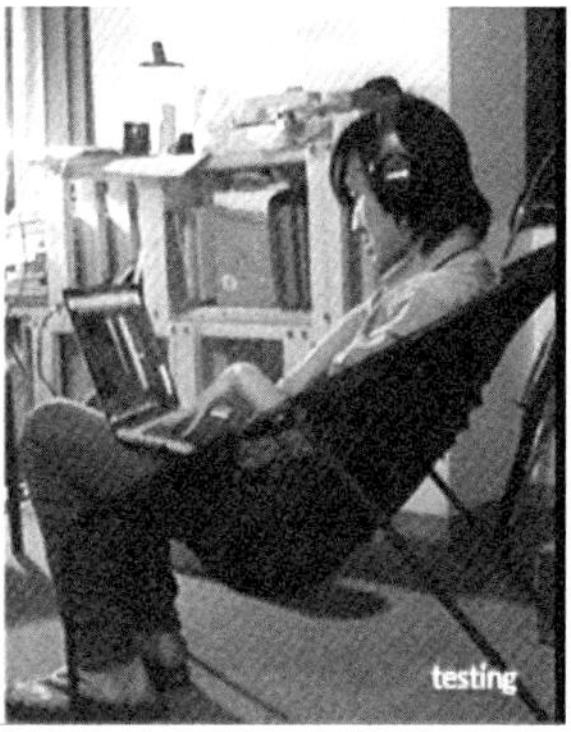

フレームの再設計（上左図）により、プロトタイプが直面したすべての問題が解決された。

テスト生地のスリーブを縫い合わせて、実物大のプロトタイプ（上中図、上右図）が作られた。

四方向に伸縮するポリエステル生地の座面シートがこの椅子の快適さのポイントだ。

プロトタイプ（下左図）からパターンやジッパーの配置、ニットの密度など多くの変更が加えられて最終製品（下右図）が完成した。

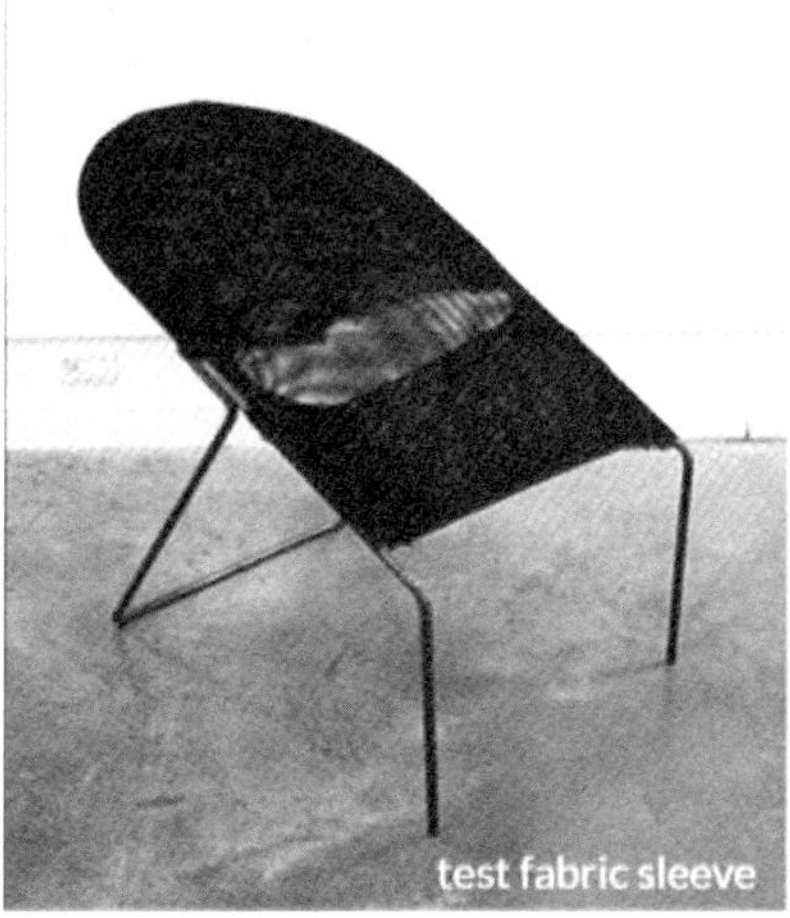

ケネディセンターが提供するＳＴＥＡＭ指導案

アメリカにはＳＴＥＡＭの膨大な実践事例とプログラムの蓄積がある。その一例として、ケネディ・センターが提供しているＳＴＥＡＭ学習プログラムに注目してみよう。取り上げる事例"Balancing Mobiles"は六年生から八年生のレッスン・プランである。「力のバランスをとることは、モビールの製作やデザインにどのように関係していますか?」と授業の目的が示されている。これは発問の一つとしても応用できるだろう。

次ページの図を参照すると、そこにはモビール作品の鑑賞と工作を通して、バランスの原理を探究し、理解する学習指導案や授業計画が示されている。[★3]

学習指導案が美術のスタンダード(National Core Arts Standards)と科学のスタンダード(NGSS：Next Generation Science Standards)、そしてコモン・コア(Common Core State Standards Initiative)に基づいていることが明確に示されており、科学と美術の統合学習(日本の合科的・関連的な学習に近い)としての学習指導案であることがわかる。

学習指導案は実に詳細である。導入で三パターンのてこを提示して支点・力点・作用点について学んだ後、てことモビールの関係について考えさせる。モビールのバランスを取るためにどのように、てこの原理が働いているかや、モビールに軽く息を吹きかけることで、位置エネルギーがどのように

Balancing Mobiles

How do balancing forces relate to the engineering and design of a mobile?

Grades 6-8 Lesson: Balancing Mobiles
Grade Band: 6-8
Arts Subject: Visual Arts
Other Subject: English & Literature, Math, Science

SUMMARY

In this 6-8 lesson, students will apply mathematical, science, and engineering concepts to experiment with balancing levers. They will learn to classify types of levers to design and build a simplified mobile. Students will explore suspended and standing mobiles by sculptor Alexander Calder and engage in class discussions about the effectiveness of his work.

PREPARATION

Learning Objectives

Students will:

- Explain the functions and parts of a lever.
- Compare the differences between the three types of levers.
- Describe potential and kinetic energy.
- Analyze and interpret the mobiles of Alexander Calder.
- Apply mathematical, science, and engineering concepts.
- Build and design a simplified mobile.
- Test the balance objects by changing and moving objects on a lever (simplified mobile).

Standards Alignment

National Core Arts Standards 美術（視覚芸術）のスタンダード

VA:Cr1.2.6a Formulate an artistic investigation of personally relevant content for creating art.
VA:Cr1.2.7a Develop criteria to guide making a work of art or design to meet an identified goal.
VA:Cr1.2.8a Collaboratively shape an artistic investigation of an aspect of present day life using a contemporary practice of art and design.
VA:Cr2.1.6a Demonstrate openness in trying new ideas, materials, methods, and approaches in making works of art and design.
VA:Cr2.1.7a Demonstrate persistence in developing skills with various materials, methods, and approaches in creating works of art or design.
VA:Cr2.1.8a Demonstrate willingness to experiment, innovate, and take risks to pursue ideas, forms, and meanings that emerge in the process of artmaking or designing.

Common Core State Standards

ELA-LITERACY.W.6.2 Write informative/explanatory texts to examine a topic and convey ideas, concepts, and information through the selection, organization, and analysis of relevant content.
ELA-LITERACY.SL.6.1 Engage effectively in a range of collaborative discussions (one-on-one, in groups, and teacher-led) with diverse partners on grade 6 topics, texts, and issues, building on others' ideas and expressing their own clearly.
ELA-LITERACY.SL.6.2 Interpret information presented in diverse media and formats (e.g., visually, quantitatively, orally) and explain how it contributes to a topic, text, or issue under study.
ELA-LITERACY.W.7.2 Write informative/explanatory texts to examine a topic and convey ideas, concepts, and information through the selection, organization, and analysis of relevant content.
ELA-LITERACY.SL.7.1 Engage effectively in a range of collaborative discussions (one-on-one, in groups, and teacher-led) with diverse partners on grade 7 topics, texts, and issues, building on others' ideas and expressing their own clearly.
ELA-LITERACY.SL.7.2 Analyze the main ideas and supporting details presented in diverse media and formats (e.g., visually, quantitatively, orally) and explain how the ideas clarify a topic, text, or issue under study.
ELA-LITERACY.W.8.2 Write informative/explanatory texts to examine a topic and convey ideas, concepts, and information through the selection, organization, and analysis of relevant content.
ELA-LITERACY.SL.8.1 Engage effectively in a range of collaborative discussions (one-on-one, in groups, and teacher-led) with diverse partners on grade 8 topics, texts, and issues, building on others' ideas and expressing their own clearly.
ELA-LITERACY.SL.8.2 Analyze the purpose of information presented in diverse media and formats (e.g., visually, quantitatively, orally) and evaluate the motives (e.g., social, commercial, political) behind its presentation.

Next Generation Science Standards 科学のスタンダード

MS-PS3-5. Construct, use, and present arguments to support the claim that when the kinetic energy of an object changes, energy is transferred to or from the object.
MS-ETS1-1. Define the criteria and constraints of a design problem with sufficient precision to ensure a successful solution, taking into account relevant scientific principles and potential impacts on people and the natural environment that may limit possible solutions.

Recommended Student Materials

Editable Documents: *Before sharing these resources with students, you must first save them to your Google account by opening them, and selecting "Make a copy" from the File menu. Check out Sharing Tips or Instructional Benefits when implementing Google Docs and Google Slides with students.*

- Vocabulary: Balance & Motion
- Classes of Levers
- Lever Closed Sort
- Balance Capture Sheet

Websites

- The Lever

The Kennedy Center

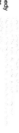

運動エネルギーに変換されるかを話し合わせる。そしてアレクサンダー・カルダー（Alexander Calder）のモビール作品（画像や映像）を鑑賞し、題名を考えさせたり、カルダーについて調べたり（生徒は彼が機械工学の学位をとっていることを発見するだろう）、簡単なモビールを工作したり、まとめとして美術館で鑑賞したりして、モビールをアートと科学の両面から考えさせる。

そして、「デザインの過程で、モビールのバランスを取るために何が必要でしたか？　支点の位置や負荷の重さを変えると、モビールにどのような影響がありましたか？」等の問いについてまとめさせ、生徒のバランスに関する知識を評価する。

公開されている学習指導案には、カルダーのモビール画像や映像、生徒用の学習シートなども添付されており、容易に授業実践ができるようになっている。このようなプログラムや授業事例は、インターネットを通して容易に手に入れることができる。事例集等の書籍もオンラインで入手可能だ。数多くの先行事例から手がかりを探り、誰もがＳＴＥＡＭ教育を始めることができるのである。

《実践事例》アートを通して算数を学ぶ幼児

「グラント・ウッドとデイヴィッド・ホックニーにインスピレーションを得た風景」と題された幼児向けの学習プランを見てみよう。[★4]　このプランでは、一ずつ一〇ずつ一〇〇までを数えることができるという数学の目標と、想像した自然の風景を表現するというアートの目標が並列されている。

プランは、グラント・ウッド（Grant Wood）とデイヴィッド・ホックニー（David Hockney）の作品を、幼児に見せることから始められる。特に彼らの風景の表現を比較対照し、丘の重なりや大きさが距離の見え方にどのような影響を与えるかに注目させる。そして、子どもたちに、一〇個の丘を描いて風景を作成することを説明する。

　学習プランは評価についても具体的に示している。

「生徒たちに、自分のアートワークを使って、一から一〇まで、一〇から一〇〇まで数えるよう指示します。生徒が一ずつ数えるときにそれぞれの図形を指していること、または一〇ずつ数えるときに各セクションを指していることを確認します。生徒に、パートナーとアートワークを交換してもらい、その形とセクションを数えて、それが一〇〇であることを確認してもらいます」

　絵を描くという活動に数の数え方を学ぶ要素を加えた学習プランには、

Inspired Landscapes

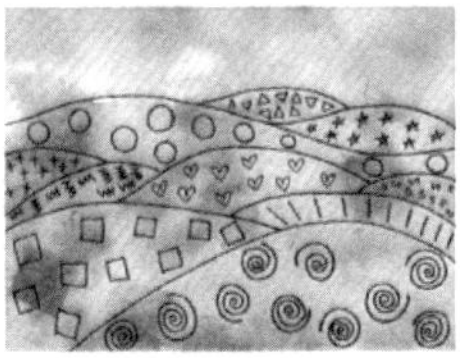

Lesson adapted from Julie Fritz, Art Teacher, Hermitage Elementary School, Hermitage, Tennessee

Grade Level

Kindergarten

Key Vocabulary

- Landscapes
- Warm and Cool Colors

Materials

- Art1st® Watercolor Paper #4925, 9" x 12", 50 Sheets/Pkg.
- Spectra® Bleeding Tissue Squares #0058525, 1½" x 1½", 2,500 Squares/Pkg.
- Creativity Street® Beginner Paint Brushes #AC5900, 7" Long, 10 Brushes/Pkg.
- Creativity Street® Stable Water Pots #AC5122, 4½" Dia., 6 Water Pots/Pkg.
- Examples of landscape works of art by Grant Wood and David Hockney
- Pencil
- Black Fine Point Permanent Marker

Objective

Students will count to 100 by ones and tens. Students will expand their knowledge of landscapes through abstract interpretation. They will review warm and cool colors and different types of patterns. Students will apply patterns to their landscapes through a variety of artistic techniques and processes.

Standards

K.CC.A.1

Count to 100 by ones and by tens.

K.CC.B.4

Understand the relationship between numbers and quantities; connect counting to cardinality.

VA:Cr2.3.Ka

Create art that represents natural and constructed environments.

VA:Re.7.2.Ka

Describe what an image represents.

Engagement

1. Begin by showing a presentation to students which compares and contrasts the work of Grant Wood and David Hockney, specifically their landscapes. Look at the horizon line, hills, overlapping, and how size effects the appearance of distance.

2. Use examples of Wood and Hockney's landscapes to count the hills as a class. Grant's "Fall Plowing," pictured below, is a good example for this. Explain to students that in their own artwork, they will be creating 10 hills.

Fall Plowing, 1931, Grant Wood
https://www.wikiart.org/en/grant-wood/fall-plowing-1931

「自由にのびのび描く」というアートならではの側面が希薄になっている、という自由保育主義者からの批判は当然あるだろう。一方、明確な到達目標やそれに即した評価方法が確立された指導方法という利点も認められるはずだ。美術と数学の両側面を持つ新しい教育方法としてのＳＴＥＡＭ教育を推進する立場からは、従来の分野枠にとらわれない学際的な方法として賞賛されていることも理解できる。

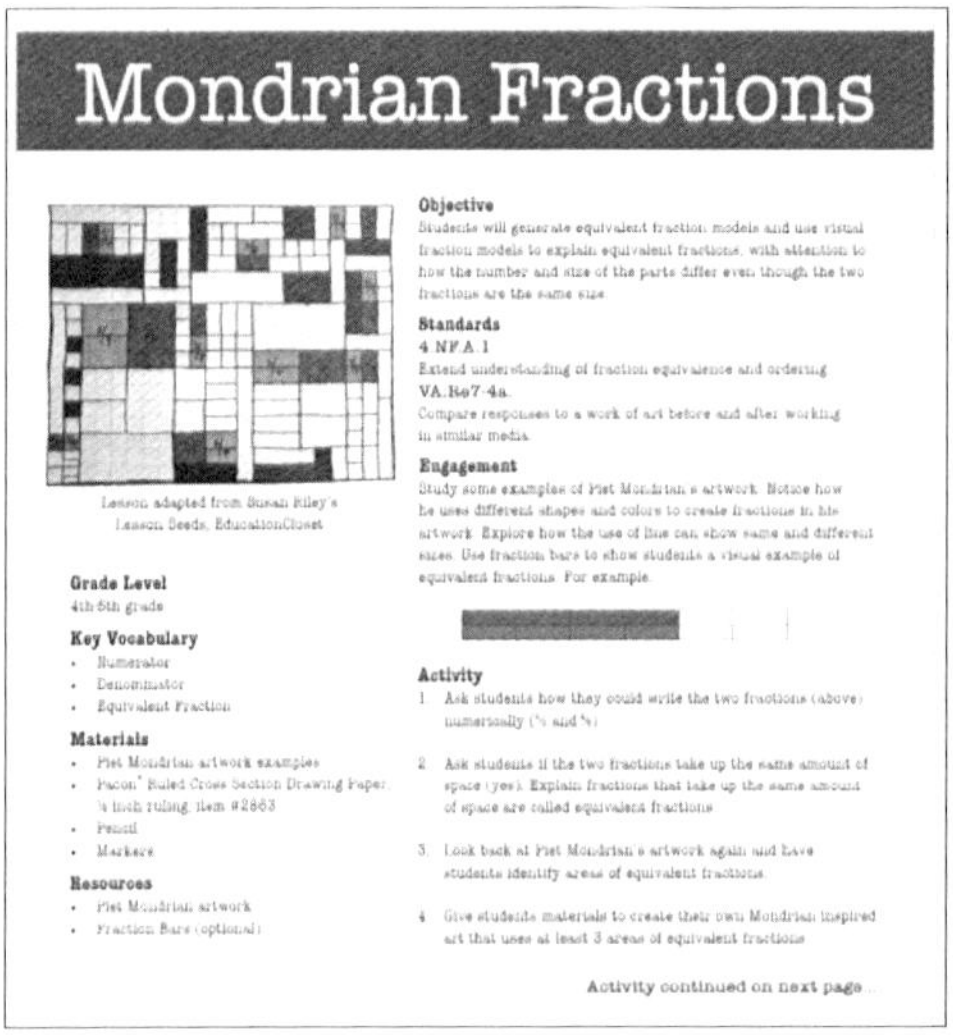

Mondrian Fractions

Lesson adapted from Susan Riley's Lesson Seeds, EducationCloset

Grade Level
4th-5th grade

Key Vocabulary
- Numerator
- Denominator
- Equivalent Fraction

Materials
- Piet Mondrian artwork examples
- Pacon® Ruled Cross Section Drawing Paper, ¼ inch ruling, item #2863
- Pencil
- Markers

Resources
- Piet Mondrian artwork
- Fraction Bars (optional)

Objective
Students will generate equivalent fraction models and use visual fraction models to explain equivalent fractions, with attention to how the number and size of the parts differ even though the two fractions are the same size.

Standards
4.NF.A.1
Extend understanding of fraction equivalence and ordering.
VA.Re7-4a.
Compare responses to a work of art before and after working in similar media.

Engagement
Study some examples of Piet Mondrian's artwork. Notice how he uses different shapes and colors to create fractions in his artwork. Explore how the use of line can show same and different sizes. Use fraction bars to show students a visual example of equivalent fractions. For example:

Activity
1. Ask students how they could write the two fractions (above) numerically ([illegible] and [illegible]).
2. Ask students if the two fractions take up the same amount of space (yes). Explain fractions that take up the same amount of space are called equivalent fractions.
3. Look back at Piet Mondrian's artwork again and have students identify areas of equivalent fractions.
4. Give students materials to create their own Mondrian inspired art that uses at least 3 areas of equivalent fractions.

Activity continued on next page...

《実践事例》モンドリアンの作品を通して分数を学ぶ

分数の概念は難しい。$\frac{1}{2}$ｍは五〇cmだが、二ｍの$\frac{1}{2}$は一ｍだ。同じ$\frac{1}{2}$なのになぜ答えが違うのか。大人でも小学生にうまく説明することは難しいだろう。前者は量を表す分数だが、後者は分割分数で割合を表しているからだ、と子どもに言っても通じるわけがない。基礎基本の理解が難しいのだからその計算となると訳がわからなくなる。分数の計算は小学生が特につまずきやすい内容だというのもわかる気がする。[★5]

分数の基礎をわかりやすく学ぶＳＴＥＡＭの学習プランも数多くある。小学校四、五年生用の学習プランを

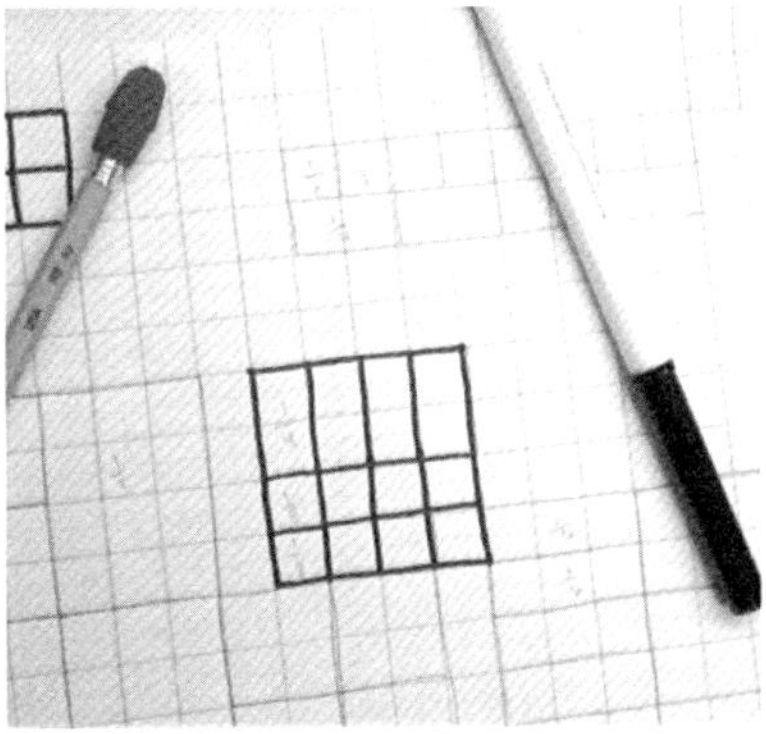

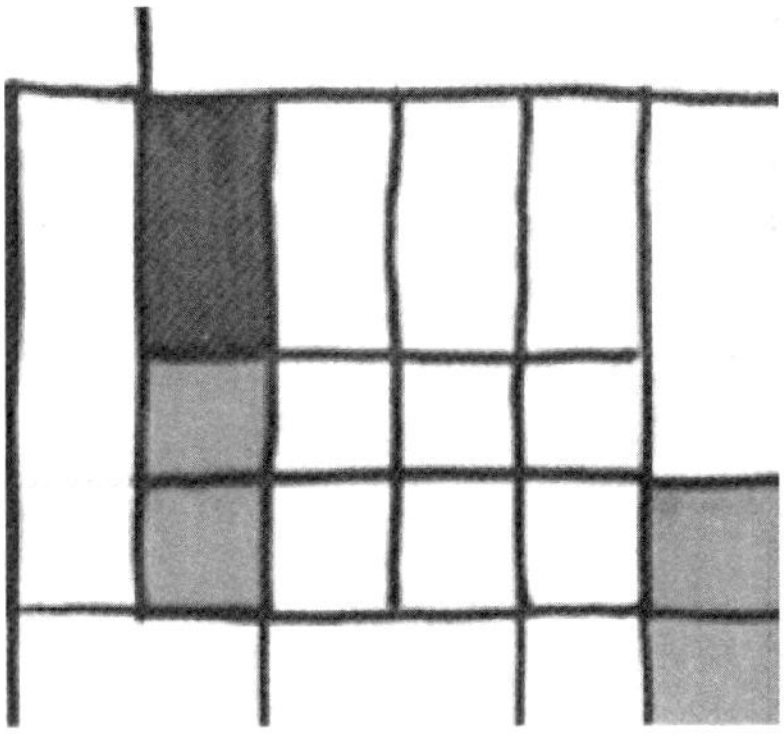

紹介しよう。図はこの概念をピエト・モンドリアン（Piet Mondrian）の作品を使って学ぶ学習プランだ。

分数には1/2と2/4のように、分子と分母が異なるがその値は等しいものがある。こういう分数を等価分数と言う。

生徒は等価分数の図を作成し、視覚的な分数モデルを使用して等価分数を説明する学習をする。同じ大きさ（面積）の分数であっても、分子と分母の数と大きさがどのように異なるかに注目しながら説明しなければならない。理解を言語化して説明する学習手法はいかにもアメリカ流だ。日本の学校ではなかなかそうはならないだろう。

モンドリアンの作品は確かに縦横の線で区切られたエリアを彩色したものだが、彼が分数を意識して制作したとは思えない。しかし分数の概念で作品を観るという発想は、言い換えれば数学の眼でアートを観るということであり、たいへん興味深い。

生徒はモンドリアン作品からインスピレーションを得て、分数の等価面積を少なくとも三つ使用した作品を制作する。

たとえばこの生徒は1/4と2/8の等価分数の図を作ろうとしている。黒のマーカーで方眼紙を区切り（上左図）、1/4を青で2/8を赤で塗り分けた（上右図）。このあとこの生徒は分数の等価部分を一〇箇所作り、

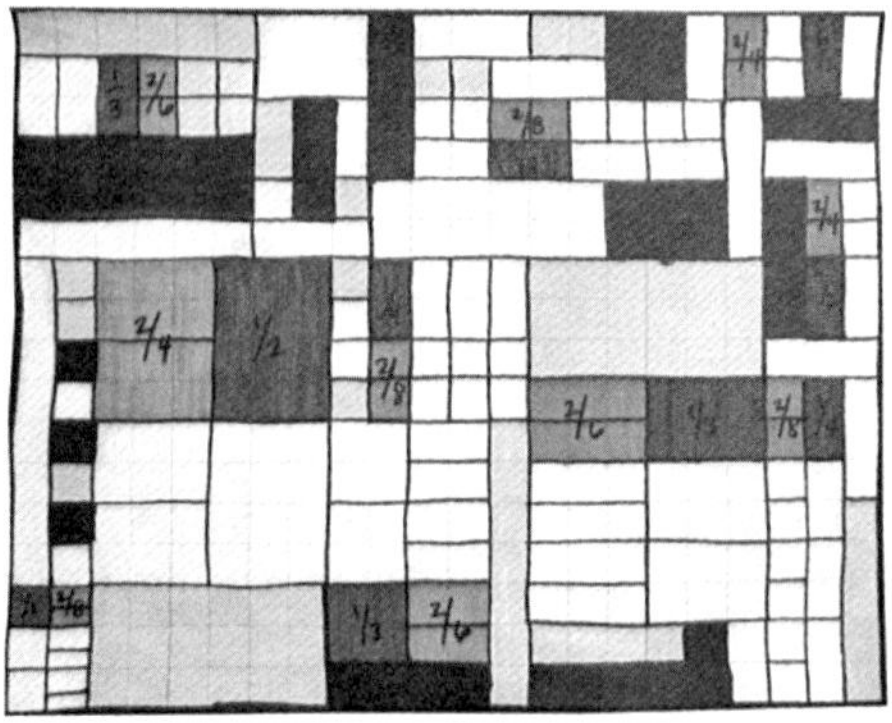

指示に従って配色を考えながら黄色と黒のブロックを全体に加え、いくつかのブロックは白のままに残した。最後に、それぞれの青と赤の部分に、それが表す分数を書き込んで授業は終わった。

ＳＴＥＡＭではなく、純粋に美術の授業としてみれば、分数を書き込む最後の一手間は無用のように思えるが、それは、作品を作ることだけを美術の授業の至上目的と考えるからだろう。数学的な思考を伴いながら線の分割と色彩の構成を考え、工夫していくプロセスこそがアートの基礎に関わる学習ととらえてみれば、そして何よりも子どもたちが授業で使った色、すなわち赤、青、黄、黒、白は後期モンドリアンの主調色であることを考えれば、この学習が美術の学習として興味深いものであることがわかる。

ウェブで公開されている中学校でのＳＴＥＡＭ授業

ロードアイランド州の中学校の校長リサ・ベネデッティ・ラムジ（Lisa Benedetti-Ramzi）は、生徒たちが科学学習で苦戦していることに気づき、教育課程にＳＴＥＡＭを追加するなど、学校の教育計画にいくつかの変更を加えた。子供たちは、通常の科学、技術、数学の授業に加えて、視覚芸術や音楽、舞台芸術などを使って創造的な方法で課題を探究している。ベネデッティ・ラムジは授業の様子をま

とめたVTRを公開しているので、子供たちの活動の様子を見ることができる。★6

同じ木からの枝

すべての宗教、芸術、科学は、同じ木からの枝である。
アルバート・アインシュタイン

『同じ木からの枝』★7と名付けられたアメリカ科学・工学・医学アカデミーの報告書（2018）には、「高等教育における人文科学・芸術と科学・工学・医学の統合について」という副題がつけられている。副題が明確に示すように芸術（Arts）と人文科学（Humanities）が並列されて科学・工学・医学と統合するという大学カリキュラムの実施実態についての報告書である。

すべての教育、研究の目的が真実の探求であることは変わらないが、参照するフレームが異なる。フレズノ・パシフィック大学の数学教育の准教授クリス・ブラウネル（Chris Brownll）とスティーヴ・パウルス（Steve Pauls）は

芸術、数学、科学など、それぞれのフレームがそれぞれのレンズを持っていることをアニッシュ・カプーア（Anish Kapoor）のオブジェを使って的確に説明している。

カプーアの作品は物質と視覚の普遍性を問いかけている。カプーア自身が話しているように、彼が主題とするのは、物体とそのリアリティーの本質、あるいは物質（マテリアル）と非物質（ノンマテリアル）についての根源的な問いである。

「人類は物理学の分野において、この物質性（マテリアリティー）の始まりについて多くの努力と発見を重ねてきました。ここでより重要なことは、私が作品制作を通して追い求める物質とは、たんなる物理的な物質ではなく、より普遍的な物質であるということです」★8

カプーア作品には、空間環境を映し出す鏡面や、可視光の最大99・96％を吸収するカーボン・ナノ・チューブなどの、相反する性質の物質が用いられている。芸術のレンズによるアプローチとともに、光の反射と屈折、吸収に関する数学や科学のレンズによるアプローチ、すなわちSTEAMを行うことによって、物質についての思索や知識は統合され、真実の探究がなされる。

ニューヨーク州立大学パーチェスカレッジでは、クナリク・チュンヤン（Knarik Tunyan）によって、芸術、数学、プログラミングを組み合わせて従来の学問分野の境界を超えたSTEAM教育が行われている。この講座では、まず、ペンローズの三角形の幾何学模様を鑑賞する。次に、幾何学の基本概念を使用して幾何学的関係を見つけ、頂点座標を計算し、コーディングを使用してペンローズの三角形をデジタルで再構築する。この学習を通して、学生は、別のパターンを見つけたり、測定値を変更してペンローズの三角形を作り変えたり、他の不可能図形を検討したりして、このトピックをさらに深く学ぶことができる。

報告書ではそのほか、ストックトン大学の自然科学・数学部講師であるジェーン・ハギンズ（Jane Huggins）が開発した、科学専攻の学生と非科学専攻の学生を対象とした、基礎科学コースにおける芸術と科学の間のギャップを埋める教育方法や、ロヨラメリーマウント大学とカリフォルニア州トゥーロ大学における、視覚芸術的アプローチを適用した、顕微鏡画像の観察と定量分析のスキルを医学生および大学院生に指導するプログラム等のＳＴＥＡＭの実践事例を紹介している。これらが芸術（Arts）を基盤にしたＳＴＥＭの統合教育、つまりアーツ・インテグレーションとしてのＳＴＥＡＭであることに留意しなければならない。

アメリカ科学・工学・医学アカデミーの結論はこうだ。

「芸術（Arts）とＳＴＥＭの統合（いわゆるＳＴＥＡＭ）には、批判的思考能力の向上、高次の思考と深い学び、内容の習得、創造的な問題解決、チームワークとコミュニケーション能力、視空間的推論の向上、学習への一般的関与と楽しみなどポジティブな学習結果がある」★9
報告書は「（ＳＴＥＡＭ教育は）芸術を核に多様な教科や学問分野をつなぐ、芸術統合型学習カリキュラム全体で子供や先生の力を高め、学校内外を活用し、学校を作り替える、あるいは学校から地域社会全体を作り直す、というすばらしい取り組み」であると締めくくられている。

《注および引用文献》

★1　academicaffairs.risd.edu, https://academicaffairs.risd.edu/grants-and-funding/8736-2/stem-to-steam/

★2　adobeが運営するソーシャルメディアプラットフォームBehanceには、Brown｜RISD Dual Degree programのページがある。本書での記述内容は、マット・リムによる投稿をもとにしている。Matte Lim, "Sink Lounge Chair," Behance, Jan. 24, 2015, https://www.behance.net/brddexhibition/appreciated

★3　Eileen Ewald, "Balancing Mobiles: How do balancing forces relate to the engineering and design of a mobile?," The Kennedy Center, Nov. 15, 2021. https://www.kennedy-center.org/education/resources-for-educators/classroom-resources/lessons-and-activities/lessons/6-8/balancing-mobiles/

★4　Julie Fritz, "GRANT WOOD & DAVID HOCKNEY INSPIRED LANDSCAPES," Pacon Corporation, https://pacon.com/projects/grant-wood-david-hockney-inspired-landscapes.html

★5　ベネッセ教育情報、「小学校の算数、苦手TOP3の家庭でできる克服法」2016/10/29、https://benesse.jp/ .より。

★6　VTRの視聴は、"What Is STEAM and Why Should Schools Find Time for It? A Principal's Perspective" https://www.edweek.org/teaching-learning/video-what-is-steam-and-why-should-schools-find-time-for-it-a-principals-perspective/2017/11

★7　National Academies of Sciences, "Engineering, and Medicine. Branches from the Same Tree：The Integration of the Humanities and Arts with Sciences, Engineering, and Medicine in Higher Education,"（The National Academies Press, 2018）.

★8　島田浩太朗によるインタビュー、「物質と知覚の普遍性を問う、アニッシュ・カプーアに聞く」、美術手帖web版、2016. 12. 7、https://bijutsutecho.com/magazine/interview/372

★9　なお、この結論はあくまで芸術とＳＴＥＭの統合としてのＳＴＥＡＭによる学習効果についてであり、副題にある人文科学については一言も触れていない。人文科学については、人文学生はＳＴＥＡＭではなくＳＴＥＭを学ぶことにより科学技術リテラシーが向上し、人文的な学問や実践に新しいツールや視点が得られる可能性を述べるに留まっている。副題に人文科学が入っているからといってＳＴＥＡＭのＡの範囲を芸術＋人文科学の「広い範囲」と考えているわけではない。

第4章　ジョーゼット・ヤックマンに何が起こっているのか

停止されたアカウント

ジョーゼット・ヤックマンがSTEAM教育を語る上で欠かせない人物であることに疑いはない。令和の学校教育の在り方についての諮問を受けた中央教育審議会でも、STEAM教育の導入についての議論の中で「STEAM教育の起源」の人物として紹介され、ヤックマン由来として紹介されたSTEAMのAを広い範囲（リベラルアーツ）と捉える考え方は、その後の審議を方向付け、答申に大きな影響を与えている。

しかし現在（本書刊行時）、彼女がアメリカで起業したSTEAM教育の会社STEAM Education LLC[★1]のウェブサイトsteamedu.comは閲覧不能になっており、ヤックマンのフェイスブックのアカウントも停止されているという事実はあまり知られていない。筆者らとヤックマンとの連絡も途絶えたままになっている。

STEAM
Science Technology Engineering Arts Mathematics
EDUCATION

US Department of Education's Stance on STEAM

MARCH 03, 2020 11:27 AM / TOPICS: UNCATEGORIZED

The US Department of Education Jan. 22, 2020 Meeting on STEAM Education

This publicized live-stream meeting on Jan 22 can be watched as a recording here: https://edstream.ed.gov/webcast/Play/9243fb2144144203b977cae26a7a3f751d. We are making a notes sheet to go along with it as many points were made with vague references.

The US DoE Educational Policy offices commissioning this work to an Arts-based group only is concerning. There are groups such as the AERA that would seem to be more neutral or the commission could have gone to all the standards groups for a consortium meeting. This study commissioned in the way it was seems to leave out the STEM, social studies, languages and physical education field's inputs from this important discussion.

2020.3.3.にSTEAM Education LLCのサイトに記載された記事の冒頭（筆者保存）。現在はアクセス不能。

一体、ジョーゼット・ヤックマンに何が起こっているのか。

steamedu.comに記載した内容

ヤックマンは日本でこそＳＴＥＡＭ教育を創出した人物としてその名が知られているが、アメリカをはじめ海外での評価はそれほど高くない。主だったＳＴＥＡＭ教育関連の論文誌やウェブサイト等で、ＳＴＥＡＭという頭字語を作った人物として記述されることはあっても、彼女の業績が評価されたり、言及されることは稀である。

彼女の周辺で何が起きているのだろうか。異常の前兆を感じたのは二〇二〇年の三月だった。二〇二〇年三月三日にヤックマンは彼女の会社STEAM Education LLCのサイトに「ＳＴＥＡＭに対するアメリカ教育省のスタンス」と題する記事を記載している（上図）。

これは同年一月二二日に開催されたＳＴＥＡＭ教育に関する協議会「STEAM：ART SUPPORTING STEM」に対する批判である。

この会議の内容についてはプロローグでも紹介し、その詳細は論文等で紹介もされているが[★2]、ヤックマンが批判の焦点としているのは、ＳＴＥＡＭのＡ（Arts）が初等中等教育においては、芸術五教科としてのアーツを意味することをアメリカ教育省や全米教育委員会が公式の場で述べた点である。

これに対して、ヤックマンはサイトにたとえば次のように書いている[★3]。

「メアリー・デレバ[★4]がＳＴＥＡＭの「Ａ」は美術やデザインの芸術であり、リベラルアーツの領域を含む研究に支えられた定義を代表するものではないと宣伝したことは残念だ」

この件に関連しては、会議に先立ってアメリカ教育省の会議司会者であるパティ・カーティスが、ヤックマンと事前の打ち合わせをしたことを明らかにしている。ＳＴＥＡＭに関して他の研究者が「自分より質の高い研究を行っていない」にもかかわらず、そしてパティ・カーティスがメアリー・デレバに自分の研究へのリンクを送ったにもかかわらず、協議会に自分の研究を含めなかったことに不満を漏らしてもいる。

ＳＴＥＡＭのＡをリベラルアーツを含む広い範囲で捉える独自のＳＴＥＡＭ教育理念、つまりＳＴΣ@Ｍを展開するヤックマンにとって、教育省が行なった協議会は大きなショックであり、自身の運営会社の営業にとっても痛手であっただろう。

ヤックマンは「学術的なゴースト化と名誉毀損・責任問題」と題する公開質問をリサーチゲイト上

で行い、「あなたの研究が、他の研究よりも先に、多数の国際的な学術誌や権威によって検証されているにもかかわらず、学術論文や専門家の会議での発表において「学術的なゴースト化」をされたり、他者から名誉を毀損されたりすることに関連する専門的および法的な問題を経験したことがありますか?」と訴えている。直接的な言及を避けて遠回しなほのめかしに留めているが、「学術的なゴースト化」とは学術的に無視されているというような意味で、まさに教育省が開催したSTEAM協議会の事前打ち合わせがあったにもかかわらず登壇の要請がなく、自分の研究が当日紹介されることもなかったことへの当惑と怒りが滲み出ている。

心中を察して彼女にメールを送ったが返信はなかなか来なかった。半年以上経って届いたヤックマンからの返信には次のように書かれていた。

ヤックマンからの返信

「ありがとう。今年は非常に複雑な年でした。www.steamedu.com/usdoe は www.steamedu.com/research と真っ向から対立しており、誠実な研究コミュニティにおいて残念な国際問題となっています。今年は特に疲れ果てました。返信が遅くなり申し訳ございません」

ヤックマンが真っ向から対立していると名前を挙げているのは、どちらも彼女の運営会社のアドレスであり、読んでいて困惑する。おそらく一方のアドレスは「真っ向から対立」している教育省関係

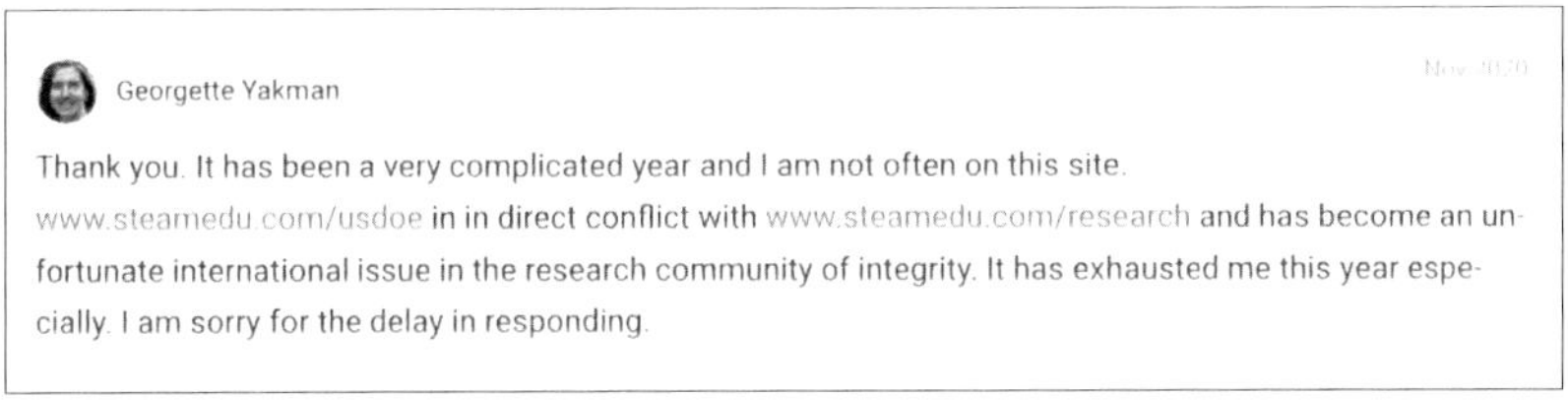
Georgette Yakman

Nov 2020

Thank you. It has been a very complicated year and I am not often on this site. www.steamedu.com/usdoe in in direct conflict with www.steamedu.com/research and has become an unfortunate international issue in the research community of integrity. It has exhausted me this year especially. I am sorry for the delay in responding.

2020.12.17.ヤックマンからの返信の冒頭（筆者保存）。

のアドレスになると思われる。

私信を広く公開することは憚れるので、以下、要約を記載する。

The A is becoming popular to be used to refer to as design and fine, musical and performing arts.

「Aは、デザイン、ファイン（アーツ）、ミュージカル、パフォーミングアーツと呼ばれるようになりつつあります」と自分の主張とＳＴＥＡＭの動向が違うことに弱音を吐いているかと思えば、

I'm in direct conflict with OESE and has become an unfortunate international issue in the research community of integrity. It has exhausted me this year especially.

「私はＯＥＳＥ（Office of Elementary and Secondary Education の略。アメリカ教育省初等中等教育局）と真っ向から対立しています。今年は特に疲れ果ててしまいました」と、アメリカ教育省との対立などから二〇二〇年の一一月ごろまでは「疲れた」を連発していた。ＳＴＥＡＭの開発者としての矜持が崩れていく思いだったのだろう。

しかし問題は翌年から顕在化する。

最後の投稿

steamedu.comへの最後の投稿（日時は2022.3.7）を見てみよう。

「steamedu.comのウェブサイトはダウンしていますが、私が法律違反をしているとは思っていません。科学研究者として生きた歴史から私を消そうとする不道徳な人々のネットワークがかなりあるようです。テスラやガリレオでさえ、論争中に自分の仕事の発見から切り離されることはなかった。そのことを考えてみてください……。繰り返しますが、STEAM研究に関する虚偽の主張が、特に国際的な戦争犯罪、医療請求、中央銀行、子どもの人身売買に関連して、産業や政策全体にわたっていかに違法であるかを、弁護士や選挙で選ばれた議員に遠慮なく尋ねてほしい。何もしないなら、あなたも問題の一因です。司法省と多くの法科大学院は、本質的に壊れているようです。アメリカ法曹協会も大掃除をする必要があるようだ。ハーバード・ロースクール、リッチモンド大学、スタンフォード大学、イェール大学、ジョージタウン大学、など」

痛烈な批判である。私を消そうとする不道徳な人々？　STEAM研究に関する虚偽の主張が戦争や人身売買に関連？　司法省や大学が本質的に壊れている？……。極度にヒステリックな文面だが、「疲れた」の発言以降の一年半に何があったのだろうか。彼女がいう法律違反が何を指すのかは読み取れないが、「科学研究者として生きた歴史から私を消そうとする」という部分は、おそらくウィキペディア絡みの次の一件だろう。

わたしは私、ジョーゼット・ヤックマンです！

steamedu.comのフェイスブック公式アカウントに、ヤックマンは二〇二一年九月一九日に次のように書き込んでいる。

「たとえウィキメディア[★5]が、私が科学研究者であり、私自身の理論である「ＳＴＥＡＭ教育」の世界的専門家として、私を歴史から抹消し、まるで地球上から追放された亡霊であるかのように書いても、わたしは私、ジョーゼット・ヤックマンです！アインシュタインにこんなことが起こったとは思わないが、テスラ、ガリレオ、そして私には共通点がいくつかあると思う。これはシュールを通り越して、私は存在しているのだ！」

これもまた痛烈な文面である。怒り心頭なヤックマンの姿が文面を通して眼に見えてくる。この文面には次のページの図が添えられている。

図のウィキペディアの画面にヤックマンがオーバーレイした文面・図版は四箇所ある。

一箇所目、画面の一番上には「beyond surreal & 'wow'. シュールを通り越してる、『すげー』」このあと自身が関わる四つのウェブサイトのアドレスを記入している（ここを見よ、ということだろう）。

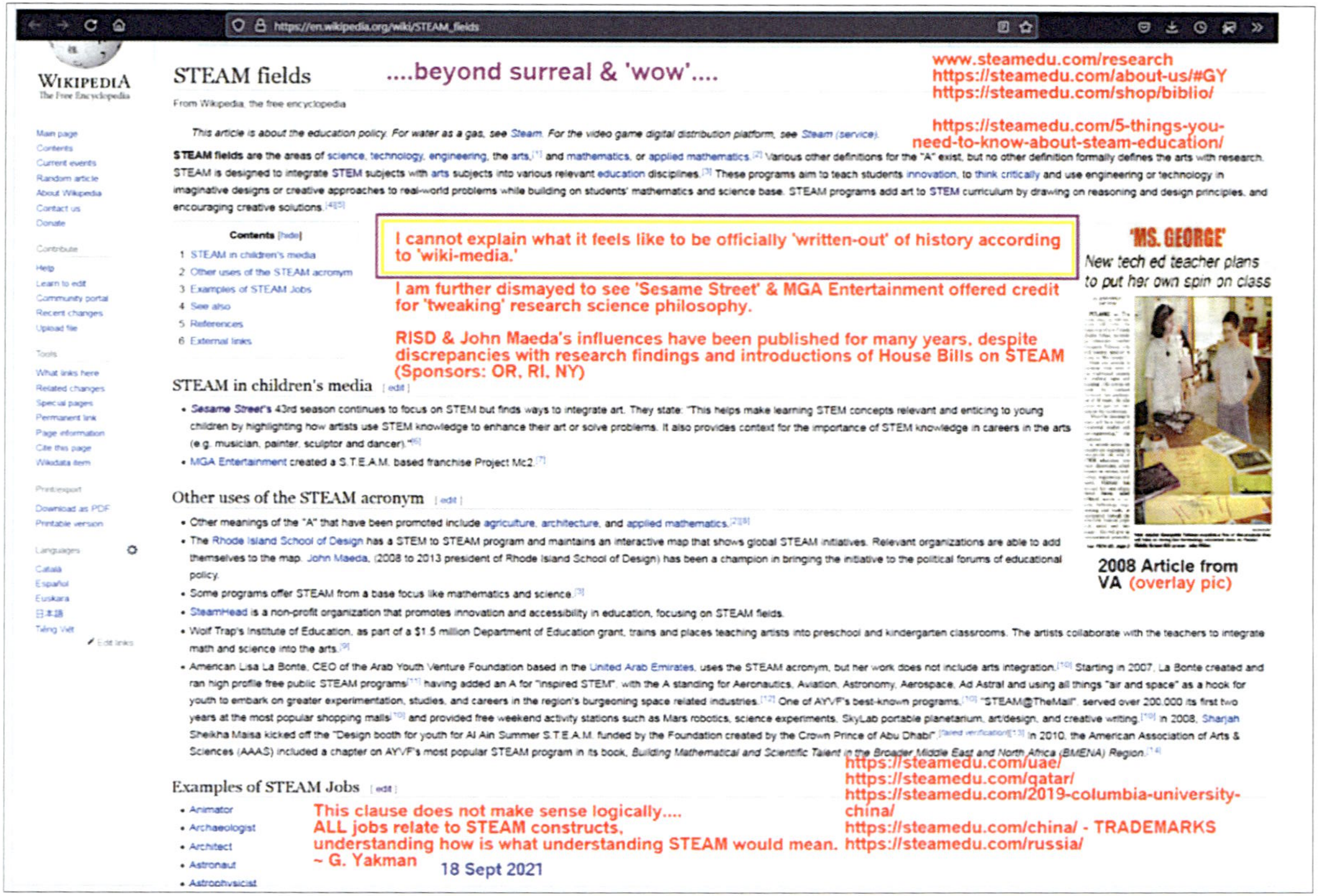

https://en.wikipedia.org/wiki/STEAM_fields

WIKIPEDIA
The Free Encyclopedia

Main page
Contents
Current events
Random article
About Wikipedia
Contact us
Donate

Contribute
Help
Learn to edit
Community portal
Recent changes
Upload file

Tools
What links here
Related changes
Special pages
Permanent link
Page information
Cite this page
Wikidata item

Print/export
Download as PDF
Printable version

Languages
Català
Español
Euskara
日本語
Tiếng Việt
Edit links

STEAM fields

....beyond surreal & 'wow'....

www.steamedu.com/research
https://steamedu.com/about-us/#GY
https://steamedu.com/shop/biblio/

https://steamedu.com/5-things-you-need-to-know-about-steam-education/

From Wikipedia, the free encyclopedia

This article is about the education policy. For water as a gas, see Steam. For the video game digital distribution platform, see Steam (service).

STEAM fields are the areas of science, technology, engineering, the arts,[1] and mathematics, or applied mathematics.[2] Various other definitions for the "A" exist, but no other definition formally defines the arts with research. STEAM is designed to integrate STEM subjects with arts subjects into various relevant education disciplines.[3] These programs aim to teach students innovation, to think critically and use engineering or technology in imaginative designs or creative approaches to real-world problems while building on students' mathematics and science base. STEAM programs add art to STEM curriculum by drawing on reasoning and design principles, and encouraging creative solutions.[4][5]

Contents [hide]

1 STEAM in children's media
2 Other uses of the STEAM acronym
3 Examples of STEAM Jobs
4 See also
5 References
6 External links

I cannot explain what it feels like to be officially 'written-out' of history according to 'wiki-media.'

I am further dismayed to see 'Sesame Street' & MGA Entertainment offered credit for 'tweaking' research science philosophy.

RISD & John Maeda's influences have been published for many years, despite discrepancies with research findings and introductions of House Bills on STEAM (Sponsors: OR, RI, NY)

'MS. GEORGE'
New tech ed teacher plans to put her own spin on class

2008 Article from VA (overlay pic)

STEAM in children's media [edit]

- *Sesame Street*'s 43rd season continues to focus on STEM but finds ways to integrate art. They state: "This helps make learning STEM concepts relevant and enticing to young children by highlighting how artists use STEM knowledge to enhance their art or solve problems. It also provides context for the importance of STEM knowledge in careers in the arts (e.g. musician, painter, sculptor and dancer)."[6]
- MGA Entertainment created a S.T.E.A.M. based franchise Project Mc2.[7]

Other uses of the STEAM acronym [edit]

- Other meanings of the "A" that have been promoted include agriculture, architecture, and applied mathematics.[2][8]
- The Rhode Island School of Design has a STEM to STEAM program and maintains an interactive map that shows global STEAM initiatives. Relevant organizations are able to add themselves to the map. John Maeda, (2008 to 2013 president of Rhode Island School of Design) has been a champion in bringing the initiative to the political forums of educational policy.
- Some programs offer STEAM from a base focus like mathematics and science.[3]
- SteamHead is a non-profit organization that promotes innovation and accessibility in education, focusing on STEAM fields.
- Wolf Trap's Institute of Education, as part of a $1.5 million Department of Education grant, trains and places teaching artists into preschool and kindergarten classrooms. The artists collaborate with the teachers to integrate math and science into the arts.[9]
- American Lisa La Bonte, CEO of the Arab Youth Venture Foundation based in the United Arab Emirates, uses the STEAM acronym, but her work does not include arts integration.[10] Starting in 2007, La Bonte created and ran high profile free public STEAM programs[11] having added an A for "inspired STEM", with the A standing for Aeronautics, Aviation, Astronomy, Aerospace, Ad Astral and using all things "air and space" as a hook for youth to embark on greater experimentation, studies, and careers in the region's burgeoning space related industries.[12] One of AYVF's best-known programs,[10] "STEAM@TheMall", served over 200,000 its first two years at the most popular shopping malls[10] and provided free weekend activity stations such as Mars robotics, science experiments, SkyLab portable planetarium, art/design, and creative writing.[10] In 2008, Sharjah Sheikha Maisa kicked off the "Design booth for youth for Al Ain Summer S.T.E.A.M. funded by the Foundation created by the Crown Prince of Abu Dhabi".[failed verification][13] In 2010, the American Association of Arts & Sciences (AAAS) included a chapter on AYVF's most popular STEAM program in its book, *Building Mathematical and Scientific Talent in the Broader Middle East and North Africa (BMENA) Region.*[14]

https://steamedu.com/uae/
https://steamedu.com/qatar/
https://steamedu.com/2019-columbia-university-china/
https://steamedu.com/china/ - TRADEMARKS
https://steamedu.com/russia/

Examples of STEAM Jobs [edit]

- Animator
- Archaeologist
- Architect
- Astronaut
- Astrophysicist

This clause does not make sense logically....
ALL jobs relate to STEAM constructs,
understanding how is what understanding STEAM would mean.
~ G. Yakman 18 Sept 2021

なお、この四つのサイトの全てが現在アクセスすることはできない状態になっている。二箇所目、黒枠で囲んである赤字の文面は以下の通りである。

I cannot explain what it feels like to be officially 'written-out' of history according to "wiki-media."

「ウィキメディアによって公式に歴史から「抹殺」された気分は説明できない」

続けてその下の本文にはこう書かれている。

I am further dismayed to see "Sesame Street" & MGA Entertainment offered credit for 'tweaking' research science philosophy. RISD & John Maeda's influences have been published for many years, despite discrepancies with research findings and introductions of House Bills on STEAM (Sponsors : OR, RI, NY)

「さらにがっかりしたのは、セサミストリートとMGAエンターテインメントが、研究科学哲学に『tweaking（変化を与えた）』として評価されていることだ。RISDとジョン・マエダの影響は、研究結果やSTEAMに関する下院法案との矛盾にも関わらず、長年にわたって公開されてきた」

ウィキペディアの「STEAM分野」の記事は、STEAMのページであるにもかかわらず、ヤックマンの名前や業績が出てこない。ヤックマンが憤慨しているのは、ジョン・マエダが「教育政策の政治的フォーラムにイニシアチブをとっている」と書かれていることや、ウルフトラップ教育研究所の活動、さらにはAをagricultureと捉えるリサ・ラ・ボンテ（Lisa La Bonté）の活動などを記載している反面、ヤックマンについては一言も記載されていないことである。

自尊心の強いヤックマンにとって、こうした事態は「officially 'written-out' of history（公式に歴史から抹殺」された）」という思いを抱かせるのに十分だった。

ウィキペディアがヤックマンを無視した？

ヤックマンが憤慨するウィキペディアのページを詳細に見てみよう。このページにはＳＴＥＡＭについて次のように書かれている。

「ＳＴＥＡＭ分野とは、科学、技術、工学、アーツ、数学、または応用数学の分野である。「Ａ」には他にも様々な定義が存在するが、研究とともに正式に定義したものは芸術の他にない。ＳＴＥＡＭは、ＳＴＥＭ科目を芸術科目と統合し、関連するさまざまな教育分野に取り入れるように設計されている。これらのプログラムは、生徒の数学と科学の基礎を築きながら、批判的に考え、工学や技術を想像力豊かな設計や現実世界の問題への創造的なアプローチに活用することで、生徒にイノベーションを教えることを目的としている。ＳＴＥＡＭプログラムは、推論や設計原理を活用し、創造的な問題解決を奨励することによって、ＳＴＥＭカリキュラムに芸術を加えるものである」

ここには、ＳＴＥＡＭはＳＴＥＭ科目に芸術科目を加えると明確に書いてある。その理由は、創造的な問題解決を奨励するためであるとしている。Ａを広い範囲で考えているヤックマンにとっては心外な文面に違いない。

三箇所目のオーバーレイされている写真は、ヤックマンを紹介する二〇〇八年のバージニア州の新聞記事である。「'MS. GEORGE' 新しい技術教育の教師が計画、授業に独自の工夫を凝らす」との見出しが見える。この記事を貼り付けた意図は、私は二〇〇八年からSTEAMの授業をしているのだとアピールするためだろうか。

四箇所目、最後にヤックマンはこう書いている。

This clause does not make sense logically... ALL relate to STEAM constructs, understanding STEAM would mean. -G. Yakman

「この項目は論理的に意味をなさない……。すべてがSTEAMの構成要素に関連しており、STEAMを理解するということは、つまりそういうことだ。-G．ヤックマン」

すべてがSTEAMの構成要素に関連していて、STEAMを理解するにはそれに尽きる、つまりSTEMに加えられたAについての理解がSTEAMの理解に必要であると言いたいのだろう。

フェイスブックへの投稿は次のように結ばれている。

「このセクションで引用されている情報源では、「リベラルアーツ」については決して言及されておらず、単に「芸術」についてのみ言及されています」

ヤックマンが憤慨したウィキペディアの記事。しかしこれがヤックマンのSTEAM理論や彼女の（会社による）実践に対するアメリカでの評価の実態ともいえる。ウィキペディアには名前すら出てこない。「抹殺」されたと彼女が訴えるわけである。ではなぜ日本ではヤックマンは著名なのだろうか。その要因の一つは、アメリカ版ウィキペディアの「ＳＴＥＡＭ　fields」と日本版ウィキペディアとの記述内容の違いにもあると思われる。

ウィキペディア日本版との違い

そもそもウィキペディアの日本版にはＳＴＥＡＭ fieldsというページはない。ＳＴＥＡＭ教育というページはあり、ここにはヤックマンがヤークマンという表記で記載されている。

このページは編集履歴によれば二〇一八年一月三日（水）07：27に編集投稿者Thinking thingが「ＳＴＥＡＭ fields（07:20, 3 January 2018 UTC）を翻訳」して作成開始をしたことが確認できる。つまり日本版は元々はアメリカ版ＳＴＥＡＭ fieldsを母体としたものだということだ。そこに、二〇二〇年五月一〇日（日）07：42に編集投稿者の絵字事先が「ＳＴＥＡＭ教育の提案者をまとめた」ことが履歴から確認できる。

編集投稿者の絵字事先が誰なのかは不明だが、元々はアメリカ版ウィキペディアのＳＴＥＡＭ fieldsを翻訳したものであったところに断片的な記事を書き加えたものが、日本版ウィキペディアにおけるＳＴＥＡＭ教育のページの始まりというわけだ。

そのため、ヤークマン（ヤックマン）を最初の提唱者としながらＳＴＥＡＭの定義はジョン・マエダのそれを記載しているなど、混乱した説明、不正確かつ不十分な説明になっている。

このページに関して詳細な言及は控えるが、多くの一般市民がこのウィキペディア日本版の記述を見てSTEAMについての知識を得ているとすれば、これは由々しき事態だ。無批判にコピペされた偏った情報が拡散されているのだから。残念な状況と言わざるを得ない。

インドでの出来事

ウィキペディアに関する書き込みの一ヶ月後の二〇二一年一〇月一五日、STEAM Education LLCのフェイスブック公式アカウントに書き込まれた記事は衝撃的だった。

ヤックマンはインドを訪れ、ディワリ（ヒンドゥー教の祝祭）にSTEAMの講演を行なった。ところがヤックマンの基調講演の途中、通訳が壇上から降ろされたという。何か不適切な発言があったのだろうか。「猿をライオンだと主張してはいけない」とインドの役員たちに何度も念を押したというが、それが何を指すのか、具体的に何についての議論だったかは記述していない。

しかし彼女がインドを出国した時点では、彼女と一緒にSTEAMのトレーニングを受けた人は誰もいなかった、と書いていることからも、彼女の講演がインドの関係者に好意的に受け止められなかったことが推察できる。

しかも、インド政府は、講演のあと二週間も経たないうちに、ヤックマンの言葉を借りれば「技術的に正確ではなく主張が変動する研究理論とSTEAMトレーニング」を承認してしまったという。ヤックマンが批難する研究理論とSTEAMトレーニングがどのようなものを指すのかは不明だが、彼女が経営するSTEAM Education LLC社のそれでないことは確かだ。

学術的に無視？　歴史から抹殺？

ヤックマンの怒りの矛先はFBI連邦捜査局やテキサス・インストルメンツ、マイクロソフト・ビル&メリンダ・ゲイツ財団にまで及んだ。これらの団体はSTEAM教育の資格取得のためにヤックマンのもとで学んだり、彼女の推薦を得たり、あるいは彼女の論文を引用したりしたことはない！と批難の理由を書いている。

「一つのバージョンが最も正しく（自らのSTEAM理論のことだろう）、それとは異なる諸々のバージョンは仮説に過ぎない」（二〇二二年四月一〇日）ともいい、「もし誰かが私が間違っていることを証明したり、別のバージョンのSTEAM研究が正しいと証明したなら、私は喜んでそれを支持する」などとも書いている。

そして、「七〇〇人以上がこの投稿を見ましたが、助けてくれる人は一人もいません」（二〇二二年二月）と書いている。しかも「私のページをフォローしている人が解決策よりも問題の一部である」とまで書かれては、フォロワーは引かざるを得なくなる。

現在に至るまでSTEAM Education LLCのサイトはダウンしており、同社のフェイスブックアカウントも二〇二二年八月二七日以来停止されている（表示では二〇二二年三月七日が最後の投稿のようだ）。ちなみにヤックマン個人のフェイスブックは、二〇二二年九月三日の投稿が最後になっている。その

後約二年間のヤックマンの動向はつかめない。

《注および引用文献》

★1　アリス・ダーシー（alice. darcy）が率いるSTEAM Education Ltdとは名称が類似しているが別の組織である。

★2　たとえば、上野行一、「芸術統合学習としてのSTEAM教育の考察（1）―アメリカにおけるＳＴＥＡＭ教育政策の見地から―」（『美術による学び』二〇二一年三巻四号）、二〇二〇年、1-20頁。

★3　最初に書いたように、このサイトは現在ダウンしており確認することができないが、引用はPDF保存したデータに基づいている。

★4　彼女は全米教育委員会（ＥＣＳ：Education Commission of the States）でＳＴＥＡＭとアーツ・インテグレーションを担当している。

★5　ウィキメディアはウィキペディア等を運営する財団である。ジミー・ウェールズが創設した。

エピローグ　日本におけるＳＴＥＡＭ教育を考える

アメリカにおけるＳＴＥＡＭの歴史とムーブメント、その現在を紹介してきた。

では、公教育での導入を目指している日本では、ＳＴＥＡＭはどのように捉えられているのだろうか。

中教審の議論を中心に整理し、日本におけるＳＴＥＡＭ教育を展望してみよう。

文部科学省におけるSTEAMの解釈

中央教育審議会の答申「『令和の日本型学校教育』の構築を目指して」[★1]では、第2部「新時代に対応した高等学校教育等の在り方について」に、「STEAM教育等の教科等横断的な学習の推進による資質・能力の育成」と章を立てて次のように提言している。

①社会が激しく変化し、多様な課題が生じている今日においては、これまでの文系・理系といった枠にとらわれず（略）様々な情報を活用しながらそれを統合し、課題の発見・解決や社会的な価値の創造に結びつけていく資質・能力の育成が求められている。

②各教科等の知識・技能等を活用することを通じた問題解決を行う。

そして、STEAM教育の目的には、人材育成の側面と現代社会に生きる市民の育成の二つの側面があるとしながら、「科学技術分野に特化した人材育成の側面のみに着目してSTEAM教育を推進すると、たとえば、学習に困難を抱える生徒が在籍する学校においては実施することが難しい場合も考えられる」と懸念を示し、

③分野が複雑に関係する現代社会に生きる市民として必要となる資質・能力の育成を志向するSTEAM教育の側面に着目し、STEAMのAの範囲を芸術、文化のみならず、生活、経済、法律、

政治、倫理等を含めた広い範囲 Liberal Artsで定義し、推進することが重要であると提言している。

これまで本書で説明してきたように、ＳＴＥＡＭ教育の目的は科学技術分野の人材育成であれ現代社会に生きる市民の育成であれ、それらは創造性の育成を基盤にして成り立つというのが基本的な認識である。アメリカ教育省のボニー・カーターが、ＳＴＥＡＭ教育によってデザイン能力を持った創造的な思索家を育成すると述べたことや、全米教育委員会のメアリー・デレバがＳＴＥＡＭの四要素を「創造的」、「経験的」、「探究型」、「学際的」と述べていたことを思い出していただきたい。

また、創造性の育成のためには芸術の学習を組み合わせることが有効であることは、アーツ・インテグレーションの歴史とその検証調査の結果等から理解が共有されている。ＳＴＥＡＭのＡの範囲を広げることは良しとしても、芸術を必須ではなく広い範囲の一分野と捉えてしまうとＳＴＥＡＭは骨抜きになる。そしてその懸念は中教審の審議の中にすでに現れていた。

芸術抜きのSTEAM?

中教審の議事録全てを読破し分析して、その懸念を指摘した論文[★2]から引用してみよう。

Ａを「広い範囲」とすることによって芸術も選択肢の一つとなる可能性は、文部科学省国立教育政策研究所の松原賢治の説明から推察できる。松原は、第一一二回教育課程部会で埼玉県立川越初雁高

1つ目は，総合的な学習の時間での探究活動に理科，社会，保健や健康の視点から，取り扱う内容に工夫を加えたものです。ここでSTEAMのAとして解釈されるのは，文系科目としての社会です。内容としましては，修学旅行で鹿児島を訪れるんですが，その前に事前の探究学習をしまして，鹿児島の人々は火山とどのように向き合って生活しているのかといったことを考えるものです。その際，理科の内容であります火山活動と噴出物の関係であったり，社会科の地域の農産物，畜産物等を扱います。それらを用いまして，桜島と人々の共生について，多面的に考察がなされます。STEM／STEAM教育の視点からは，複数の教科固有の知識が使われることに価値があるかと思います。

図1　第112回教育課程部会議事録より

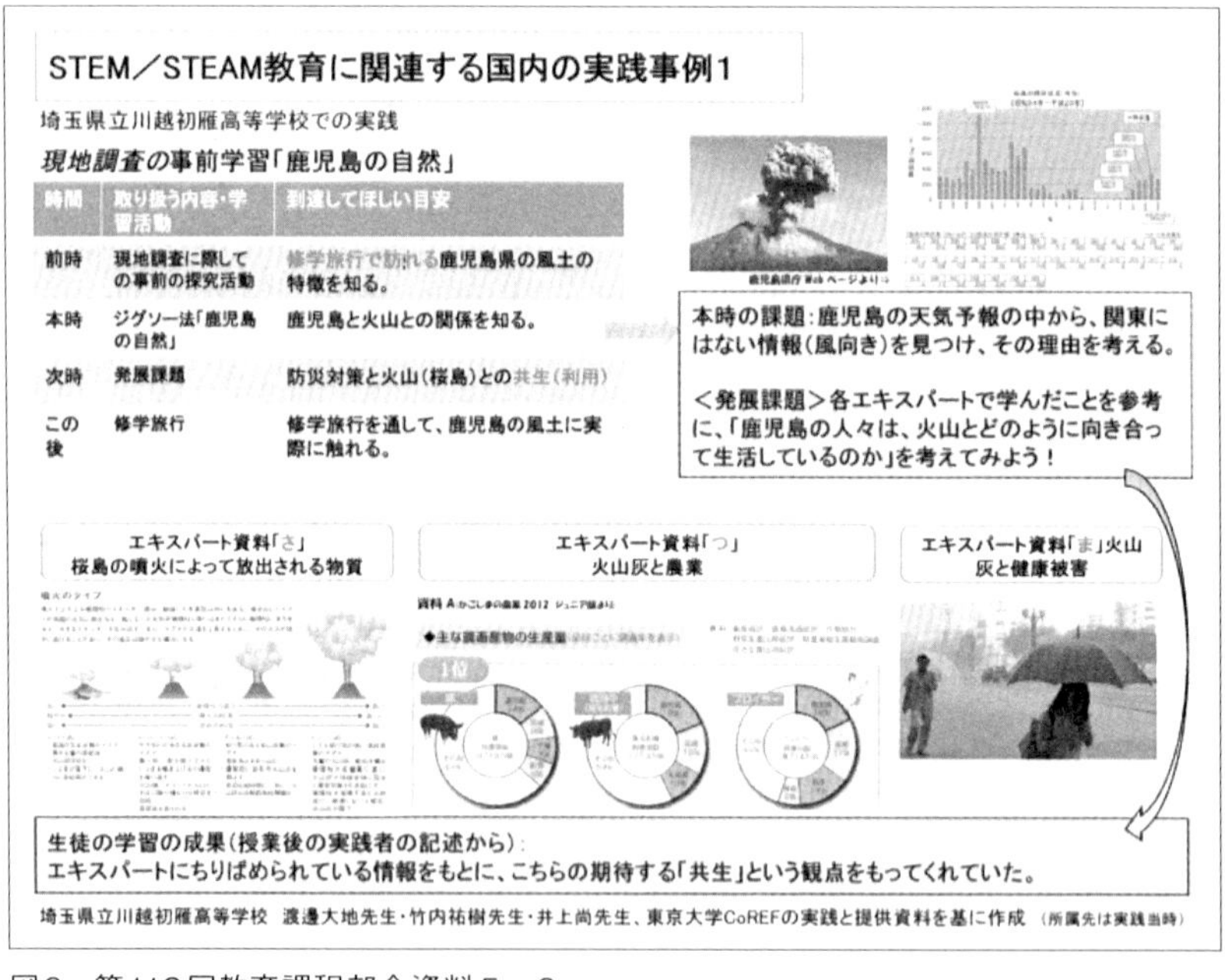

図2　第112回教育課程部会資料5－2

等学校で行われた授業を例示し、「ＳＴＥＡＭのＡとして解釈されるのは、文系科目としての社会である」（図１）と述べたのだ。図２は松原の資料であるが、[★3]これは修学旅行の事前学習として総合的な学習の時間で実施された授業である。ジグソー法で構成されたエキスパート資料「さ」は、火山の噴火によって噴出される物質について学ぶ理科的な内容、「つ」は火山灰と農業について学ぶ社会科的な内容、「ま」は火山灰と健康について学ぶ保健的な内容の学習計画であるが、松原はこの事前学習をＳＴＥＡＭ学習であると説明し、Ａは社会科であると説明している（図１）。

松原が例示した授業は、全国各地の学校で総合的な学習の時間の授業として、以前からよく行われている修学旅行の事前学習である。それをこのようにＳＴＥＡＭ学習であると捉えてしまうと、理数的な内容絡みの文理融合型の総合的な学習、教科等横断的な学習は、ＳＴＥＡＭと呼んでも差し支えなくなる。そして、Ａは社会科等であっても良いと考えれば、芸術抜きのＳＴＥＡＭ学習が横行することになる。日本型ＳＴＥＡＭ教育はそういうことをめざしているのだろうか。

教科等横断的な学習としてのＳＴＥＡＭ教育とは何か

そもそも答申には「ＳＴＥＡＭ教育等の教科等横断的な学習の推進について」と章立てされていることから、文部科学省が推進したいのは教科等横断的な学習であり、「ＳＴＥＡＭ教育等」はその例として掲げられているという構造が読み取れる。そこでまず、教科等横断的な学習とＳＴＥＡＭとの関係について整理しておきたい。

最初に教科等横断的な学習とはどのようなものかを確認しておこう。語感からは同一のテーマを複数の教科を跨って（横断して）行う学習という漠然としたイメージが湧いてくるが、実は、文部科学省は教科等横断的の意味するところを学習指導要領の総則に明記している。

学習指導要領総則の改正の要点には、「言語能力、情報活用能力、問題発見・解決能力等の学習の基盤となる資質・能力や、現代的な諸課題に対応して求められる資質・能力を教科等横断的な視点に基づき育成されるよう改善した」[★4]とあり、教科等横断的という概念が資質・能力の育成に関わって位置付けられたことが読み取れる。

ここでいう資質・能力は、平成二八年の中央教育審議会答申で三つに大別されたものが前提にある。すなわち、❶教科等の枠組みによる知識や技能、❷言語能力や情報活用能力など教科等を越えた全ての学習の基盤となるもの、❸現代的な諸課題に対応して求められるもの、の三つである。

つまり、教科等横断的な指導の視点から教科等間の指導の関連付けを行うことは、三つの資質・能力のうち、❷や❸のような資質・能力の育成につながるものとして位置付けられている。それが学習指導要領総則の改正の要点だった。

では、カリキュラムとして教科等横断的な指導をどのように考えたら良いのだろうか。これは高等学校学習指導要領では明確に書かれておらずわかりにくいが、「小学校学習指導要領（平成二九年告示）解説　総則編」（以下、総則編）では、「教科等横断的な指導を推進していくための具体的な工夫として、合科的・関連的な指導を進める」[★5]ことが示されている。

また、「合科的な指導は、（略）単元又は一コマの時間の中で、複数の教科の目標や内容を組み合わせて、学習活動を展開するものである。また、関連的な指導は、教科等別に指導するに当たって、各教科等の指導内容の関連を検討し、指導の時期や指導の方法などについて相互の関連を考慮して指導するものである」と説明されている。★6

つまり教科等横断的な指導とはカリキュラム上、複数の教科の目標や内容を一つに組み合わせた授業で指導すること、あるいは教科ごとに別々に指導するが目標や内容の関連を考えて、指導の時期や方法を工夫して指導することを意味しているのである。教科等横断的な指導は、複数の教科による工夫されたカリキュラムを通して行われるのだ。

これは小学校の総則編における記述だが、高等学校だからといって、教科等横断的な指導の基本的な性格が大きく変わることはないと考えてはどうだろう。★7

そうであれば、「新時代に対応した高等学校教育の在り方」における「STEAM教育等の教科等横断的な学習」も、複数の教科の目標や内容を組み合わせるか（合科的）、もしくは関連付ける（関連的）ことが「具体的な工夫」になると考えられる。その上で❷教科等を越えた全ての学習の基盤となるものや、❸現代的な諸課題に対応して求められるものの育成を目標に組み込むことになる。

答申に課題の発見・解決や社会的な価値の創造に結びつけていく資質・能力の育成とあるのは、まさにこの❷と❸のことである。しかし、教科等横断的な学習における複数の教科の目標や内容についてはどう考えれば良いのか気になるところである。

答申では「STEAM教育等の教科等横断的な学習の推進」について、②各教科等の知識・技能等を活用、としているが、松原がSTEAMの例として紹介した川越初雁高等学校の授業では、火山の噴火については理科的な内容、火山灰と農業については社会科的な内容、火山灰と健康については保健的な内容と説明していた。しかしこれらは高校の授業で扱われる各教科の内容つまり知識・技能ではない。理科や社会科の内容というよりは理科分野や社会科分野の内容なのであり、松原が理科「的」、社会科「的」と慎重に「的」を付けた理由もそこにあるのだろう。教科等横断的な学習としてのSTEAM教育で扱われる内容は、教科「的」な内容の組み合わせになるので、実施する場合には内容の選定、吟味が教材研究において高い比重を占めることになるだろう。

現代的な諸課題に関するSTEAM教育とは何か

では、現代的な諸課題に関する教科等横断的な教育内容とはどのようなものだろうか。これについてもすでに多くの課題が学習指導要領に例示されており、伝統や文化に関する教育や主権者に関する教育、環境に関する教育など一三のテーマと、それに関連する教科の内容が一覧表で示されている。★8 では、この中でどれがSTEAM教育に該当するのだろうか。

STEM分野の教科と芸術教科の両方が関連するテーマを調べてみた。すると、伝統や文化に関する教育（技術家庭科、音楽科、美術科）、知的財産に関する教育（技術家庭科、音楽科、美術科）、防災を含む安全に関する教育（理科、音楽科、美術科）などが該当する。これらが現代的な諸課題に関するSTEAM教育ということなのだろう。しかし、その内容には首を傾げざるを得ない。

たとえば、防災を含む安全に関する教育というテーマが示されているが、このテーマに関連する美術科の内容として表に掲げられているのは、「事故防止のため、特に、刃物類、塗料、器具などの使い方の指導と保管、活動場所における安全指導などを徹底する」という内容である。ここでいう安全指導とは、工作などで刃物などを使う際のケガ防止の内容である。一方、現代的な諸課題としての安全指導の目的は「豊かな人生の実現や災害等を乗り越えて次代の社会を形成することに向けた現代的な諸課題に対応して求められる資質・能力」の育成と書いてあり、その目的から考えてみると、工作の時のケガ防止の指導が災害を乗り越えて次の社会を形成する資質・能力につながるとは、あまりにも飛躍が大き過ぎてずいぶん無理があると思わざるをえない。

また、環境という現代的なテーマをＳＴＥＡＭの授業で取り扱おうとして、芸術科を組み込もうとしても、一覧表には美術や音楽の環境に関する教科内容の記載がない。現行の学習指導要領をもとにＳＴＥＡＭを考えることには限界が感じられる。また、これらは小学校と中学校についての一覧表であり、高等学校におけるテーマや教科のつながりは明示されていない。

にも拘らず答申では、高等学校の教育課程にＳＴＥＡＭを位置付けた理由を、「ＳＴＥＡＭ教育は（略）産業界等と連携し、各教科等での学習を実社会での問題発見・解決に生かしていく高度な内容となるものであることから、高等学校における教科等横断的な学習の中で重点的に取り組むべきもの」[★9]と記している。**「ＳＴＥＡＭ教育は高度な内容」**であるというのが文部科学省の基本的な考え方のようだが、そうなると第三部第三章で紹介したケネディ・センターのＳＴＥＡＭ指導案のような、美術と科学の目標と内容を組み合わせたモビールの授業などは、ＳＴＥＡＭ教育とは言い難くなってしまう。モンドリアンの作品を通して分数を学ぶ小学校の授業や、絵を描く活動を通して数の数え方を学ぶ幼児対象の保育など、ＳＴＥＡＭ教育が本来持っている可能性を閉ざすような施策にならないことを願いたい。

ＳＴＥＡＭのＡが「広い範囲」になった背景

ＳＴＥＡＭのＡの範囲に関する議論を検証して、その背景を探ってみよう。

二〇一九年四月一七日、文部科学省は中教審に対して「新しい時代の初等中等教育の在り方について」との諮問を行った。一口に中教審といってもいくつもの部会があり、それぞれにおいて審議が行われる。ＳＴＥＡＭ教育の在り方についての審議の過程は、まず初等中等教育分科会の作業部会である教育課程部会や特別部会、高校ＷＧにおいて議論が行われ、その結果が初等中等教育分科会や中央教育審議会で報告され、審議の上、了承されるという流れであった。

「広い範囲」「リベラルアーツ」の発言が出たのは、二〇一九年九月四日に開催された第一一二回教育課程部会においての杉江和男（公益財団法人産業教育振興中央会理事長）の発言からである。杉江は次のように述べた。

「（ＳＴＥＡＭ教育は）課題の選択とか進め方によっては、強力な学ぶ動機付けになるのではないかと思っております。そのためには、まずＳＴＥＡＭのＡの範囲なんですけれども、本日の御報告の中でもいろいろありましたが、できるだけ**広い範囲のリベラルアーツをＡとして捉えて**芸術だとか文化に加えまして、経済ですとか、法律とか、生活とか、政治というものを含めた範囲に定義していただきたいと思っております★10」

このあと中教審の諸会議で「広い範囲」に関わる発言が出るのは、九月二四日の第三回高校ＷＧである。登壇した中森一郎（福井県立若狭高等学校）は、図3の教育目標を示しながら、次のように述べた。

「約七〇年この教育目標ですが…特に、この教養の部分が実は最近クローズアップされているかなと私は思っていまして、まさにＳＴＥＡＭ教育のＡに当たる部分、Artsというのは単なる芸術だけではなくて、教養の側面も含むということで…」。

若狭高校の教育目標（1949年制定）
「異質のものに対する理解と寛容の精神」
を養い、教養豊かな社会人の育成を目指す
STEAMのA（Arts）をイメージ

図3

中森はＳＴＥＡＭのＡをArtsとしながらも、それは芸術のみならず教養を含むと述べている。この教育目標は一九四九年制定のものであるから、ＳＴＥＡＭ教育の考え方とは無縁である。教養を「ＳＴＥＡＭ教育のＡ（Arts）をイメージ」という説明は後解釈でしかない。中森は七〇年以上前に制定された教育目標をＳＴＥＡＭ教育の視点で解釈し、Ａは芸術のみならず教養を含むと述べたのである。

次の一〇月一五日開催の第四回高校ＷＧでは文科省の長尾主任視学官から配布資料１が提出され、その一七ページに「教育課程部会での主な御意見」として杉江の意見をもとに「ＳＴＥＡＭ教育は、課題の選択や進め方によっては強力な学ぶ動機付けとなる。そのためにはＳＴＥＡＭのＡの範囲を芸術、文化、経済、法律、生活、政治を含めた、できるだけ広い範囲として捉え、定義することが重要」と報じている。

これらの資料をもとに第四回高校ＷＧでは、跡部清（成蹊中学校・高等学校）は「Liberal Artsの考**え方は大変大事**であると思っています」と述べ、「Ａの幅の広さを上手に担保しながら行う方が、多分、現場ではうまく行えるはず」と私見を述べた。

荒瀬克己（大谷大学）も「Ａの幅を狭めないで、それぞれの学校の状況に応じて」教育課程を組んでカリキュラム・マネジメントを進めることが大切だと述べている。

翌一〇月二五日開催の第四回特別部会において、文科省の滝波泰（文科省教育課程課長）は、配布資料２の五ページ（これは第四回高校ＷＧで長尾が提出した配布資料と同じ内容で、松原が発表した内容）を説明する中でこう述べた。

「ArtのＡにつきましては、記載のとおり、デザインや感性などのArtsの要素を加えるという考え方、あるいはリベラルアーツの考え方に基づいて、美術、音楽、文学あるいは歴史に関わる学習などを取り入れる考え方、あるいは文理の枠を超えた学びという考え方などがあり、**捉え方にいろいろな幅があると**考えております」★11

滝波の「**ArtのＡにつきましては**（略）いろいろな**幅がある**」という発言については少し注意が必要である。第一一二回教育課程部会において松原は「ＳＴＥＡＭ教育の定義については、**立場によって、ある程度幅がございます**」と述べ、「ここで立場とは、理科教育であったり、数学教育、技術教育、

の教科横断的な教育」とされている。このSTEAM教育については，国際的に見ても，各国で定義が様々であり，STEAMのAの範囲をデザインや感性などと狭く捉えるものや，芸術，文化，経済，法律，生活，政治を含めた広い範囲で定義するものもある。

図4　第5回特別部会資料1－2

　このため一般市民として必要となる資質・能力の育成を志向するSTEAM教育の側面に着目し，STEAMのAの範囲を芸術，文化，経済，法律，生活，政治を含めた広い範囲で定義することとしてはどうか。

図5　第5回特別部会資料1－2

美術教育、プログラミング教育等でございます」とはっきり述べている。つまり「幅がある」というのは、ＳＴＥＡＭに関わる教科のそれぞれの立場によって捉え方に幅があるということであって、たとえば理科教育から捉えたＳＴＥＡＭ教育と芸術教育から捉えたＳＴＥＡＭ教育とでは定義の幅がある、ということであり、ArtのAの捉え方に幅があるということではない。

この後、一一月一二日開催の第五回特別部会において、「資料1-2　これまでの審議を踏まえた論点取りまとめ（素案）（修正履歴付き）」（以下、資料1-2と略す）が配布される。この一〇ページ目の「ＳＴＥＡＭ教育の推進」の項に、「ＳＴＥＡＭ教育についても、国際的に見ても各国で定義が様々であり、ＳＴＥＡＭのＡの範囲をデザインや感性などと狭く捉えるものや、芸術、文化、経済、法律、生活、政治を含めた広い範囲で定義するものもある」（図4）と書かれている。

そして一一ページ目には、「一般市民として必要となる資質・能力の育成を志向するＳＴＥＡＭ教育の側面に着目し、ＳＴＥＡＭのＡの範囲を芸術、文化、経済、法律、生活、政治を含めた広い範囲で定義することとしてはどうか」（図5）と書かれている。

「国際的に見て、Aを広い範囲で定義するもの」とは何か

これらの文面にはいくつかの注意が必要である。まず図4の「国際的に見ても（略）ＳＴＥＡＭのＡの範囲を（略）芸術、文化、経済、法律、生活、政治を含めた広い範囲で定義するものもある」という文面に注目しよう。

先述のように「広い範囲」「リベラルアーツ」の発言が出たのは、第一一二回教育課程部会においての杉江の発言からである。また、資料1-2までの各部会の議論の中で言及したのは、杉江の他に松原、跡部、荒瀬、長尾、滝波のみである。★12

松原は、ＳＴＥＭ教育にアート、リベラルアーツを加え、ロボティクスや環境など様々な領域を含んだ派生型があるとは報告しているが、「芸術、文化、経済、法律、生活、政治」を含めた広い範囲で定義するものもあるとは報告していない。跡部も荒瀬も「芸術、文化……」という定義の存在についての発言はしておらず、長尾による第四回高校ＷＧ配布資料での言及は杉江の発言を紹介しただけである。

滝波は「捉え方にいろいろな幅がある」と述べたに過ぎず、いずれも定義の存在について述べたものではない。資料1-2で「国際的に見ても（略）芸術、文化、経済、法律、生活、政治を含めた広い範囲で定義するものもある」と断じている定義とは、一体どこの国のどのような定義なのだろう。そし

【杉江委員】　STEAM教育は，私は教育の方法が重要であると思っていまして，課題の選択とか進め方によっては，強力な学ぶ動機付けになるのではないかと思っております。そのためには，まずSTEAMのAの範囲なんですけれども，本日の御報告の中でもいろいろありましたが，できるだけ広い範囲のリベラルアーツをAとして捉えて，芸術だとか文化に加えまして，経済ですとか，法律とか，生活とか，政治というものを含めた範囲に定義していただきたいと思っております。

図6　第112回教育課程部会議事録より

て誰の発言を指すのだろうか。図4のこの文面はそのまま答申に残り、使われている重要な部分であるにもかかわらず疑問が多い[★13]。

「芸術、文化、経済、法律、生活、政治」という六つの単語それ自体は、杉江の意見の中に出てくる。杉江の意見を議事録から正確に振り返ってみよう。杉江はこう言ったのである（図6）。

「まずSTEAMのAの範囲なんですけれども、本日の御報告の中でもいろいろありましたが、できるだけ広い範囲のリベラルアーツをAとして捉えて芸術だとか文化に加えまして、経済ですとか、法律とか、生活とか、政治というものを含めた範囲に定義していただきたいと思っております」

比較すると六つの単語は見事に一致する。ゆえに、資料1-2の論点取りまとめの文章は、杉江発言の太字部分を切り取ったものと推察できる。しかも杉江は「定義していただきたい」と要望を述べたのであり、そうした定義があると報告したわけではない。

にもかかわらず資料1-2は「国際的に見て（略）定義するものもある」とし、この六つの単語の入った文節を「定義」として用いている。しかも図4及び図5の文面を基にして中教審の議論は進行することになり、この六つの単語の入った文章は答申に用いられることになる。

また、「各国で定義が様々であり」という記述も誤解を招く。確かに国によって定義は異なっているが、ＳＴＥＡＭ教育の提唱国であり最大の実践国であるアメリカの教育省や公的機関が、ＳＴＥＡＭのＡを芸術と捉えているという事実は重く受け止めなければならない。ここは「Ａの範囲は様々に考えられるが、芸術をＡと捉えることが定義の中核にある」などとすることが妥当なのではないか。

ＳＴＥＡＭのＡは、いつ広い範囲と明確化されたのか

さて、第五回特別部会（一一月二一日）においては、若江眞紀（株式会社キャリアリンク）が「ＳＴＥＡＭ教育の定義のところで、ＳＴＥＡＭのＡの範囲に必ず倫理を入れていただきたい」と発言した。「Ａの範囲」という言葉が示すように、すでにＡを芸術のみではなくより広く捉えるという暗黙の了解で議論は進み始めた感がある。

このあと「Ａの範囲」に関する意見が出てくるのは、翌二〇二〇年六月三〇日の第一一七回教育課程部会である。大島まり（東京大学）はＳＴＥＡＭの「ＡがArtなのかArtsなのか（略）芸術・文化も含めたということなので（略）ArtsのＳＴＥＡＭだというふうに思っています」と述べた。ＡがArtなのかArtsなのか、の発言については後述する。

続いて八月二四日に開催された第一一九回教育課程部会で堀田龍也（東北大学大学院）はＳＴＥＡＭのＡを広い範囲とするその中に**情報モラル**関連のことを書き加えておくべきと述べた。

そして同年九月二四日の第一二〇回教育課程部会において、板倉寛（文科省教育課程企画室長）はこう

述べた。

「（資料4-2の一一ページ目について）ＳＴＥＡＭの定義でございますが、**ＳＴＥＡＭのＡを広い範囲で定義することを明確化したところでございます**」

この時点で「ＳＴＥＡＭのＡを広い範囲で定義すること」が明確化されたのだ。

次ページの図7は、審議の中核を担った初等中等教育分科会の三つの部会等におけるＳＴＥＡＭのＡの範囲に関する言及を、時系列に整理したものである。言及回数が存外に少ないことがわかる。

ＳＴＥＡＭのＡが広い範囲とされた議論の検証

ＳＴＥＡＭのＡを「広い範囲」とする意見を俯瞰すると、杉江が提案し、跡部と荒瀬が同調し、大島が追認し、文科省サイドが定義としたという構図が見えてくる。「広い範囲」を支持する杉江、跡部、荒瀬、大島の四名の意見の根拠を検証してみよう。

最初に「広い範囲」「リベラルアーツ」を提案した杉江は、その理由を学ぶ動機付けのためであると述べた。跡部の意見はＡをリベラルアーツとする方が「多分、うまく行えるはず」という推測に過ぎない。推測の根拠は示されていない。荒瀬の意見もＡの幅を広くする方がカリキュラム・マネジメントの見地から良いというもので、いずれもＳＴＥＡＭ教育の導入にかかわる本質的な意見ではない。Ａを広い範囲で捉えた方が創造性の育成にプラスになるとか、批判的思考力の育成につながるとかの

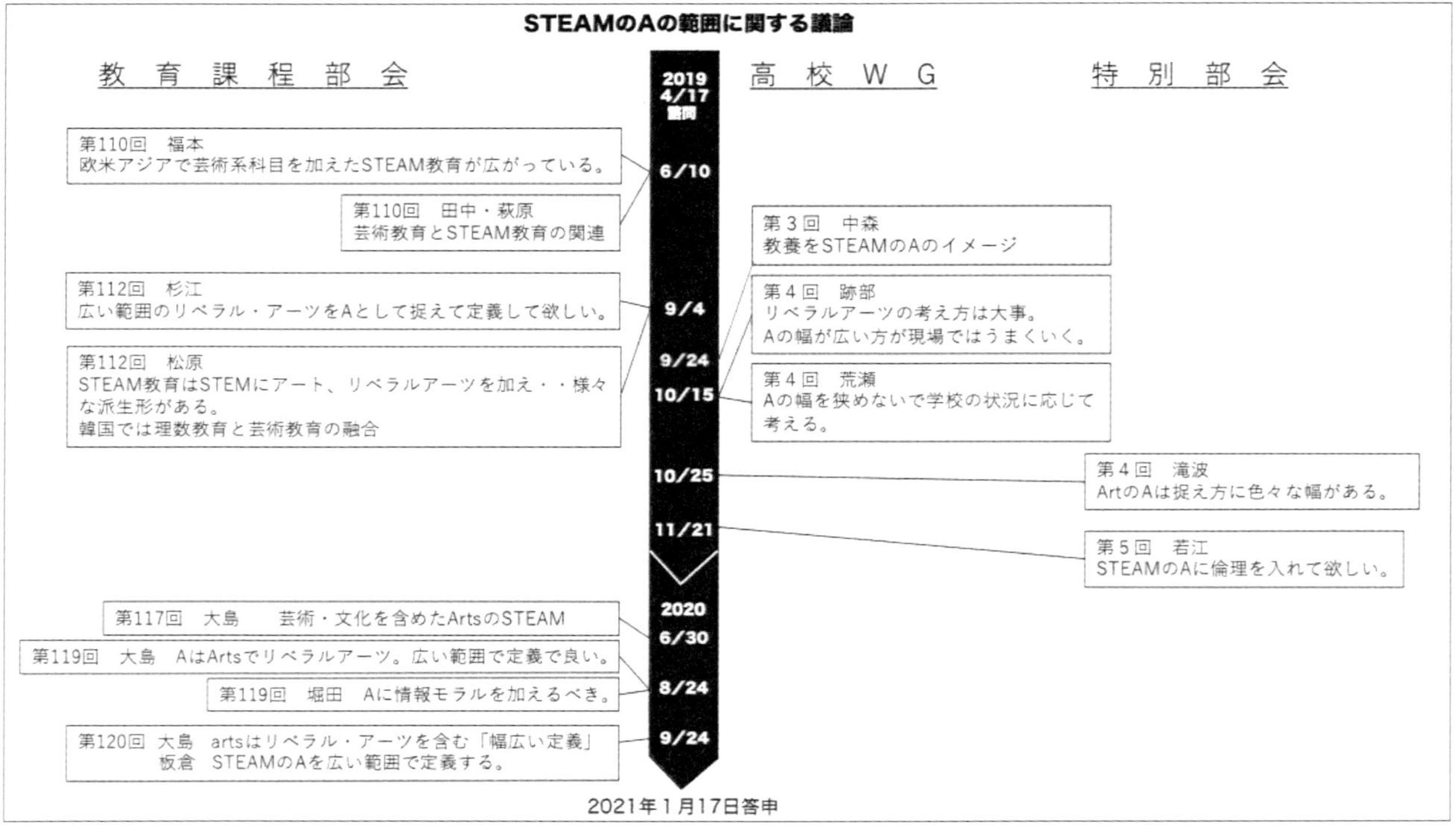
STEAMのAの範囲に関する議論
教育課程部会
高校WG
特別部会
2019 4/17 諮問
6/10
9/4
9/24
10/15
10/25
11/21
2020 6/30
8/24
9/24
第110回　福本
欧米アジアで芸術系科目を加えたSTEAM教育が広がっている。
第110回　田中・萩原
芸術教育とSTEAM教育の関連
第112回　杉江
広い範囲のリベラル・アーツをAとして捉えて定義して欲しい。
第112回　松原
STEAM教育はSTEMにアート、リベラルアーツを加え・・様々な派生形がある。
韓国では理数教育と芸術教育の融合
第3回　中森
教養をSTEAMのAのイメージ
第4回　跡部
リベラルアーツの考え方は大事。
Aの幅が広い方が現場ではうまくいく。
第4回　荒瀬
Aの幅を狭めないで学校の状況に応じて考える。
第4回　滝波
ArtのAは捉え方に色々な幅がある。
第5回　若江
STEAMのAに倫理を入れて欲しい。
第117回　大島　芸術・文化を含めたArtsのSTEAM
第119回　大島　AはArtsでリベラルアーツ。広い範囲で定義で良い。
第119回　堀田　Aに情報モラルを加えるべき。
第120回　大島　artsはリベラル・アーツを含む「幅広い定義」
板倉　STEAMのAを広い範囲で定義する。
2021年1月17日答申

図7

生徒の資質・能力の形成に関する意見ではないのだ。先述のようにアメリカではアーツ・インテグレーションの歴史と、芸術を統合した学習が学習意欲を高めるというエビデンスとを背景に、「広い範囲」ではなく「芸術」のＡをＳＴＥＭに加えている。こうした先行事例に対する検証はまったく行われていない。もし検証が行われていたら、学ぶ動機付けのためにＳＴＥＭに何かを加えるという意見も、異なった方向に向かったことだろう。

跡部はＡをリベラルアーツとする方が「多分」うまくいくと推測を述べたあと、「Ａを狭めた形で入れてしまうと、今まで一生懸命やってきたものの全否定にもつながる」と発言している。この発言はどのように理解すればよいだろうか。「今まで一生懸命やってきたもの」とは何を指すのか。これから導入するＳＴＥＡＭ教育であるわけはないけれど、それの「全否定にもつながる」とはいかなる事態を指すのだろうか。こうした重要なポイントの確認や議論はなされず、推測がそのまま意見として通過している。

Ａはアートかアーツか

大島はＡをリベラルアーツと捉えた上で「広い範囲」に賛同している。第一二〇回教育課程部会では大島は発表者でもあり、議事録によると、大島は「英語では、アートですといわゆる芸術、音楽とか海外（筆者注：絵画の誤記か）の芸術になりますけれども、複数形のアーツ、これはリベラルアーツも含んでいるということで、幅広い定義になっております」とも述べている。つまりartは芸術を意味し、artsはリベラルアーツを含む「幅広い定義」である、というのが大島の主張である。

言葉の意味は文脈によって変わる。ここでは教育の文脈で考えなければならない。すると、複数形のアーツがリベラルアーツも含んで用いられるのは、大学等の高等教育の文脈であろうと察しがつく。アメリカの大学の学位は概ねバチェラー・オブ・アーツ（B. A.：Bachelor of Arts）とバチェラー・オブ・サイエンス（B. S.：Bachelor of Science）に分けられる。B. A. の学位が授与される専攻は大学によって異なるが、アメリカの典型的な州立大学であるカリフォルニア州立大学ロサンゼルス校を例に挙げると、美術、歴史、化学、経済学、数学、政治、心理学、音楽、演劇、体育等の各専攻で構成されている。B. A. のアーツはリベラルアーツのみならず、STEMである数学や化学までも含む広い範囲である。[★14] しかしそれは高等教育としての大学における教育を語る文脈においてである。

本書で説明してきたように、アメリカでは教育省初等中等教育局も、全米教育庁芸術教育担当理事会も、STEAMのAはArtではなくArtsと複数形で表現している。複数形である理由は、アメリカの初等中等教育における芸術教育が単一の教科によるものではなく、ダンス、メディアアート、ミュージック、演劇、ビジュアルアートの芸術分野のスタンダード（National Core Arts Standards）に基づく五つの芸術教科によるものだからである。

したがって、アートが音楽等の芸術を意味し、複数形のアーツはリベラルアーツも含んでいるという大島の主張は、初等中等の学校教育を語るときには当てはまらない。

教育課程の編成に際しての留意点

以上のように議事録を精査すると、ＳＴＥＡＭのＡが「芸術（Arts）」ではなく「広い範囲（Liberal Arts）」と定義された中教審の審議のプロセスには、多くの問題や疑問があることがわかる。これを反面教師的に捉えれば、教育課程編成に際して各学校で検討すべき点が見えてくる。審議の過程に関する留意点を整理しよう。

留意点の一点目は、中教審ではＳＴＥＡＭ教育の先行事例についての議論が、十分であったとは言い難かったことである。第三部で紹介したように、幼児から大学生までの発達段階に即したＳＴＥＡＭ教育の豊かな実践状況を理解し、具体的な実践を参照して、芸術教育と技術科学系教育とが融合した教育課程の創出を検討することが大切だと考えられる。

留意点の二点目は、中教審ではアーツ・インテグレーションの側面からの検討がまったくなされていなかったことである。そのためＳＴＥＡＭのＡを芸術とすることの本質的な理由が委員に理解されなかったのではないかと考えられる。

ＳＴＥＡＭのＡを芸術教科としてのArts（日本の高等学校の場合は芸術四教科）とするか、芸術も含めた広い範囲（Liberal Arts）とするかの議論の際のポイントは何か。それはＳＴＥＡＭ教育の中核的なねらいである創造力や批判的思考力など二一世紀の市民に求められる資質・能力の育成の観点にほかならない。中教審で議論された学びの動機づけやカリキュラム・マネジメント等の、教員目線による指導の観点もさることながら、教育課程、教育方法の議論として優先すべきは生徒の資質・能力形成の観点ではないだろうか。

そうした観点から、芸術統合学習を通して二一世紀の市民に求められる資質・能力の育成を目指すSTEAM教育をアメリカは推進しているのであり、決してAの範囲を狭く捉えているわけではない。アメリカ教育省は、STEAM教育において生徒が芸術形式を通して理解を構築するというアーツ・インテグレーションの学習プロセスの必要性を明言しており、[★15]その観点からAをArts（芸術五教科）と捉えているのであって、STEMに加える教科を限定したり狭く捉える意図はない。芸術以外の分野が関わってくることは排除しないが、芸術はSTEAM教科には必須であるということだ。

このことが理解がされたなら、「STEMに加わったAの範囲をデザインや感性などと狭く捉える」[★16]という答申の文言は、「狭く捉える」のではなく、「必須と捉える」という文言になったはずである。

ここまでの検証を踏まえて答申文章を再検討し、リライトするとすれば、「STEAM教育については、国際的に見ても芸術教科をSTEM教科と統合した学習として捉えられている。STEMに加わったAの範囲は芸術やデザインを必須として、課題に応じて、生活、経済、法律、政治、倫理等を含めることが重要である」などとするのが妥当なところではないだろうか。

そして留意点の第三点であり最大の問題点は、中教審での議論の前提が教科等横断的な学習の推進であったことだろう。

文科省は諮問の当初からSTEAM教育を「総合的な探究の時間」の中で行われる教科等横断的な学習、と位置付けている。学習における問題解決については「各教科等の知識・技能等を活用することを通じた問題解決を行う」[★17]という前提を示している。

中教審の審議も文科省から示されたこの前提に立っており、教科等横断的な学習としてSTEAM

教育の在り方を議論している。そのため、ＳＴＥＡＭ教育における問題解決も各教科等の知識・技能等を活用することを通じて行われることになり、その範囲が広ければ広いほど問題解決が捗るのは道理であろう。Ａを広い範囲とした方が様々な問題に対応でき、生徒の学習意欲やカリキュラム・マネジメントの面からも望ましい。ところがその場合、そこに芸術教科の存在が必須であるという理由はなくなる。**芸術教科も広い範囲のなかの一つの選択肢に過ぎなくなる**のである。

また、Ａの幅を広げてリベラルアーツとしてしまうと、科学＋倫理とか、数学＋経済とか他の様々な文理融合型の学習形態・学習方法もＳＴＥＡＭ教育に含まれてくる。まさに松原が例示したようなＡを社会科とするような**芸術を含まないＳＴＥＡＭ教育**が、各地の学校で教育計画される事態が容易に想定できる。

先述のリライト文のように、芸術教科と理数系教科の統合をＳＴＥＡＭ教育と定義すべきではないだろうか。その上で国語とか倫理などがテーマに則してオプションとして組み合わさってくるというような解釈が妥当ではないだろうか。

そして何よりも、ＳＴＥＡＭ教育を総合的な学習（探究）の時間で実施するのか、それとも課題探求に関連する教科の統合カリキュラムとして実施するのかという、教育課程の設計が重要である。芸術＋理数系教科を基本として課題によってはその他の教科も加えるアメリカ型ＳＴＥＡＭや、芸術的な視点を科学と技術に結び合せる欧州委員会（ＥＣ）による「Ｓ＋Ｔ＋ＡＲＴＳ（Science, Technology & the ARTS）」などさまざまなクロス・カリキュラムによって実施するのか。

各学校においては、今後ＳＴＥＡＭ教育の教育計画を立案することになる。三つの留意点とその再検討を踏まえた上でより良いＳＴＥＡＭ教育の題材開発、カリキュラムが編成されることを期待する。

《注および引用文献》

★1　中央教育審議会、『「令和の日本型学校教育」の構築を目指して～全ての子供たちの可能性を引き出す、個別最適な学びと、協働的な学びの実現～（答申）』（令和三年一月二六日答申）、二〇二一年、56頁。

★2　上野行一、「芸術統合学習としてのＳＴＥＡＭ教育の考察（２）―中教審におけるＳＴＥＡＭのＡに関する議論について―」（『美術による学び』第４巻第２号）、日本・美術による学び学会、二〇二三年。なお本書での引用記述については了解済みである。

★3　松原賢治、「資質・能力の育成を目指す教科横断的な学習としてのＳＴＥＭ／ＳＴＥＡＭ教育と国際的な動向」（中央教育審議会第一一二回教育課程部会資料）、二〇一九年。

★4　文部科学省、『高等学校学校学習指導要領（平成三〇年告示）解説　総則編』、二〇一八年、７頁。

★5　文部科学省、『小学校学校学習指導要領（平成二九年告示）解説　総則編』、二〇一七年、71頁。

★6　上掲書、72頁。

★7　『高等学校学校学習指導要領解説　総則編』の56頁には放射線の科学的な理解を例示し、「物理基礎」や「家庭基礎」、「保健」「公共」などの科目での扱いについて触れているが、一読する限り同一のテーマがさまざまな科目で扱われていることの紹介に過ぎず、カリキュラムとしての特別な扱い（合科的や関連的等）といった印象は受けなかった。

★8　文部科学省、『中学校学習指導要領（平成二九年告示）解説　総則編』、二〇一七年、付録６。

★9　中央教育審議会答申、二〇二一年、57頁。

★10　文部科学省サイト　https://www.mext.go.jp/b_menu/shingi/chukyo/chukyo3/004/gijiroku/1422568.htm

★11　新しい時代の初等中等教育の在り方特別部会第４回議事録　https://www.mext.go.jp/b_menu/shingi/chukyo/chukyo3/083/siryo/1422565_00005.htm

★12　第3回高校WGでの中森の発言は除外した。中森は広い範囲への言及に類するものであるが、ＳＴＥＡＭ教育そのものについて論じる文脈における発言ではなかったからである。

★13　中央教育審議会答申、二〇二一年、56頁。

★14　舘昭、「アメリカにおける学位と専攻分野の関係について」（『学位研究』第1号）、学位授与機構研究機構一九九三年、1-16頁。

★15　日本には芸術統合学習の歴史が希薄であるが、ＳＴＥＡＭ教育を導入することは芸術統合学習の導入とも関係することはもっと意識されても良い。

★16　中央教育審議会答申、二〇二一年、56頁。

★17　中央教育審議会答申、二〇二一年、56-57頁。

あとがき

本書を編集していた二〇二四年三月、「親子で楽しむＳＴＥＡＭ教室」と銘打った「ゴム動力で走る車の工作教室」という催しが都内でありました。ゴムを使って車を前に進めるための仕組みや、どんな車にしたいかを考え、車に名前をつけて楽しむという趣旨のようでした。

「ゴム動力で走る車」というような題材自体は工作キットとともに、ずっと以前に図画工作の授業で見かけたものですが、このたび驚いたことは、それがＳＴＥＡＭと名付けられていたことです。

そもそもこうした題材設定（全員が車を作るような設定）や工作キットの使用は、子どもの発想を狭めたり、表現それ自体の発展を制限する懸念から、学校の授業では慎重に取り扱われてきました。

一つの例を挙げると、古い話になりますがかつては「船を作る」という題材が昭和五五-五七年度用の小学校図画工作科教科書（日本文教出版）にありました。「自分で作った船を浮かべて遊び、作る楽しさを味わわせる」という指導目標からクラス全員が「船」を作ったのです。全員が船を作るのですから市販の工作キットを使うことも多かったことでしょう。

それが昭和五八-六〇年度用では「空きパックを使って、水に浮かぶ楽しいものを作り、作る楽しさを知らせる」と大きく変わります。材料が「空きパック」となったため、工作の材料は子どもたちが家庭から持ち寄ることが主になります。また、「船」を作るとなっていた目標が「水に浮かぶ楽しいもの」となり、子どもたちの発想の広がりを促し、創意工夫の幅を広げています。その後の学習指導要領改定を受けた平成八～一一年度用教科書ではさらに変化し、「水に浮かべるものを作って遊ぶ楽しさを体験する」となり、「いろいろな材料を組み合わせたり加工したり」することが目標になります。

クラス全員が船を作るという授業から一人ひとりが自由に作るものを考え、材料も同じものではなく、自由に選んで工夫して表現する授業に変わっていったのです。こうした教科書題材の変化の背後に学習指導要領の改定や、それに伴う創造性を育成することを重視した教育観、個に応じた表現の実現をサポートする指導の姿勢があることは言うまでもありません。

「ゴム動力で走る車の工作教室」はこうした授業改革の歴史とは別の次元のイベントなのでしょう。四〇年以上前の昔の授業を見ているような既視感を覚えましたが、そのような古い授業が二一世紀型教育として脚光を浴びているＳＴＥＡＭと名付けられていたことに大きな違和感を抱いたのです。

まえがきでも紹介しましたように、「全員が本質的に同じものを作るＳＴＥＡＭキット教材」に対する批判はアメリカで起きており、そうしたものは「ＳＴＥＡＭではなく、クリエイティブではありません。生徒のアイデンティティを構築するために全く役に立たない」などと批判されています。

また、こうした問題のある工作活動が行われた背景には、ＳＴＥＭ分野の学習のためにアートを手段として使う、というような発想があったのかもしれません。そうした危惧はアメリカで顕在化しており、まえがきで紹介したような批判が起こっています。日本のＳＴＥＡＭが同じ轍を踏まないように注視していきたいと感じました。

ＳＴＥＡＭのような新しい概念は、それを誰がどのような専門性の背景から持ち込んだかによって、その性格が移入先で方向づけられます。それは日本に先駆けてＳＴＥＡＭを教育課程に導入した韓国や中国の姿からも透けて見えます。

韓国科学創意財団は「融合教育（ＳＴＥＡＭ）は科学技術に対する興味と理解を高め、科学技術基盤の融合的思考と問題解決力を盛り上げる教育です。ＳＴＥＡＭはScience（科学）、Technology（技術）、Engineering（工学）、Arts（人文・芸術）、Mathematics（数学）の頭字を集めて示したもので、科学技術分野のＳＴＥＭに人文学的・芸術的素養を兼ね備えた人材育成を考慮してＡを追加しました」と公式サイトに掲げています。★1 この文面からは、ヤックマンが考えたＳＴＥＡＭに近い定義がなされていることが読み取れます。それは韓国では第3章で紹介したキム・ジンスらによってＳＴＥＡＭが紹介されたこととも関連しているのではないでしょうか。

一方、中国の場合、ＳＴＥＡＭ教育を導入したのは情報教育の研究者たちでした。二〇一六年に中国教育部は「教育情報化第一三次五カ年計画（2016-2020）」を定めており、その中でＳＴＥＡＭ教育と情報技術の関連が語られています。これも導入の経緯がその国のＳＴＥＡＭの考え方に影響している現れとみることができます。

日本の場合も主に技術教育系の研究者がＳＴＥＭを研究する道筋でＳＴＥＡＭに出会い、ＳＴＥＭにＡをどのように加えるのか、という軸で考察が始まり、それが中教審への資料提供におよび、Ａの範囲をどうするかという議論に多くの時間が割かれたと考えられます（第3部第4章を参照）。

もしも、アーツ・インテグレーションの視点からの議論が行われたとしたら、芸術をＳＴＥＡＭの中核に据えた教育課程を構想したり、「創造性を育てる芸術の関わり方とは」や「芸術をＳＴＥＭ教科とどのように組み合わせるか」という本質的な議論になったのではないでしょうか。

そしてもしそうなれば、「ゴム動力で走る車」のような古い考え方の授業ではなく、創造性の育成に重きをおいた現在の美術・図画工作の授業実践から学んだ、新しいＳＴＥＡＭ教育の在り方が模索されたのではないでしょうか。

アーツ・インテグレーションとしてのアメリカのＳＴＥＡＭ教育に学び、現代的な芸術教育の理念と実践を学ぶことから、日本のＳＴＥＡＭ教育が構築されることを願ってやみません。

《注および引用文献》

★1　https://steam.kofac.re.kr/cms/content/view/213

STEAM入門

2024年11月2日　初版発行

著　者　日本STEAM教育リサーチセンター
発行所　学術研究出版
〒670-0933　兵庫県姫路市平野町62
［販売］Tel.079(280)2727　Fax.079(244)1482
［制作］Tel.079(222)5372
https://arpub.jp
印刷所　小野高速印刷株式会社

ISBN978-4-911008-81-2